Willi Schmidt

DIE KINDERRASSEL

ISBN 3-938647-09-4

WILLI SCHMIDT

DIE KINDERRASSEL

Briefe

mit Reden und Essays

zum deutschen Theater zwischen 1953 und 1974

Mit Fotos und Erläuterungen

herausgegeben von Hanno Lunin

VERLAG ORPHEUS UND SÖHNE

Umschlag   Alexander Beitz

unter Verwendung

zweier Probenporträts von Willi Schmidt
(Fotos: USCH und Daisy Steinbeck),

des Autographen eines abgedruckten Briefes
(vom 8. Januar 1964 auf Seite 77)

und einer Bühnenbildskizze von Willi Schmidt
zum Zweiten Akt der *"Irren von Chaillot"* von Jean Giraudoux
im Schiller-Theater Berlin 1959

Bildbearbeitung   Veit Kenner

"Was Sie und Ihre Arbeit betrifft,
weiß ich mein Haus in besten Händen."

Gustaf Gründgens, 56,
Intendant des Hamburger Schauspielhauses,
am 30. Juli 1956 aus Pontresina an Willi Schmidt

"Mit Willi Schmidt verbindet mich heute
unser gemeinsames Credo an die Tradition und Evolution
des von uns praktizierten,
heute als Opas Theater bezeichneten
Regiehandwerks,
dem wir uns aber beide mit großer Überzeugung
weiter verpflichtet fühlen,
allen Zeitmoden und deren dummen Auswüchsen zum Trotze."

Boleslaw Barlog, 75,
vormals Generalintendant des Berliner Schiller- und Schloßpark-Theaters,
in *"Theater lebenslänglich"*, 1981

"Willi Schmidt
ist in erster Linie an Aufführungen interessiert,
die er den Wünschen und Forderungen der Dichter entsprechend
mit Genauigkeit, Exaktheit, Kühle und Distanziertheit
auf der Bühne verwirklichen kann. [...]

Mit Gustaf Gründgens verband Willi Schmidt
eine stets harmonische Theaterarbeit
auf der Basis gleicher Anschauung
im künstlerischen und im menschlichen Bereich."

Prof. Dr. Rolf Badenhausen, 74,
vormals Gründgens' Schauspieldirektor und Stellvertreter,
dann Ordinarius für Theaterwissenschaft an der Universität Köln,
in *"Gustaf Gründgens "*, 1982

Willi Schmidt

*"Kunst bedeutet
in einem sehr weiten und allgemeinen Begriff
einen Akt, einen geistigen Vollzug,
der das Ideale im Realen zu verwirklichen imstande ist."*

*"Deshalb wird sich zum Idealismus nur entschließen,
wer der Intelligenz, dem selbständigen Ich,
das die Dinge nicht zur Stütze seines Selbst bedarf,
den Primat gibt."*

Willi Schmidt, 23, in seiner Dissertation über Schelling (1933)

*"In meiner Hexenküche des Theaters
heißen die vier Elemente,
die Stück, Ensemble, Regie und Szenarium
miteinander zu verbinden haben:
Einfühlung, Inspiration, Phantasie, Meisterschaft im Handwerk."*

*"Immer, wenn ich gefragt werde,
warum ich 'zum Theater' gegangen sei, antworte ich:
weil die Bühne die einzige Stätte ist,
wo Freiheit verwirklicht werden kann,
nämlich die Freiheit zu spielen. Es gibt keine andere."*

*"Ich bin nicht sicher,
ob man das Theater hoch genug schätzt,
ob ihm der Rang zugewiesen wird, der ihm
als einzigartiger Ausdruck des menschlichen Ingeniums gebührt."*

*"Eine wunderbare 'Verabredung' hat stattgefunden,
zwischen Spielern und Zuschauenden gestiftet:
daß der Schein für beide als Realität gilt
und die Wahrheiten zutage fördern kann,
die von beiden gesucht werden."*

Willi Schmidt, 80, Zufällige Notizen (1990)

VOR DEN BRIEFEN

I und II

I

Hanno Lunin

VORWORT DES ADRESSATEN

Unsere erste persönliche Begegnung fand an einem Frühlingsanfang, dem 21. März 1959, auf dem Hofe des Berliner *Theaters am Kurfürstendamm* statt.

In diesem Hause war damals noch die autonome *Freie Volksbühne* einquartiert, deren derzeitiger Intendant, der unvergeßliche Leonard Steckel, mutig genug war, in seinem Studioprogramm meinen dramatischen Erstling zur Uraufführung zu bringen: *"Der Paternoster"*.

Dieses Experiment einer führenden Berliner Bühne sollte rundherum dem Nachwuchs dienen und war daher keinem gestandenen Bühnenbildner anvertraut, sondern einem Studenten-Team der *Hochschule für Bildende Künste*, deren Bühnenbildklasse von Willi Schmidt geleitet wurde.

Als ihr Professor also besuchte er nun die Generalprobe seiner wohlberatenen Schüler ebenso wie ich als junger Autor von sonstwoher meinen hier in Raum und Szene gesetzten Text.

Wer von seinen vielen Studenten, die später Karriere machen und berühmt werden sollten, auch schon an diesem *"Paternoster"* beteiligt war, weiß ich nicht. Angesprochen hat mich von ihnen allen damals nur Georg Firmans, weil er als später surrealistischer Maler hier ein geistesverwandtes Bühnenstück wittern mochte, und noch Jahrzehnte später im Studio Hamburg bei der Fernsehproduktion eines meiner Drehbücher der inzwischen arrivierte und sonderlich liebenswürdige Filmarchitekt Gerd Staub.

Aber ob Willi Schmidt und ich uns damals vor oder nach jener pausenlosen *"Paternoster"*-Probe trafen, weiß ich auch nicht mehr. Ich sehe es freilich noch nach nunmehr 46 Jahren leibhaftig vor mir, wie der damals 48jährige aus dem Dunkel des Zuschauerraumes in ein grelles Märzlicht heraus und direkt auf mich zu trat: schmal und hochgewachsen, sehr schlank und mit einem auffallend offenen, klaren und freien, sehr heiteren Gesicht von so klassisch gemeißeltem Ebenmaße, wie wir es eher von antiken Skulpturen als aus unserer Mitwelt kennen. Stahlblaue Augen trafen vorbehaltlos meinen Blick und hielten ihm dauerhaft stand. Eine Baskenmütze, die ich erst später als obligat kennenlernte, gab seiner unübersehbar integren Seriosität etwas gleichwohl Verspieltes und mochte den strikten Ernst seines Blickes als den eines eher sportiven Gentleman beschwichtigend ironisieren.

Zu meinem Stück, das in deutscher Sprache einzuleiten unternahm, was später als *"Absurdes Theater"* aus Frankreich begrüßt zu werden pflegte, sagte dieser ausgewiesene Kafka-Experte, glaube ich, gar nichts. Aber aus späteren Gesprächen und den hiesigen Briefen konnte ich beiläufig entnehmen, daß er mich seither immer auch als Autoren sah. Irgendwann einmal hat er auch einem seiner Briefe an mich eine Postkarte beigelegt, die Kopf und Leier des Orpheus aus einem etruskischen Wandbild des 5. Jahrhunderts vor Christos im Leopardengrabe von Tarquinia zeigt. Auf die Rückseite hatte seine Hand, wie üblich mit Feder und Tinte, vermerkt:

"Diesen frühen Orpheus, Ihren Ahnen, wollen Sie eine Weile auf Ihrem Schreibtisch gegen das Tintenfaß lehnen, damit er Sie beschützt.
Ihr
W. S."

Das verriet und schmeichelte mir mehr, als jedes Kompliment eines Fremden es damals oder je vermocht hätte. Heute noch überwacht dieser Orpheus meinen Schreibtisch und erinnert an Willi Schmidt.

Aber an jenem 21. März 1959 mag auch anderes ihm persönlich interessanter gewesen sein als mein dramatisches Gesellen-Stück. Denn ich trug da seit fünf Wochen einen Brief auf dem Herzen, den ich just am Tage meines Rigorosums im Briefkasten vorgefunden hatte. Er stammte von Boleslaw Barlog, jenem legendären Generalintendanten der Westberliner Staatstheater, und hatte diesen Wortlaut:

"Lieber Herr Lunin!
Herr Willi S c h m i d t beginnt am 10. April mit den Proben zur "Irren von Chaillot" von Giraudoux mit Hermine K ö r n e r in der Titelrolle und auch sonst mit einer ausgezeichneten Besetzung. Wir würden Sie ihm gern als Regieassistent attachieren. Können Sie? Haben Sie Lust? Bitte, schreiben Sie schnell.

Hals- und Beinbruch und beste Grüße!
Ihr BBarlog"

Natürlich hatte ich sofort zugesagt. Denn Willi Schmidt war mir seit seiner Düsseldorfer *"Candida"* vor just sechs Jahren auch als Meister einer szenisch kultivierten Heiterkeit und Intelligenz so erinnerlich, daß ich noch heute Marianne Hoppes dort leitmotivisch unwiderstehliches, völlig unkomisch herzerweichend betörendes *"Ach, Eugen!"* tongenau zu wiederholen vermag. Dem waren dann sein ebenso unvergeßlicher Düsseldorfer Schiller-*"Parasit"* von 1954, sein Dekor zu den Düsseldorfer *"Ratten"* von 1955 und 1956 Anouilhs Komödie einer *"Einladung ins Schloß"* im Berliner *Renaissance-Theater* gefolgt: erstmals für mich mit dem Schauspieler Boy Gobert, der später Jahre lang mein Hamburger Chef sein sollte.

Aber zwischen meiner Zusage nach Berlin und unserer jetzigen Begegnung hatte dann auch noch kürzlich das westdeutsche Gastspiel seiner Berliner Inszenierung des *"Kaisers von Amerika"* gelegen, aus der mich noch heute verblüfft und belustigt, wie schon vor fast einem halben prüden Jahrhundert zwei so gestandene Protagonisten wie O. E. Hasse als König Magnus und Gisela Peltzer (meine später eigene Edna in Neil Simon's Hamburger *"Dachlawine"*) als geliebte Orinthia

13

in präkoïtalem Vorspiel über den Bühnenboden kullerten und wie Hupsi von Meyerinck, dieser später so liebenswert freundschaftliche Hamburger Kollege, als wendehalsig labiler Premierminister Proteus einen demokratischen Regierungschef brillant und gnadenlos persiflierte oder eigentlich gleich *ad absurdum* führte.

Aber nicht nur alle diese eindrucksvollen Begegnungen mit dem Regisseur, Bühnen- und Kostümbildner Willi Schmidt hatten mich Barlogs Angebot nun so zügig annehmen lassen. Auch der Name Hermine Körner hatte einen ganz und gar unwiderstehlichen Sog für mich. Ganz abgesehen davon, was ich aus der jüngeren Theatergeschichte über diese weithin herausragende Schauspielerin wußte, hatte ich ihr vor gleichfalls genau sechs Jahren auch persönlich zutiefst betroffen und fast erschrocken zu Füßen gesessen, als sie 1953 mit *"Frau Warren's Gewerbe"* wiederum von Shaw in einer Inszenierung und im Bühnenbild just von Rochus Gliese auf Tournee war; dessen Schüler und Assistent war vor nunmehr zwanzig Jahren *"zu meiner vollsten Zufriedenheit"* ausgerechnet Willi Schmidt gewesen.

Als Puffmutter und vormalige Prostituierte eröffnete Hermine Körner hier innerhalb einer sonst eher etwas vordergründigen Gesellschaftskritik ganz unverhoffte Dimensionen und Abgründe des Menschenlebens, wie ich das später nur noch selten, bis dahin aber noch nie so hochkarätig und erschütternd sah. Allerdings hatte sie diese Rolle schon 1938 unter dem Regie-Giganten Jürgen Fehling erarbeitet. Jedenfalls ist mir bis heute noch jener unheilschwangere Ton ganz unvergeßlich, mit dem da eine vom Schicksal Gebeutelte gegen allzu leichtfertige Bürgermoral zu Felde zog und ihr schmerzhaftes Wissen um menschliche Lebenswege und Irrsale unerbittlich so eröffnete:

"Ich will dir mal was sagen".

Dieser banale Satz traf mich so ins Herz wie noch nie ein Theatertext vorher. Denn er verhieß erbarmungslos das mögliche Grauen des Lebens. Nach diesem vollkommen unverlierbaren *"Ich will dir mal was*

sagen" schwamm alles Folgende nur noch in den Tränen eines gänse-
häutig Schaudernden.

Die Frau Alving dieser vollkommen überragenden Heroïne war dann
in Ibsens Berliner *"Gespenstern"* noch im selben Jahr 1953 und ihre
Düsseldorfer Claire Zachanassian in Dürrenmatts *"Besuch der alten
Dame"* 1956 eine Bestätigung so ungeahnten schauspielerischen For-
mates. Alle diese Rollen wurden nicht gespielt: sie wurden archaïsch
getanzt.

Kein Geringerer immerhin als Gustaf Gründgens hat seine politisch
und historisch so belastete wie brillante Intendanz des Berliner
Staatstheaters 1934 mit einer Premiere eröffnet, in der Hermine Körner im Bühnenbild damals schon von Rochus Gliese die Hauptrolle
spielte: denn sie war das erste Engagement, das dieser neue Direktor
unterschrieb, bevor er noch sehr viel später überwältigt stammelte:

*"Den größten Eindruck, den ich je von einer Schauspielerin empfing,
empfing ich von Hermine Körner".*

Aber nur ein einziges Jahr nach jenem Düsseldorfer Dürrenmatt hatte
auch ich dann Hermine Körner endgültig zu meiner größten Schauspielerin ausgerufen, als ich sie, wieder in Düsseldorf, dieser Stätte
schon ihrer frühen Triumphe vor einem halben Jahrhundert (von 1905
bis 1909), im Juni 1957 gleich zweimal innerhalb von nur drei Wochen ebenjene selbe *"Irre von Chaillot"* spielen oder zauberhaft stan-
zen sah, die ich nun in neuer Inszenierung in Berlin wiederaufleben
sehen sollte. Ich durfte dabei sogar selbst behilflich und dienlich sein.

Also stand ich da nun auf dem Gelände der *Freien Volksbühne* nicht
nur vor dem Lehrmeister all der begabten jungen Bühnenbildaspiran-
ten, denen er bei der räumlichen Ansiedlung meines *"Paternoster"*
tatkräftig den Weg gewiesen haben dürfte, sondern auch vor meinem
baldigen Chef in verheißungsvollster Mission.

In all meiner Jugend wußte ich doch schon genau, wie eng und ver-
bindlich ein Assistent seinem Regisseur als seinem Herrn und Meister

ausgeliefert ist und daß die beiden zusammen eine Einheit bilden, die all den andern Beteiligten bei einer solchen Produktion gemeinsam und dennoch einsam gegenüber stehen. Das hatte ich im *Schiller-* oder *Schloßpark-Theater* bei Erwin Piscator, Leopold Lindtberg, Boleslaw Barlog, Hans Lietzau und Heinrich Koch, also damaligen Spitzenregisseuren, teils schmerzhaft, teils auch beseligend durchaus schon erfahren und gelernt.

Was ich damals noch nicht realisierte und erst später bei zahllosen eigenen Inszenierungen begriff: wie wichtig auch umgekehrt für den Regisseur die Person seines Assistenten ist, weil diese beiden einige Wochen lang in eheähnlicher Intimität miteinander leben. Allein im Dunkel des leeren Zuschauerraumes, offenbart sich der Regisseur vor diesem Adlatus oder Lehrling unweigerlich auch in seiner Schwäche, in Ängsten, Verzweiflungen, Nervenkrisen, Glücksmomenten und Tränen aller Art. Er läßt ihn auch vieles, was er allen andern verschweigt, so hören wie einen Therapeuten, und Lietzau schlug mich sogar aus Wut über falsche Vorgänge auf der Bühne und folgte dem Flüchtigen sonstwohin, nur um ihn kompensatorisch weiterprügeln zu können. Dafür benötigte er ihn. Jürgen Fehling, der mich für eine imaginierte Tourneeproduktion engagieren wollte, gestand mir, einen Assistenten für nichts anderes als die eigene Beruhigung zu brauchen.

Daß ich also an jenem 21. März 1959 nicht nur als dramatischer Nachwuchs vor Willi Schmidt stand, sondern primär wahrscheinlich als solch ein Intimus seiner eigenen nächsten Wochen, konnte mir damals ebensowenig bewußt sein wie es seine eigene Ahnung war, daß er da mit der achtzigjährigen Hermine Körner etwas zumindest Legendäres, wenn nicht gar Theaterhistorisches herzustellen im Begriffe war.

Das konnte ich da noch nicht überblicken.

Was ich als eben frisch Promovierter genausowenig wissen konnte, Willi Schmidt jedoch als Berliner Student (just derselben Studienfächer wie ich in Göttingen und Köln) noch persönlich miterlebt hatte,

16

war Max Reinhardts Eröffnung dieses unseres momentanen *Theaters am Kurfürstendamm*, für die er Hermine Körner eigens ein zweites Mal aus Dresden nach Berlin entführte, um sie hier auf meiner jetzigen *"Paternoster"*-Bühne zunächst im Januar 1931 in Edouard Bourdets Komödie *"Das schwache Geschlecht"* die Salondame Isabelle schon neben Curt Bois, anschließend aber die *Frau Welt* im *"Großen Welttheater"* Hugo von Hofmannsthals spielen zu lassen, der sie bereits *anno* 1918 hier mit poëtisch preziosen Superlativen seiner Bewunderung überschüttet hatte.

Von dieser Eröffnungsfeier nunmehr eines Theaters, in dessen unvergleichlichem Hinterhofe Willi Schmidt und ich uns jetzt gegenüber standen, hatte der Publizist Herbert Pfeiffer noch ein Vierteljahrhundert später in der *"Frankfurter Allgemeinen Zeitung"* vom 31. Mai 1957, auf den Tag also genau zwei Jahre vor unser beider gemeinsamen Premiere mit der *"Irren von Chaillot"*, erinnerungsselig als *"einem der rauschendsten Theaterfeste der Weimarer Republik"* geschwärmt: am Orte also meines *"Paternoster"* und unserer ersten Begegnung *sub specie* dieser legendären Schauspielerin also auch schon von damals.

Von alledem aber weiß ich nur noch genau, daß wir schon in jenem unserm ersten Gespräch im Theaterhof am Kurfürstendamm meinen aktuellen *"Paternoster"* durch die künftige *"Irre von Chaillot"* ersetzten.

Drei Wochen später begannen die Proben zu diesem Stück. Sie unterschieden sich von mancher andern Inszenierung zunächst vor allem, weil sie so unnervös waren: konzentriert, aber unverkrampft. Alles war zwar wichtig, nichts aber wurde erzwungen. Die Tonart war leise und höflich, respektierte Probleme und Leistung jedes Beteiligten und blieb kultiviert auch in heiklen Momenten. Wachstum wurde gütig gefördert, aber nie befohlen oder auch nur ertrotzt. Ärger blieb allenfalls zwischen mahlenden Backenzähnen, ohne sich Prügelknaben zu suchen.

Hermine Körner muß mit der Schwierigkeit gerungen haben, daß sie die Rolle dieser Aurélie schon seit nahezu zehn Jahren mehrmals, im Berliner *Hebbel-Theater* 1950 und danach in den Schauspielhäusern Hamburgs und Düsseldorfs unter der Regie von Karl Heinz Stroux mit sensationellen Serienerfolgen gespielt hatte.

In Hamburg, verklärt oder übertreibt die Legende, habe ein hingerissener Premierengast in der Pause den ganzen Blumenladen des gegenüber liegenden Hauptbahnhofs aufgekauft und Hermine Körner zu Füßen gelegt, aber in Düsseldorf habe gar Jean-Pierre Giraudoux ihr, Sohn also ihres Autors, schon vor der Vorstellung in der Garderobe eine bibliophile Luxusausgabe ihres Stückes im französischen Original überreicht und *«en pensant à mon père»*, im Gedanken an seinen Vater also, der *«Madame Hermine Körner»* hineingeschrieben, daß diese *«Folle de Chaillot»* mit ihrem Namen verbunden bleiben werde: *«restera associée à son nom»*.

Das war noch nicht einmal zwei Jahre her, im Juni 1957 geschehen. Amy Smith, die wohl besteingeweihte Vertraute der letzten beiden Lebensjahrzehnte und englischnamig eine weitere Schmidt oder Schmied, hat zutreffend pointiert, daß diese Rolle *"im Leben der Schauspielerin der Sonderfall, das Abendwunder"* gewesen sei. Hermine Körner selbst hatte sich noch Ende Mai 1957 in einem Interview geweigert, sie als *"Leistung"* zu bewerten: *"Hier habe ich mich nur aufzuschließen brauchen, um alles zu geben, was ich besitze"*.

Dennoch scheint da noch immer etwas unerfüllt geblieben zu sein. Sie hatte in dieser Rolle unter Stroux wohl eher das betont, was ihr Monograf Franz Michael Bilstein später als *"liebenswert-versponnene 'Romantikerin' und seltsame Märchenfee"* rekonstruierte. Sie selbst hat dem jungen Dramatiker Mattias Braun später berichtet, daß Jean-Pierre Giraudoux ihr nicht nur gehuldigt, sondern auch vorgeschlagen habe, diese Rolle *"noch einmal in neuer Beleuchtung"* zu spielen.

Damit dürfte gemeint sein, was Willi Schmidt dann selbst viel später bescheiden *"den wahrhaft vernünftigen Menschen in einer verrückten*

18

Welt" nannte, aber es war die Erweiterung dieser Figur sowohl zur religiös Sensitiven als auch zur gesellschaftspolitischen Nemesis, die das moralische Gleichgewicht einer kollabierenden Welt couragiert wiederherzustellen entschlossen und imstande ist.

Diese *"neue Beleuchtung"* ihrer Aurélie erwartete und erhielt Hermine Körner also nun von Willi Schmidt. Deshalb kam sie nach all jenen Serien von Triumphen in dieser Rolle so offen wie eine leere Buchseite auf unsere Proben und führte da sieben Wochen lang kein einziges Mal ihre früheren Erfahrungen mit diesem Stück ins Feld, folgte Willi Schmidt wie eine Anfängerin: wohl wissend, daß nur so ein unergiebig und leblos wiederholendes Aufwärmen von Unvollendetem vermieden werden konnte.

Manchmal bot sie was an, was aus einer früheren Fassung stammen mochte und dem genau widersprach, was Willi Schmidt ihr jetzt vorschlug. Aber dann kämpfte weder er noch sie, sondern sie übersetzte mit entspannendem Humor seinen deutschen Allerweltsnamen, also veredelte ihn lächelnd schon im Vorhinein und sagte: «*Monsieur le Forgeron: ich kann es s o machen, und ich kann es s o machen"*. Beides führte sie meisterhaft vor, und seine kunstschmiedeeiserne Energie sprach dann höflich und unwidersprochen ein letztes Wort: wahre Meister unter sich.

Meisterhafte Souveränität bewies Willi Schmidt auch, wenn er sich oftmals nach einer strapaziösen Probe und bevor er anschließend seine Studenten in der Hochschule unterrichten fuhr, in lange Gespräche mit mir einließ und die just absolvierte Probe erörterte. Dabei war ich jugendlich und unsensibel genug, ihm in dieser kreativen Phase immer wieder und wieder meine Zweifel eben an jener *pièce* vorzutragen, die wir da szenisch gerade schon realisierten: als stünde ihre Aufführung irgend noch zur Debatte. Aber obwohl mich da Charme, Poësie und Witz dieses Autors jeweils gerade den ganzen Vormittag über durchaus verzaubert und bestochen hatten, pflegte ich hartnäckig zu beanstanden, daß dieser Giraudoux hier die Lebensfeindlichkeit einer mörderischen Marktwirtschaft, die man damals noch unbeschönigt als Kapitalismus bezeichnete, einzig mit der Zivilcourage einer greisen Fantastin aus der Welt schaffen zu können glaube.

Willi Schmidt bemühte sich rührend, mich von Qualität und Kraft im Genre einer solchen Märchenkomödie zu überzeugen, die Ideen siegreich gegen Ideen ins Feld zu führen vermöge. Später sollte ich mit sehr viel geringerem Erfolge zuerst Grete Wurm in Köln, in Hamburg gar die große Paula Wessely gerade für den handfesten Realismus dieser Aurélie zu gewinnen versuchen, noch sehr viel später gerade diese ganze Thematik ins Zentrum eigener Prosa stellen. Willi Schmidt wies mir also schon früh den Zugang zu dieser liebenswert kostbaren *Rue Jean Giraudoux*.

Andern Morgens wurden dann alle Skrupel meiner jugendlichen Radikalität oder literarischen Unreife "spielend" von einem Ensemble überrannt, wie es hochkarätiger damals in ganz Deutschland gar nicht denkbar und auch hier nur eigens zu Ehren der achtzigjährigen Hermine Körner möglich war.

Martin Held, im Zenit seines Könnens und Ruhmes als damals unumstritten Erster deutscher Schauspieler, hatte nicht nur vom legendären Louis Jouvet die Paraderolle des *Lumpensammlers* übernommen, sondern mit all der Mühsal mehrfachen Kostüm- und Maskenwechsels auch noch die des *Präsidenten*, der dem ganzen Profit und Wohlstand seiner Gesellschaft ebenso vorstand und das Wort redete wie der Lumpensammler den Mülleimern.

Die lange Besetzungsliste brillierte ferner mit so dekorativen Namen wie Roma Bahn, Käte Haack, Elsa Wagner, Rolf Henniger, Klaus Herm, Walter Bluhm, Herbert Stass, Claus Hofer und vielen anderen Prominenzen mehr. Noch am Rande zur Statisterie war einer jener nahezu wortlosen *Retter der Tiere* mit Bernhard Goetzke besetzt: dem *"Müden Tod"*, einem Protagonisten auch der *"Nibelungen"* und anderer epochaler Stummfilme von Fritz Lang. Parallel zu dieser leibhaftigen Legende der Filmgeschichte durfte ich selbst in manchen Vorstellungen einen Retter von Lauchzehe, Zeder oder Hopfen mimen: eine große Ehre im Komparsengewande!

Aber den Selbstmörder Pierre, dramaturgischen Motor jenes ganzen Stückes, wie er nur von der Lebensfreude, der Poësie und Zuversicht dieser Aurélie für das Leben zurückgewonnen wird, spielte Klaus Kammer.

Den hatte ich, ohne es noch zu registrieren, schon vor acht Jahren in einer unvergeßlich hochbesetzten und eindrucksvollen Inszenierung von Schillers *"Don Carlos"* gesehen. Karl Heinz Stroux, im Vorjahr 1950 der Regisseur auch von Hermine Körners allererster *"Irren von Chaillot"* im Berliner *Hebbel-Theater*, hatte den damals 22jährigen vom *Landestheater Schleswig* eigens zu den Ruhrfestspielen gerufen, um ihn dort die kleine Rolle jenes *Pagen der Königin*, dort Antje Weisgerbers, spielen zu lassen, den die arge Prinzessin Eboli, damals Heidemarie Hatheyer, als Kurier und Köder mit Brief und Schlüssel zum arglos betrogenen Don Carlos ausschickt. Als ich das alles, selbst noch Sekundaner, am 29. Juni 1951 sah, waren also Klaus Kammer und ich in jenem alten Recklinghäuser *Städtischen Saalbau* ahnungslos erstmals zugleich in ein und demselben Raume gewesen.

Gute vier Jahre später sah ich sein Berliner Debut als Tom Wood bei der Premiere und Uraufführung jener *"idealmaterialistischen Tragödie"*, die ihr amerikanischer Autor Rawlings Stuart Boone *"Consultant on Private Affairs"* genannt und Rudolf Noelte im *Schloßpark-Theater* inszeniert hatte. Da fiel mir Klaus Kammer neben Ruth Hausmeister und Bernhard Minetti schon schattenwerfend auf.

Aber gleich bei seinen sämtlichen nächsten Berliner Rollen hatte ich Gelegenheit, ihn als Regieassistent durch alle diese Probenprozesse, als Abendregisseur durch sämtliche Vorstellungsserien dieser Rollen zu begleiten: seines Gangsters Pete in Faulkner's *"Requiem für eine Nonne"* (neben der großen Gorvin), des Arthur im frühen absurden Spielautomaten-*"Ping-Pong"* von Arthur Adamov, seines Jim Curry im filmpopulären *"Regenmacher"* von Nash (noch neben Hans Söhnker) und seines Camille Desmoulins in Büchners *"Dantons Tod"*, von Piscator im *Schiller-Theater* präsentiert. Kritikerpapst Henning Rischbieter behauptete noch nach Kammers Tod, auch dieser sein Camille sei damals, am 4. Juni 1956, *"im Debakel der Aufführung untergegangen"*, aber Klaus, mit dem ich inzwischen schon hinlänglich befreundet war, gestand mir, daß er seinen vorherigen Berliner Erfolgen mißtraut und trotz aller bisherigen Lobeshymnen erst jetzt als dieser Camille auf seinem langem Wege zum Schafott selbst empfunden habe, daß er wirklich ein guter Schauspieler sei.

Nicht sein Kritikaster, der Selbstkritiker sollte recht behalten. Schon ein halbes Jahr später lag Berlin seinem Peter im *"Tagebuch der Anne Frank"*, noch ein Jahr später seinem Jimmy Porter in Osborne's *"Blick zurück im Zorn"* zu Füßen. Jetzt war er hier unumstritten der *premier jeune*. Um mir diese legendäre Paraderolle der 68er Rebellion zu zeigen, ließ er mich im Dezember 1958 von meiner Kölner Dissertation weg eigens zu einem Gastspiel ins westfälische Lünen kommen und widmete mir da vor seiner Vorstellung einen ganzen gemeinsamen Spaziergang durch die lippisch winterliche Tristesse, wurde da erstmals auch mit intimen Themen mein Freund und fragte mich fürsorglich, ob ich tatsächlich nur *"aus den Rippen schwitze"*.

Aber da war er schon vor einem Jahr einem seiner wichtigsten Regisseure begegnet: eben Willi Schmidt, dem sogar sein notorisch krittelnder Kollege und Kontrahent Fritz Kortner vorbehaltlos gutschrieb, Klaus Kammers *"beständigster Mentor und Mitarbeiter"* gewesen zu sein und all dessen *"Rollen und Herrlichkeiten"* jeweils *"zum Siege gebracht"* zu haben: sie hatten gemeinsam zuerst das erotisch-künstlerische Glatteis des *"Thomas Chatterton"* von Hans Henny Jahnn betreten und hiernach lustvoll im *"Ei"* von Félicien Marceau Klaus Kammers virtuose Artistik demonstriert.

Selbst Henning Rischbieter, damals brechtianisch eingeschworener Apologet des sozialistisch politischen und gnadenloser Scharfrichter jedes andern Theaters, den mit Klaus Kammer nur die gemeinsame

Herkunft aus Hannover und mit Willi Schmidt eher gar nichts verband, mußte von dieser Symbiose zugeben:

"Es war die Zusammenarbeit Gleichberechtigter, die sich ergänzten ... Einer half der Phantasie des anderen durch die eigene Imagination auf, des einen Kunstverstand kontrollierte den des anderen. Der Sinn für das Maß, für geistige Klarheit und für zurückhaltende Zartheit, der in Kammer angelegt war, erfuhr in dieser Zusammenarbeit entscheidende Förderung."

Wohl ihr zuliebe, aber mehr noch der großen Hermine Körner zu Ehren probierte ebendieser Klaus Kammer nun in "unserer" *"Irren von Chaillot"* schon wieder einen Peter: diesen Pierre mit nur zwei Szenen, die aber exklusiv und in engem Körperkontakt mit unserer Aurélie. *"Eine Rolle am Rande seiner Tätigkeit"*, sollte Kollege Rolf Henniger später in seinem Nachruf preisen, aber *"für mich seine schönste, reinste Gestalt"*.

Es war dann auch *"das einzige Mal"*, sprach sich sogar am Maschsee herum, *"daß er sich von einem Kollegen ein Foto mit Widmung ausbat. Hermine Körners Bild stand von da an in seinem Zimmer"*. So groß und intensiv war also seine Art-, Wahl- oder Geistesverwandtschaft und Affinität zu ihr: eine erwiderte Liebe.

Das nahm schon auf den Proben in ihrer beider Szene des Zweiten Aktes sonderlich sichtbare Gestalt an:

Unmittelbar vor ihrem definitiven und finalen Feldzug gegen all die Raffkes und kommerziellen Zerstörer dieser schönen Gotteswelt legt sich Aurélie nach Anweisung ihres Autors zu ihrem obligaten Mittagsschläfchen nieder. Kaum ist sie eingeschlafen, betritt der im Ersten Akt gerettete, der dem Leben wiedergewonnene Pierre ihr unordentlich verkramtes Souterrain, um ihr jene *"goldkäferfarbene"* und *"drei Meter lange"* Federboa zu bringen, die ihr von den Geldganoven gestohlen worden sein soll, die just er nun aber beim hilfsbereiten Aufräumen ihres Spiegelschrankes wiedergefunden hat.

23

Diese Szene der eingeschlafenen Aurélie und des eingetretenen Pierre mit der Federboa hat der Komödien- und Drehbuchautor Fritz Schwiefert in einem Brief an Hermine Körner persönlich so beschrieben:

"Niemals werde ich dieses Bild vergessen: Sie im Sessel, halb schlummernd, in längst Vergangenes versunken und durch die Boa, mit der Pierre Sie zudeckt, ja förmlich umschlungen hat, höchst seltsam einer Löwin gleichend, die im Schlaf noch hellhörig wittert, ob sich irgend etwas naht, was ein einziger Hieb ihrer Pranke in Stücke reißt. Denn was nachher geschieht, ist ja dies und nichts anderes ... ".

Aber was vorher geschieht, ist ein sonderlich verführerischer Trick dieses zaubernden Giraudoux. In einer Art Wachtraum hört sie die zärtlichen Worte ebendieses Pierre und hält ihn bei geschlossen bleibenden Augen für ihren ersten (und einzigen?) Geliebten Adolphe Bertaut. Pierre nimmt diese Rolle unverzüglich an, und da entsteht ein ungemein zartes und amouröses Amalgam aus Zuneigung und Vergänglichkeit, aus Verbundenheit und Tod, wie es vonnöten sein mag, um in diesem Leben sonderlich stark zu machen und überdauern zu helfen. Es mag auch vonnöten sein, um Szenen zu ermöglichen, die dann so nachweislich in die Theatergeschichte eingehen, wie diese es getan hat.

Ich hatte das große Glück, sie entstehen zu sehen, und kann davon berichten, daß sie gar nicht inszeniert, erarbeitet, ausprobiert und mehrmals verworfen oder sonstwie gesucht werden mußte. Nein, sie war auf Anhieb da. Unter dem behutsamen, sensitiven Schutze und Fädenziehen von Willi Schmidt hatten diese beiden außergewöhnlich Begnadeten genügend Sensorien und Kunstverstand, um die Kostbarkeit von Situation, Dialog und Partnerschaft in diesem lyrischen Duett intuitiv zu erfassen und mühelos zu präsentieren. Also taten sie es unbeschwert sofort. Es mußte nie mehr verändert und kaum je verbessert werden. In meinem Regiebuch mit seinen Bleistift-Protokollen ist heute noch nachzulesen, wie selbst das äußere Arrangement dieser

Szene notiert, aber nie wieder durchgestrichen, ausradiert, drüberge-
schrieben oder irgend korrigiert und geändert wurde. Diese ganze
Szene war sofort ein Wurf oder Glücksfall dieser beiden außergewöhnlichen Talente.

Wohl nur daher riskierte Klaus Kammer es, mit mir als dem Organi-
sator jener Proben für einen der nächsten Tage zu verabreden, daß
diese Szene da nicht angesetzt werden möge, weil er einen Drehtag,
einen wichtigen Synchron-Termin oder sonst eine anderweitige Verpflichtung hatte, die er möglichst wahrnehmen wollte. Ich sagte ihm
das bedenkenlos zu, weil diese Szene unübersehbar fertig war, so
manche andere aber ohne ihn noch gar nicht.

Doch am Vortage, als der Probenplan endgültig festgelegt wurde, bestand Willi Schmidt darauf, just diese Szene am nächsten Vormittage
wieder zur Probe anzusetzen. Alle meine Versuche, ihn davon abzu-
bringen, scheiterten an seiner gewohnten Zähigkeit. Da er in dieser
Luxus-Produktion jedes Urlaubsgesuch für anderweitige Tätigkeiten
ohnehin als beleidigend empfand, wollte ich uns allen eine solche
Verstimmung ersparen und vereinbarte mit Klaus also notgedrungen
eine plötzliche Magenverstimmung, Migräne oder sonstige eintägige
Erkrankung.

So geschah's andern Morgens, als jedoch meine vorsorgliche List
auch hinlänglich viele andere Szenen disponiert hatte, um die Probe
nicht plötzlich abbrechen oder ungut verkürzen zu müssen. Aber hartnäckig, eigensinnig bestand Willi Schmidt darauf, diese fertige Szene
nicht etwa mühelos zu überspringen und auszusparen, wegzulassen
und durch manche andere zu ersetzen, sondern sie auch ohne unsern
Pierre zu probieren: eine Zwei-Personen-Szene nur mit einem Akteur!

Daher mutete er es Hermine Körner zu, sie an diesem Tage nicht mit
Klaus Kammer zu spielen, sondern mit einem solchen Ersatz, einer
solchen Aushilfskraft wie mir. Erst heute ist mir rätselhaft, daß sie
sich unverzüglich und vorbehaltlos darauf einließ.

Also kam ich mit rasendem Herzschlag im Halse und besagter Feder-boa die Eisentreppe hinunter, lag dann, wie mit Klaus Kammer er-probt, den größten Teil der Szene im Schoße Hermine Körners und lieferte da sicher eher schlecht als recht den abgelesenen Text ab. Un-begreiflicher Weise aber verzichtete sie darauf, ihren Part nur zu mar-kieren oder mit halber Kraft nur notdürftig anzudeuten. Sie spielte ihn so unvergleichlich wie mit Klaus Kammer oder wie bei einer Premie-re.

Auch 46 Jahre später begreife ich diesen scheinbar so sinnlosen Vor-gang noch immer nicht.

Heute bietet sich mir dafür nur eine einzige Erklärung an: Willi Schmidt war eingeweiht in den unverwundenen, unverwindbaren Schmerz im Leben dieser Frau, er kannte und sah vielleicht die blu-tende Wunde, die in ihrer Seele nicht vernarben konnte.

Hermine Körner hatte in Hitlers Weltkrieg ihren Enkel verloren. Die-ser Peter Götz war der einzige Sohn ihrer einzigen Tochter und 1923 geboren, als sie in München Intendantin des *Schauspielhauses*, der jetzigen *Kammerspiele*, war. *"Vom Babyalter an ihr anvertraut und bei ihr aufgewachsen"*, hat die wohlinformierte Freundin Amy Smith bestätigt, *"war er viel mehr ihr Sohn als ihr Enkel"*.

Dieser einzige Sohn oder Enkel also, der als leiblicher Enkel und Sohn einer ganzen Schauspielerdynastie entsprechend musisch dispo-niert gewesen sein dürfte, war im Dezember 1942 als neunzehnjähri-ger Gebirgsjäger an Hitlers kaukasischer Ostfront gefallen. Die offi-zielle Mitteilung kam erst stark verspätet. Aber *"ich bin so verzwei-felt, daß man mir keine Nachricht über das Kind schickt"*, schrieb sie ahnungsvoll noch 1943 in einem Brief und gestand, *"daß ich so furchtbar deprimiert bin. In der Hauptsache aber, weil ich, wie schon gesagt, von dem Kind keine Nachricht habe"*.

Dieser Neunzehnjährige war für sie noch ein Kind.

Sie spielte damals gerade bei Gründgens ihre letzte große Rolle vor Schließung aller Theater für den *"Totalen Krieg"*: die Titelrolle in Ibsens Frühwerk *"Frau Inger auf Östrot"*.

"Während Hermine Körner diese Rolle spielt", hat noch ein Vierteljahrhundert später Amy Smith als Augenzeugin berichtet, *"trifft sie der Krieg mit einem persönlichen Schlag mitten ins Herz. Von nun an sind bei ihr Bühnenleben und eigenes Erleben im Tragischen untrennbar miteinander verbunden"*.

Das bestätigte sogar ihr Kritiker Herbert Ihering. Freilich war er der vielleicht sensibelste und professionellste deutsche Rezensent, der nicht nur nach dem Kriege neun Jahre lang praktizierender Chefdramaturg jenes *Deutschen Theaters* war, wo auch der junge Willi Schmidt inszenierte, sondern der auch selbst als Regisseur begonnen hatte und zum Beispiel Sternheims Komödie *"Der Kandidat"* schon 1915, selbst 27jährig, in Wien zur Uraufführung brachte, aber sie noch 1970, inzwischen also 82jährig, in jener Inszenierung des Berliner *Schloßpark-Theaters* wiedersah (und leicht befangen rezensierte), mit der ich damals als Regisseur in Berlin debütierte.

Dieser selbe Herbert Ihering also muß schon 1943 jene angedeuteten Zusammenhänge wahrgenommen haben, denn er schrieb über Hermine Körners Frau Inger:

"Ein einsamer und vereisender Mensch wurde spürbar, eine von den Schlägen des Schicksals gehämmerte und vom Erlebnis gehärtete Frau. ... Die artistische Könnerin wurde von der Tragödie überwältigt. In die Klarheit kam Geheimnis, und die Deutlichkeit dunkelte nach. ... Über die Kulissen strich der Flügelschlag tragischer Schauer."

Iherings aufmerksamer Kollege Siegfried Melchinger aber, der Hermine Körner *"für eine der größten Schauspielerinnen"* hielt, *"die je gelebt haben"*, erinnerte sich noch in einem seiner Nachrufe 1960 an ihre Auftritte damals im Berliner *Staatstheater* der frühen vierziger

27

Jahre: *"als hätte sie etwas Gespenstisches an sich, eine Wolke aus Blässe, aus fahler Unwirklichkeit – es ist schrecklich zu sagen ... : eine Wolke aus Tod. Ihr Gesicht war kaum mehr erkennbar. Sie hatte es zugemalt. Zwischen den weißgeschminkten Wangen war ein Mund, rot wie ein Schrei. So war sie ... mehr Vision als Leben, Erscheinung mehr als Wirklichkeit"*.

Noch Friedrich Luft hat all dem nachgekartet: *"Ein Foto aus den ersten vierziger Jahren zeigt ihr Gesicht maskenhaft erstarrt, fast versteinert – die abrollende Katastrophe hatte sie persönlich schwer getroffen"*.

Außerhalb ihrer Rollen äußerte sie selbst sich kaum je zu diesem Verluste. Aber schon im Dezember 1943 formulierte sie für eine junge Kollegin, was ich unweigerlich mit Peters Todestag vor genau einem Jahre in Verbindung bringe:

"Ich empfinde die Zeit als moderne Sintflut – schuldig sind wir alle!!"

Diese Briefpassage war in der Postzustellung einer Diktatur absolut lebensgefährlich. Aber das mag ihr damals eben recht gewesen sein. Schon wenige Wochen nach Peters Tod schrieb sie einer Freundin: *"Für mich hat das Leben keinen Sinn mehr: Ich ziehe mich ganz von der Bühne und aus aller Öffentlichkeit zurück"*. Aber noch im Mai 1946 gab sie in einem Briefe zu, *"daß ich keinen anderen Gedanken mehr hatte als den, daß es genug ist"*. Drei Monate später an Adolf Wohlbrück in dessen Londoner Exil: *"Hätte ich nicht mein felsenfestes Gottesbewußtsein, ich hätte mich längst verabschiedet"*.

Diesem vertrauten Partner und Freunde aus jenen Münchener Tagen, als ihr Peter geboren wurde, hatte sie schon im Mai 1946, nur wenige Tage vor ihrem eigenen 68. Geburtstage, geschrieben:

"Du weißt, daß Peter gefallen ist. Im Dezember 42 im Kaukasus. Der Junge hatte sich so reizend entwickelt – er war mein Kavalier – eine große Beglückung für mich ... ".

Schwer denkbar also, daß sie als Aurélie nicht in jeder Vorstellung diesen chevaleresken Peter vor Augen hatte, wenn sie zu dessen französischem Namensvetter oder Wiedergänger sagte:

"Ich halte Ihre Hand fest, denn ich werde Sie sofort bitten, mich an Ihrem Arm nach Hause zu führen".

"Bitte", sagte dieser Pierre ihr dann immer nur wenig später aus wessen Munde auch immer: *"Hier ist mein Arm".*

Sie nennt ihn dann plötzlich Valentin und Valentino, weil um diese Uhrzeit angeblich alle Männer so heißen – oder weil sie den Namen Adolphe oder Pierre vor lauter Herzweh nicht mehr aussprechen kann? *"Sie geht ab"*, verfügt Giraudoux: am Arme ihres Kavaliers.

Von dessen Urbild jedoch und allen diesen Abgründen erfuhr ich selbst erst Jahrzehnte später – auch daß Hermine Körner kurz vor "unserm" Probenbeginn noch im Februar 1959 ein Gastspiel sei es im *Stadttheater Freiburg* mit jener *"Frau Inger auf Östrot"* gab, die sie anderwärts schon lange nicht mehr, wohl jedoch zur Zeit seines Todes in Berlin gespielt hatte: als wolle sie diese Wunde für diese neue Aurélie wieder bluten lassen.

Der stand andern Tages Klaus Kammer wieder zur Verfügung. Aber jene Szene wurde vorläufig nicht mehr probiert: plötzlich oder nach meinem notdürftigen Ersatz-Pierre war sie nicht mehr ebenso dringlich wie vorher.

Doch als er dann schließlich wieder einbestellt wurde, schenkte mir Klaus wohl zum Dank für meine hehlerische Hilfestellung eine undatiert antiquarische Ausgabe der *"Essais"* von Montaigne. Mit diskretem Bleistift hatte er mir seine frotzelnde Widmung hineingeschrieben:

"Kampf der Regie". Dies von Deinem Klaus K. (Anläßlich einer Bestechung)

Heute gefällt mir die Auslegung, er habe mir dieses Buch eben wegen seines enthaltenen Essays *"Ueber die Freundschaft"* zugedacht. Der gipfelt nämlich nach vielen bewegenden Formulierungen über Vertrautheit, Wärme, Dauer, Genuß und Geistigkeit, Unverwechselbarkeit, Unerklärlichkeit und Himmelsherkunft von Freundschaft zunächst in jener Vermutung oder verführerischen Hoffnung, die sich von Aristoteles über Horaz und Ovid, über Augustinus und diesen Montaigne noch bis zu Goethe und vielleicht noch sonst wem hinzieht: daß ein und dieselbe Seele sich bisweilen teilt und dann in zwei Körpern gleichzeitig lebt.

Alles das aber ist für diesen Montaigne nur Einleitung oder Vorspiel zu Gedanken über seinen Freund *"seit dem Tage, da ich ihn verlor"*, und über die Unmöglichkeit, als Hälfte weiterzuleben. Er zitiert den Theaterpoëten Menander hierzu mit Versen aus dem 4. Jahrhundert vor Christos und überträgt deren Leid aus lateinischer Übersetzung auch gleich für sein eigenes nachchristlich 16. Jahrhundert in eine französische Prosa, die es heute noch über all die Kulturen in mehr als zwei Jahrtausenden hinweg in der deutschen Fassung von Felix Groß leicht nachvollziehbar macht:

"Wenn meinen besten Teil der Seele die Parzen, vor der Zeit, abrissen, was zaudert der andre, der mir nicht lieber, nicht überlebender ist! Ein Tag stürzt uns beide ins Grab."

Was das *realiter* bedeutet, erklärte mir mein eigener Lebensweg erst runde 40 Jahre später und in einer räumlichen Entfernung von etwa zehntausend Kilometern. Heute weiß ich es überall.

Aber als Hermine Körner in Berlin-Charlottenburg einige Tage später die Szene der Federboa wieder mit dem authentischen Klaus Kammer repetierte, ereignete sich Folgendes:

Sie legte sich, wie immer, auf die Recamière dieser Aurélie und schloß die Augen. Wie immer ließ mich jetzt das Gesicht dieser Achtzigjährigen ahnen, wie es im Tode aussehen wollte. Das signalisierte mir dieser Moment bei jeder Probe.

Aber nun kam wieder ihr richtiger Pierre herein. Klaus Kammer ließ die meterlange Federboa abwärts wehen, schwebte selbst schwerelos die Eisentreppe ins Souterrain hinunter, trat zur Schlummernden und wurde von ihr, wie immer, für die große Liebe ihres Lebens gehalten: *"Bist du's, Adolphe Bertaut?"*

Wie immer protestierte Klaus Kammer: *"Ich bin es. Pierre."*

Da geschah es. Ich traute meiner Sinneswahrnehmung nicht mehr. Denn diese Greisin, die da lag und mit geschlossenen Augen sprach, hatte plötzlich das Gesicht eines jungen Mädchens. Ich rief meine Augen zur Ordnung, aber sie sahen beileibe kein altes, sondern immer nur ein blutjung erblühtes Gesicht vom Lebensanfang.

Schon ließ da Giraudoux sie sagen: *"Adolphe, ich verstehe, daß du mir nur, wenn ich die Augen geschlossen halte, in die Nähe zu kommen wagst."*

"Ja", erwiderte Pierre Kammer, *"ich bin alt geworden"*.

"Ich nicht", trotzte ihm eine jungmädchenhafte Aurélie Körner und begründete das so: *"Du bist alt geworden wie alle, die den Erinnerungen abschwören und die alten Spuren zertrampeln"*.

Wer jedoch den Erinnerungen nicht so abschwört, hieß das, und wer die alten Spuren nicht zertrampelt, der bleibt so jung wie diese Greisin.

Sie blieb es auch die ganze Szene über, bis sie schließlich zum vermeintlichen Adolphe sagen mußte: *"So, und jetzt geh, für immer. Leb wohl ... Gib meine Hände dem kleinen Pierre. Gestern habe ich die Seinen gehalten. Jetzt ist die Reihe an ihm ... Geh!"*

Dann öffnete Hermine Körner, wie Giraudoux es für diese Stelle vorgeschrieben hat, die Augen, und ihr Gesicht stürzte in die eigene Achtzigjährigkeit zurück.

Ich glaubte an Halluzinationen.

Aber nach der Probe fragte mich Willi Schmidt: *"Haben Sie das gesehen: wie sie in der Szene mit Pierre heute wie ein junges Mädchen aussah?"*

So konnte ich bestätigen, daß wir beide da keine Halluzinationen hatten. Willi Schmidt hat das später auch jenem Franz Michael Bilstein anvertraut, der über Hermine Körner promovierte und noch 1970 in seiner Dissertation über diese magische Mimikry berichtet hat.

Noch gute vier Jahre nach ihrem Tode gestand der vertraute Wohlbrück, ein anderer Adolphe ihres Lebens, ihrer Freundin Amy Smith in einem Briefe, er hätte *"gern gewußt, wer das war, der sagte, sie hätte die Seele eines kleinen Mädchens. Der hat sie gut, gut gesehn"* (12. Februar 1965). Damit bezog er sich auf den Bericht dieser selben Freundin von einem Manne, der sie 1936 mit Hermine Körner bekannt gemacht und schon damals gewuß hatte: *"Sie hat das Genie eines Mannes und die Seele eines kleinen Mädchens"*.

Wirklich stand ihr noch im Ersten Akt der *"Irren von Chaillot"* ein ganz besonders liebevoll schnurriger Ton zur Verfügung, wenn sie dem Selbstmörder Pierre unter all den vielen anderen Verlockungen des Lebens auch davon berichtete, wie sie *"gerade geträumt hat, ein kleines Mädchen zu sein, das auf einem Esel ausritt, um Himbeeren zu pflücken"*. Jeder in all ihren Auditorien glaubte das dieser Achtzigjährigen sofort.

Sogar der Kritiker Hermann Missenharter hatte diese Aurélie schon 1951 in den *"Stuttgarter Nachrichten"* eine *"Märchenprinzessin mit strahlenden blauen Augen"* genannt, *"die manchmal aussieht wie sechs- oder siebzehnjährig, im Grunde aber uralt ist"*.

Vielleicht ja auch deshalb hatte ihr Enkel-Sohn Peter diese Groß-Mutter nicht, wie seinerzeit noch zwingend, Oma genannt, sondern immer nur Nini. Viele Vertraute übernahmen diesen passend erscheinenden Namen. Nach Peters Tod unterschrieb sie intime Briefe auch selbst mit diesem Kindernamen: Nini.

Indem ich das alles fast auf den Tag genau 46 Jahre nach jenen Proben realisiere, begreife ich, damals wohl Zeuge von magischen Momenten gewesen zu sein. Ich verstehe jetzt auch, was der einfühlsame Theaterbeschreiber Siegfried Melchinger, der mich sehr viel später gegen den brechtianischen Terror von der Leine als Komplizen für eine andere Art Theater zu gewinnen trachtete, eigentlich meinte, wenn er über Hermine Körner sagte: *"Sie kam aus Merlins Reich"*.

Aber speziell über diese letzte Aurélie in Chaillot und Charlottenburg notierte er: *"Sie überspielte mit Geist die Materie"*.

Genau das habe ich da erlebt.

Was aber alledem damals tief zugrunde lag, kann ich heute nur mutmaßen.

Heute überblicke ich, daß Willi Schmidt in jenen mörderischen Kriegsjahren am Berliner *Staatstheater* unter Gründgens schon der Kollege Hermine Körners, also zumindest indirekt sicherlich auch Zeuge ihres Verlustes, ihrer Lebenskatastrophe war. Es ist gut möglich, daß er diesen liebenswerten Peter, bevor ihn Hitler im Kaukasus totschoß, noch als achtzehn- oder siebzehnjährigen Kavalier dieser Urmutter gesehen oder gar gekannt hat.

Jedenfalls wußte er mit Bestimmtheit, was noch andere siebzehn Jahre später in ihrer unvernarbt blutenden Seele vorging, wenn diese frankophile Frau in seinem so liebevoll nachgebauten Chaillot jetzt den Namen Pierre hören oder gar aussprechen mußte.

Das dürfte schon verdächtig geworden sein, als sie davon berichtete, wie vor zwei Jahren in Düsseldorf der Sohn ihres Dichters sie als dessen Herold in ihrer Garderobe heimsuchte und den väterlichen Vornamen Jean ausgerechnet mit dem schwer belasteten Peter ihrer eigenen Biographie verband: Jean-Pierre Giraudoux. *"Ein ganz ent-*

zückender Mensch", berichtete sie bereitwilligst ihrer Freundin Amy, *"richtig zum Liebhaben"*.

So also mochte, *summa summarum*, außer dem Jugendgeliebten Adolphe (oder eben Adolf) und dessen Revenant mit der Federboa auch noch der Geist des geliebten Autors eine Rolle spielen, wenn sie im halbwach klarträumenden Duo ihrer Aurélie mit einem andern Pierre nicht umhin konnte, sich auch noch ihrem eigenen verlustigen Peter entgegenzusehnen und Liebe mit Tod und Unsterblichkeit unteilbar, unentwirrbar zu verbinden.

Martin Benrath, ihr Düsseldorfer Pierre, scheint an ihrer Seite diese mystische Verschmelzung von Realem und Transzendentem auch schon so empfunden und mitvollzogen zu haben. Denn zu Hermine Körners Geburtstage 1957 schrieb er ihr einen Glückwunsch aus imaginärem Chaillot und beendete ihn mit dem Satze *"Ich liebe Sie – 'weil Sie meine Hand gehalten haben'. Ihr Adolphe Bertaut"*.

Ähnlich dürfte auch Willi Schmidt sie während unserer Proben geistig und liebevoll an der Hand gehalten haben. Als Doktorand immerhin Max Dessoirs, der nicht zuletzt als kritischer Beobachter von "okkulten" Phänomenen in unsere Lexika eingegangen ist, sollte er nur wenige Jahre später in seiner Gedenkrede auf Klaus Kammer seinen Kontakt mit diesem verstorbenen Freunde *ex cathedra* eingestehen: *"Ich habe all die Tage nicht aufgehört, sein Gespräch zu suchen, unsere magische Verbundenheit hat sich verstärkt"*. Noch gut ein halbes Jahr später bestätigte mir sein persönlicher Silvesterbrief 1964/65: *"Nichts, was ich auf der Bühne zu realisieren versuche, geschieht ohne geheime Verbindung zu ihm"* (hier auf Seite 99).

Schon nach ihrer gemeinsamen Premiere hatte Willi Schmidt in einem Brief an Hermine Körner am 10. August 1959 von unser aller Treue zu *"höheren Mächten"* und deren Wohlgefühl in *"kleinem Kreise"* gesprochen. Damit bezog er sich auf eine Textpassage, die sie in ihren früheren Aufführungen gestrichen hatte. Erst auf seine Veranlassung hin ließ sie sie ihre Aurélie nun - in der Übersetzung von

Wilhelm Michael Treichlinger - sprechen und kurz vor Pierres Besuch immer mit erschreckend heiligem Zorne beginnen, dann aber wie ein ehernes Lebensgesetz verkünden:

"Bist du so borniert zu glauben, daß wir allein sind, wenn wir unter uns sind, wie du es nennst? Glaubst du, wir seien derart stiefmütterlich von der Natur behandelt worden oder derart dumm, daß von den Millionen Wesen, die Unterhaltung oder Freundschaft suchen - mögen sie nur eine Einbildung oder sonstwas sein - nicht eines an uns Gefallen findet? Ich weiß, daß sie darauf warten, bis wir unter uns sind. Sie erhalten dann ein Zeichen, das ihnen sagt, in dem Wirrwarr und der Maskerade dieser Welt sei wenigstens ein kleiner Kreis, in dem sie gern gesehen sind. Und sie wissen das sehr genau."

Auch Willi Schmidt scheint das sehr genau gewußt zu haben, als er mich scheinbar so vollkommen sinnlos ein Viertelstündchen lang ihren Pierre sein ließ.

Denn ich sah damals sehr viel jünger aus als ich war, also höchstens wie neunzehnjährig und entsprechend naïv oder unschuldig und rein oder eben kindlich: wie ein Kind. Vielleicht ja auch wie ihr Kind. Denn der deutlich adultere Klaus Kammer hatte überdies glühend schwarze Augen, schwarze Haare und eine fast exotische, eher leicht asiatische Physiognomie. Da mochte ich als Typus mit meinem blonden Rundkopf dem totgeschossenen Enkel einer Rothaarigen schon ähnlicher sehen - von unserm Familiensilber und seinem weitervererbten Serviettenring mit dem kryptisch eingravierten Wort *Kaukasus* in kyrillischen Buchstaben völlig abgesehen; davon konnte auch Willi Schmidt nichts wissen.

Aber alles andere mochte er wissen oder hoffen: in einer mutig-gütigen Vermischung von freundschaftlichen und künstlerischen Motiven oder Zielen.

Amy Smith immerhin, die es sicherlich wissen und sehen konnte, bemerkte: Peters Leben *"konnte keine Frucht tragen, aber manche Wor-*

te in Hermine Körners letzten Rollen wären vielleicht von ihr nicht so erschütternd gesprochen worden, wenn Leben und Sterben dieses Jungen nicht gewesen wären".

Das höre ich nun im heutigen Nachhinein sonderlich jener unterschwellig schluchzenden Antwort an, die ihre Aurélie dem verzweifelten Pierre auf dessen ungestümes *"Lassen Sie mich fort!"* gab: *"Wenn man jemand fortgehen läßt, dann sieht man ihn niemals wieder"*.

Das alles mochte Willi Schmidt als bestallter Hexenmeister ebenso gehört, gesehen oder gar herbeigezaubert haben. Ich traue ihm zu, daß er sogar das Ausbleiben Klaus Kammers an jenem einen Vormittage selbst so eingefädelt hatte. Leider begreife ich das alles erst, nachdem sie alle tot sind und ich keinen von ihnen mehr befragen kann.

Aber erklären kann ich es mir nur so.

Denn auch die allgemeine Resonanz auf die Boa-Szene war bei uns ganz anders als in den früheren Aufführungen, als immerhin solche Könner wie Martin Benrath, wie Paul Edwin Roth (mein eigener Hamburger Dürrenmatt-*Romulus* 1983), wie Wolfgang Arps (mein dortiger *Amphitryon* 1969) und Peter (!) Fricke diesen Pierre mit Hermine Körner spielten, ohne je so extrem belobigt zu werden wie unser jetziges Duo.

Nicht nur Willi Schmidt selbst als Komplize hat das in seiner Gedenkrede für Klaus Kammer bewundert:

"Niemand außer ihm war imstande, eine Eisentreppe mit solcher Behutsamkeit herabzusteigen und eine abgegriffene Federboa wie eine Reliquie der Vergangenheit vor sich herzutragen, um sie der 'Gräfin' Aurélie mit einem Kniefall zu Füßen zu legen."

Auch Rolf Henniger, mitwirkender Kollege, pries in seinem Nachruf nicht zuletzt das unbegreiflich Kindliche:

36

Klaus Kammers *Pierre* und Hermine Körners *Aurélie*
in Willi Schmidts Inszenierung und Bühnenbild
"Die Irre von Chaillot" im *Schiller-Theater Berlin* 1959

Foto: Ilse Buhs

"Unvergeßlich, mit welch liebevoller Grazie er ihr die gefundene Boa präsentierte. Ein Moment, in dem sich plötzlich die Summe einer kindlich liebenswerten Existenz offenbarte",

und sogar an der Leine bemerkte und merkte sich jener ideologisch fixierte Beckmesser:

"Für die große, alte Königin des Theaters trug er eine zerfetzte Boa die lange Treppe herab, als sei sie ein Ordenskissen".

Fotos just dieser Szene repräsentieren bis heute allenthalben - und seien sie noch so unscharf - diese ganze Aufführung.

Doch als sich damals auch für diese wie für jede andere Szene die Premiere näherte, geschah dies:

am Montag ebenjener Woche, an deren Ende unser aller Produkt dem Publikum zugänglich werden sollte, sah Hermine Körner, als sie morgens zur Probe kam, an der Theaterkasse eine lange Schlange stehen, die da seit Stunden oder eine ganze Nacht schon auf den Beginn des Vorverkaufs für ihre Premiere wartete. Sofort verlor sie die Stimme. Noch nach triumphalen Vorstellungsserien in vielen Städten verlor sie da aus Angst und Verantwortung die Stimme: ob sie solchen Erwartungen wohl genügen könnte?

Willi Schmidt informierte den Intendanten Barlog. Der war klug und flexibel genug, die Premiere sofort um vier Tage zu verschieben. Das war kassentechnisch, publizistisch und organisatorisch ein Husarenstück, aber ließ die verschreckte Stimme unverzüglich wiederkehren.

Am Tage der Generalprobe, dem 30. Mai 1959, hatte Hermine Körner Geburtstag. Alle wußten es, aber niemand durfte ihr gratulieren. Sie wurde 81, aber gab nur 77 zu. Alle respektierten ihre Marotten, aber waren nur umso freundlicher, hilfsbereiter und mit Blicken, Lächeln und Gesten nur umso respektvoller und ehrerbietiger: demonstrierten so ihre Liebe zum Geburtstags-Kinde Nini. Erst jetzt offenbart mir das indiskrete Internet, daß Hermine Körner schon ziemlich früh in ihrem langen Leben das authentisch dokumentierte Geburtsjahr 1878 um ganze vier Jahre in 1882 verändert hatte. Dieser Veruntreuung ihrer Epiphanie mochte sie wohl immer noch die Treue halten wollen.

Sie spielte ihre Aurélie an diesem Tage einer ringsum leise dokumentierten Liebe nur umso überwältigender, und seither pflegte ein ganzes Ensemble prominenter Staatsschauspieler in der Dekoration zu stehen und in bestimmten Szenen jene millimetergenau präzisen Phrasierungen und Akzente Hermine Körners zwar tonlos, aber mit sehr viel Bewunderung, Zuneigung und lachenden Blickes mitzusprechen: ein stummer Chorus der Liebe in jeder einzelnen Vorstellung!

Aber all die letzten Proben, die wir ohne Fotografen, Techniker, Renter, Freunde und sonstige Öffentlichkeit noch "unter uns" waren, gediehen da zu solchen Sternstunden der Schauspiel- und Theaterkunst wie weder die umjubelte Premiere noch je wohl eine der nicht minder umjubelten späteren Vorstellungen.

Ich erinnere mich genau, wie ich während einer solchen Sternstunde zu Hermine Körner und ihrer preziosen Entourage auf der Bühne blickte und wußte, daß sich solche Qualität auf keinem Theater der Welt noch steigern ließe, daß ich da einem absoluten Höhepunkt als sogar Beteiligter gegenüber saß - daß ich aber dennoch so schnell wie möglich meiner Wege gehen müsse: irgendwohin, wo ich selbst kreativ und verantwortlich derlei nachzueifern versuchen könnte. Zwar hatte ich damals Barlogs briefliche Anfrage, *"wie Sie über einen Jahresvertrag denken"*, schon seit geraumer Zeit in der Tasche, aber gerade die Erfüllung vor meinen Augen hielt mich nicht länger nur als Gehilfen.

Von Stund' an bemühte ich mich um eine Position als Regisseur an kleineren Bühnen. Klaus Kammer half mir dabei, indem er mich freundschaftlich dem allmächtigen Agenten Walter Meyer, einer damals nahezu monopolistischen Institution, empfahl. Das hatte zur Folge, daß bald schon das *Stadttheater Pforzheim* anbiß und damit in meiner zögerlichen Seele tausend Skrupel erweckte: nicht zuletzt des

Hochmuts. Viele rieten mir ab: *was willst du in Pforzheim?* Also brauchte ich ein Votum von Gewicht. Der Kontakt zu Willi Schmidt schien nach der Premiere abgebrochen, weil er anderwärts, just im äonenfernen Wuppertal, schon wieder inszenierte.

Also wollte ich Hermine Körner hierzu um ihre Meinung fragen. Denn ihre Sympathie besaß ich, das wußte ich spätestens, seit ich ihr Pierre gewesen war. Als verantwortlicher Abendregisseur sah ich sie bei jeder Vorstellung, begrüßte sie auch jeweils zuvor in ihrer Garderobe. Aber sie mit meinen Problemchen zu belästigen, schien mir vor dieser Vorstellung ebenso unmöglich wie danach. Hatte sie sich doch sogar geweigert, mein teuer erstandenes Porträtfoto ihrer Aurélie zu signieren: *"Das unterschreib' ich net!"* – nur weil es sie zu greisenhaft zeigte! (Heute ziert es ahnungslos manches ihr gewidmete Buch. Nur hier wird es ihr erspart.)

Doch ein gnädiger Himmel fügte es, daß ich sie eines Vormittags, als wir beide bürokratische Versäumnisse in der Theaterverwaltung zu bereinigen haben mochten, beim Bühnenpförtner traf und da die Behelligung, die mir auf den Nägeln brannte, riskierte. Aufgeschlossen zog sie mich sofort hinter jene Tür zwischen Bühneneingang und Bühnenhaus und etablierte unser Gespräch da auf jener berühmten Bank, auf der schon Theatergeschichte geschrieben worden sein mochte.

In einer schüchternen Konsultation, die mich heute stark an jene Berufsberatung des "befangenen" Gymnasiasten Willi Schmidt durch die Intendantin des Dresdener *Albert-Theaters* just dreißig Jahre vorher erinnert, konfrontierte ich sie dort mit meinem Dilemma und stieß auf energische, lebhafte und einfühlsamste Zustimmung: genau solch ein kleines Theater sei für mich jetzt das Richtige, um mich relativ unbe- obachtet selbst in diesem angestrebten Berufe erproben zu können.

Ihr Zuspruch war so mütterlich anteilnehmend, so temperamentvoll engagiert und uneingeschränkt, auch so zweifelsfrei, daß er mich in

Pforzheim unverzüglich zusagen ließ und seither wie ein magischer Segen und guter Stern auf meinem beruflichen Wege begleitete.

Aber die Assistenz bei Willi Schmidt war auf diese Weise meine letzte im Theater, freilich auch meine tiefgreifend aufwühlendste, meine lehrreichste, folgenschwerste und allerschönste.

Als ich dann in Pforzheim meine Proben just zu *"Fast ein Poet"* von O'Neill absolvierte, pointierte oder krönte Hermine Körner unsere mysteriöse Begegnung in Berlin, indem sie da zu den Festwochen 1959 eine ihrer vielgerühmten Rezitationen veranstaltete. Ahnungslos und zugleich beziehungsvoll hatte sie da die ganze zweite Hälfte ihrer ausgewählten Verse und Prosa zum Thema *"Bibel im Dichterwort"* ausgerechnet der *"Rückkehr des Verlorenen Sohnes"* von André Gide gewidmet.

Aber im Titel des Übersetzers, keines Geringeren immerhin als Rilkes, hatte sie das Wort *"Rückkehr"* (original *«retour»*) eigenmächtig in *"Heimkehr"* verändert und las da also *"Die Heimkehr des verlorenen Sohnes"*. Wem sie die Lesung dieses Textes zugeeignet hat, versteht sich daher. *"Denn dieser mein Sohn"*, hatte ihr schon die biblische Vorlage verheißen, *"war tot und ist wieder lebendig geworden; er war verloren und ist gefunden worden"* (Lukas 15, 24).

Aber Hermine Körner konnte da nicht wissen, daß ihr anderer, der in Pforzheim nur scheinbar verlorene Ersatz-Pierre schon mit sechzehn Jahren in seinem Gymnasialtheater just diesen selben Text von Gide im Deutsch von Rilke gespielt und das als seinen ersten ernsthaften Schritt auf professionelles Theater zu verstanden hatte.

André Gide, dessen klassischer Eisbrecher *«Corydon»* sich mir mit seinen *"sokratischen Gesprächen"* erst kurz vor Probenbeginn zur *"Irren von Chaillot"* noch als geheimer Raubdruck erschloß, hatte diesen *"Verlorenen Sohn"* schon 1907 geschrieben, als Hermine Körner 29jährig bei Louise Dumont in Düsseldorf noch Salome, Minna von Barnhelm, Porzia und Schillers englische Königin Elisabeth war.

Aber anders als seine Quelle im Lukas-Evangelium hatte Gide eigenmächtig den Verlorenen Sohn auch seiner Mutter begegnen lassen. *"Wie tut es dir gut"*, ließ er ihn daher nun auch in der Eichengalerie des Charlotttenburger Schlosses in Berlin mit der ehernen Stimme Hermine Körners wissen, *"während deine Mutter dasitzt, halb liegend zu ihren Füßen, die Stirn zu verstecken an ihren Knieen und zu fühlen, wie unter ihrer Hand dein aufgelehnter Nacken nachgibt"*.

Eben so lag auch jedweder Pierre stets zu ihren Füßen und mußte sich fragen lassen: *"Warum hast du mich verlassen, Adolphe Bertaut?"*

Diese ewige Frage aus Chaillot hieß in Charlottenburg nun so:

" 'Warum hast du mich so lange verlassen?'

Und da du keine Antwort hast als Tränen:

'Warum jetzt weinen, mein Sohn? Du bist mir wiedergegeben. Ich habe im Warten auf dich alle meine Tränen ausgegossen.'

'Du hast mich noch erwartet?'

'Ich habe nie aufgehört, auf dich zu hoffen. Jeden Abend, vor dem Einschlafen, dachte ich: Wenn er diese Nacht kommt, wird er wissen, wie man die Türe öffnet? Und es dauerte, ehe ich einschlief. Jeden Morgen, bevor ich noch ganz wach war, dachte ich: Kommt er nicht heute? Und dann betete ich; ich habe so viel gebetet, schließlich mußtest du wohl kommen.'

'Deine Gebete sind schuld an meiner Rückkehr.' "

Wie Hermine Körner das ohne Tränen gesprochen haben mag, bleibt mir ein Rätsel. Vielleicht ja diente das apodiktische Kerzenlicht deren Verheimlichung.

Aber nur neun Jahre vorher hatte ich dieser Mutter schon im Voraus auf meinem Schultheater gestanden, daß ich ihren Verlorenen Sohn auch da gar nicht hätte spielen können, *"wenn ich mich nicht sähe in ihm"*. Darum sagt die Mutter André Gides oder eben Hermine Körner, wenn der Heimgekehrte ihre Fürsorge für sich selbst und seine künftigen Kinder erbittet:

" 'Es ist schon ein Kind da, dessen du dich annehmen könntest.'

'Was willst du sagen? Von wem sprichst du?'

'Von deinem jüngeren Bruder. Als du fortgingst, war er noch nicht zehn Jahre; du hast ihn kaum wiedererkannt, und doch, er ... '

'Sprich zu Ende, Mutter. Welchen Grund hast du jetzt unruhig zu sein?'

'In ihm hättest du dich eigentlich erkennen müssen, denn er gleicht ganz dem, der du warst, als du weggingst.'

'Gleicht mir?' "

Glich also ihm.

Wer alles glich da wem? Mystifikationen? Merlin? Magie?

Aber noch am selben 30. September 1959, als Hermine Körner da diese so beziehungsreichen Texte sprach, schrieb Willi Schmidt mir in derselben Stadt just den ersten seiner hiesigen Briefe ins ferne Pforzheim und bezog da unsere *"Irre von Chaillot"* beziehungs- und ahnungsvoll mit ein.

Sie blieb uns ein Leitmotiv über all die fünfzehn Jahre dieses Briefwechsels hin und für mich bis heute noch.

Klaus Kammer, Hermine Körner und Willi Schmidt 1959
bei einer Probe zu *"Die Irre von Chaillot"* im *Schiller-Theater Berlin*,
dahinter Helga Siemers als *Irma*
und Otto Matthies als *Schuhbandverkäufer*

Foto: Ilse Buhs

II

Hermine Körner

BRIEF AN WILLI SCHMIDT

"Berlin, den 26. Juni 1959
... Es war eine helle Freude für mich,
Ihnen in dieser schönen Arbeit zu begegnen
und unvergeßlich wird mir bleiben
das Wohlbehagen, das jeder einzelne von uns empfunden hat.
Das ist eine große Seltenheit und zurückzuführen
auf die tief künstlerische Arbeitsmethode von Ihnen.
Die Deutschen greifen im Allgemeinen immer etwas hart zu.
Der innere Charme, von dem dieses Stück getragen wird,
ist dem deutschen Naturell fremd ...
Sie haben einen echten Giraudoux geschaffen
und das war so beglückend! ...
Ich wünsche Ihnen eine schöne wohlverdiente Erholungszeit.
Lassen Sie sich viel einfallen, um dann wieder alle Beteiligten
und das ganze deutsche Theater zu beglücken ... "

DIE BRIEFE

Mit Reden und Essays

Prof. Willi Schmidt
Berlin-Dahlem
Breitenbachplatz 10[1]

30. Sept. 59

Lieber Herr Dr. Lunin !

Ihr Telegramm mit den guten Wünschen für den Pirandello-Abend[2] hat mir eine große Freude gemacht, und ich bedanke mich recht sehr dafür.

Ich habe mich seit unserem allzu abrupten Abschied im Schillertheater oft an unsere gemeinsame Arbeit an der "Irren von Chaillot" erinnert und wünschte sehr, wir könnten sie eines Tages erneuern – obwohl das für Sie wahrscheinlich nicht erstrebenswert ist, da es einem "Rückfall" in eine unselbständige Position gleichkäme.

Ich jedenfalls weiß, daß ich nicht so bald wieder einen so verläßlichen, gescheiten, sensiblen und aufmerksamen – dabei zurückhaltenden und wohlerzogenen Helfer an meiner Seite haben werde ...

Bitte schreiben Sie mir einmal wieder, wie es Ihnen "dortzulande"[3] geht und zumute ist, und seien Sie herzlich gegrüßt von Ihrem

Willi Schmidt

14. Sept. 60

Lieber Herr Dr. Lunin !

Mit Ihrem schönen, vertrauensvollem Brief haben Sie mir eine große Freude gemacht, für die ich Ihnen recht sehr danke.

Die Verspätung meiner Antwort, die Sie mir bitte nachsehen wollen, hat ihren Grund in den Vorbereitungen zu einer sogenannten "Festwochen-Uraufführung" am 20. September. Es handelt sich um die Dramatisierung des "Raskolnikoff" von Ahlsen[4], die mich viele Wochen in Atem gehalten hat. Klaus Kammer spielt die Titelrolle, und ich glaube, daß der Autor keinen besseren Interpreten finden kann. Das Stück hat nicht weniger als vierzehn Bilder – sie auf dem winzigen Schloßparktheater unterzubringen, ohne ihnen die Weite und Transparenz der Dostojewski'schen Gedankenwelt vorzuenthalten, war eine Aufgabe, die der Quadratur des Zirkels an Schwierigkeit nicht nachsteht. In welchem Maße es meinem Ensemble und mir gelungen ist, das werden wir nach der Premiere besser wissen als jetzt, wo wir die letzten Meter dieses Marathonlaufs mit heraushängender Zunge zurücklegen. (Verzeihen Sie diesen "olympischen" Vergleich.)

Wenn Sie ein neues Stück unter der Feder haben, wie ich vermute, dann versuchen Sie es bitte einmal mit Aristoteles, ich meine, mit den berühmten drei Einheiten. Bei 14 Bildern in drei Stunden droht die Sache nämlich kurzatmig zu werden, und der arme Regisseur kann dann sehen, wie er dennoch den Bogen über die Fragmente spannt. Außerdem stelle ich mir Einheit der Handlung, des Orts und der Zeit geradezu sensationell neu in einem Stück unserer Tage vor – wenn auch sehr viel schwerer zu handhaben als eine "epische" Form, die gewiß ihre Meriten hat, aber, wie gesagt, dem Interpreten den Hauptteil an der Realisierung auf der Bühne zuschiebt. Ist das nicht ein wenig unfair, um nicht zu sagen bequem?

Sie sehen, ich führe eines jener Gespräche mit Ihnen, wie wir sie damals miteinander hatten, als wir zusammen an der "Irren von Chaillot" arbeiteten. Das war eine schöne Zeit, auch für mich, an die ich ebensogern zurückdenke wie Sie.

Inzwischen hat "La folle" ihre 50. Vorstellung erlebt, und sie ist noch genau so lebendig, so präzise und so poetisch wie am ersten Tag. Frau Körner und Herr Held sind noch immer "umjubelt", und noch immer ist der Abglanz von Verzauberung auf den Gesichtern der Zuschauer. Daß dergleichen an Hand eines Dichters noch möglich ist, erscheint mir als tröstlicher Beweis für die Beständigkeit von Giraudoux' Welt, die im Augenblick hier in Berlin eine beklemmende Aktualität gewinnt – nämlich wenn der Lumpensammler im ersten Akt von den "letzten Freien" spricht und von der Heraufkunft des Müllkastenaufpassers, die "dann das Ende" bezeichnet[5].

Ihrem Brief entnahm ich, welches gewaltige Arbeitspensum Sie in der Stadt der Juwelen und Geschmeide[3] hinter sich gebracht haben und was Ihnen an neuen Aufgaben bevorsteht. Wenn Sie diese Pforzheimer Zeit als eine Art Feuerprobe ansehen, so werden Sie nach diesen Lehrjahren, wie weiland Wilhelm Meister Ihrer "theatralischen Sendung" gewisser geworden sein – oder, um es nüchterner und nicht im Stil des 18. Jahrhunderts auszudrücken: Sie werden in allen Sätteln gerecht, von allen Hunden gehetzt, mit allen Wassern gewaschen sein.

Verzagen Sie nicht, wenn die Kleinstadt-Enge Sie bisweilen bedrückt, und halten Sie sich an Ihre eigene Einsicht, daß Sie dortzulande dem hektischen Pseudokunstgemache so wohltuend entzogen sind. (Als ich in New York war, in einer Acht-Millionen-Stadt, war ich der Mitbegründer einer winzigen Bühne in der 42. Straße[6]. Sie war nicht größer als 6 x 6 Meter, und der Zuschauerraum hatte wenig mehr als 100 Sitze. Es war ein winziges Eiland – aber von ihm strahlte eine Wirkung aus, dank Schillers Genius, die ich nicht vorausgesehen hatte. – Das soll nun heißen: der Geist weht, wo er will, und bedarf keines pompösen Aufwands.)

Dennoch will ich meine Augen offen halten und meine Ohren spitzen, wo etwa ein Mann von Qualitäten Ihrer Art "gebraucht" wird. Inzwischen dürfen Sie bitte nicht ungeduldig werden.

Mit allen guten Wünschen für Ihre Arbeit und den herzlichsten Grüssen

Ihr

Willi Schmidt

5. Febr. 1961

Lieber Herr Dr. Lunin,

meine Antwort auf Ihren schönen Brief vom 17. Januar, der mich
übrigens an meinem Geburtstag erreichte und deshalb eine verdop-
pelte Freude war – dergleichen ist kein Zufall, sondern wird von be-
freundeten Geistern dirigiert, wie wir von Giraudoux gelernt haben -
meine Antwort also (dies droht ein Thomas Mann'sches Satzgefüge
zu werden) ist in Verzug geraten, weil ich auf die Abzüge der Gedenkrede für unsere verehrte Hermine Körner warten mußte[7], deren
einen ich Ihnen nun sende, hoffend, Sie möchten die Summe jener
glücklichen Tage in ihr wiederfinden, die wir damals zu Seiten dieser
großartigen, ich meine: groß gearteten Frau erleben konnten.

Auf der Bühne stand bei der Trauerfeier noch einmal das "königliche"
Kellergewölbe des zweiten Aktes der "Irren von Chaillot", und es war
ein schwer zu verwindender Schmerz, sich damit abfinden zu müssen,
daß Hermine Körner ihre schönste Rolle nun nur noch in unserer zärtlich gehüteten Erinnerung weiterspielen wird. Eine der Sternstunden
des Theaters ist vorüber, und alle, die sie nicht miterleben konnten,
bleiben ärmer und leerer zurück. Lassen Sie uns beide dankbar sein,
daß wir tätig an ihr teilhaben durften. Dergleichen wird sich so leicht
nicht wiederholen.

Ihr Brief, der mich sehr bewegt, scheint mir an einigen Stellen von einer gewissen Resignation diktiert, von der ich Sie, soweit ich das vermag, gern befreien möchte. Bitte bedenken Sie, wenn Enttäuschungen
auf Sie zukommen, daß das Theater, selbst in seiner gekeltertsten geistigen Form, au fond ein emotionelles Medium ist, mit allen Gefahren, aber auch mit allen Schönheiten und Überwältigungen, die mit
einem von "Spielern" gehandhabten Ausdrucksmittel verbunden sind.
(Darin bin ich ein dezidierter Anti-Brechtianer, daß ich nicht daran
glaube, man solle das Theater "verfremden" – ja, man darf es nicht

einmal. Das heißt, sich die Sache zu einfach machen. Dann soll man gleich mit Puppen spielen, die können das besser, weil sie ihren Schwerpunkt haben, wie Kleist[8] so genial erkannt hat, den Schwerpunkt im doppelten Sinn des Wortes, den wir uns erst suchen müssen, auf dem Weg über das Bewußtsein zu einer anderen, der kindhaften beinahe gleichen Naivität. Diesen Weg hat Brecht[9] geleugnet, wenn ich es richtig sehe, weil seine berechtigte Abneigung gegen das "Illusions-Theater" des bürgerlichen Zeitalters, des juste milieu, ihm die Sicht verstellte.)

Ihre und meine Generation haben nie das Illusions-Theater im Sinn gehabt, das die vierte Wand leugnete und auf der Bühne die Menschen so reden lassen wollte "wie im Leben" – ein wahrhaft abscheulicher Gedanke.

Aber – und darum schreib' ich diesen theaterwissenschaftlichen Exkurs, dessen umständliche Beweisführung Sie mir bitte verzeihen wollen - aber einen neuen, uns gemäßen und nicht von Brecht diktierten Weg zu finden (jede Art von Diktatur ist mir ein Greuel, und nichts ist mir so zuwider wie "Modell-Aufführungen"[10]) - das eben ist sehr schwer und bereitet Schmerzen.

Alles, was Sie, denke ich, zunächst tun können, ist: zu versuchen, auszuprobieren, zu trachten, der eigenen Kräfte inne zu werden, unterwegs zu sein. Ich bin nicht einmal sicher, ob wir genötigt sind, ein Ziel zu erreichen. Wenn wir nur "die Idee" vor dem "Betrieb" schützen. – Warum ist das Schönste, das Beglückendste an unserer Theaterarbeit immer vorbei, wenn Premiere ist? Weil wir plötzlich, von einem Tag zum andern, unsere Unschuld verlieren, weil uns zum Bewußtsein gebracht wird, daß eine auf Nutzen bedachte Welt auf das Ergebnis unserer Spiele wartet, deren bestes Teil es doch eben war, sich selbst zu genügen und nicht gemessen zu werden an der "Realität", wie die Leute das nennen, um sich im Leben zurecht zu finden.

Ich für mein Teil habe sehr früh erkannt, daß es müßig ist, sich im Leben (was ist das?) zurechtfinden zu wollen, ich habe, mit wechselndem Glück, versucht, gewisse Gesetze der Kunst zu ergründen, und das, nur das, hat mir geholfen, das Leben zu bestehen – und in wie hohem Maße.

Ich weiß nicht, lieber Herr Lunin, ob diese Zeilen eine Antwort auf die Fragen Ihres schönen Briefes enthalten. Ich hoffe es, weil ich so sehr wünsche, Sie möchten voll Zuversicht sein. Mir ist Ihr Wunsch nach wissenschaftlicher Arbeit nur zu geläufig; man ist dabei so schön auf sich selbst verwiesen und bewahrt vor den Emotionen egozentrischer Pseudokünstler, die sich in unserem Metier so breit machen und einem den Spaß vergällen. Aber wenn Sie Anfechtungen, Zweifeln, Traurigkeiten ausgesetzt sind in Ihrem Tun, dann erinnern Sie sich bitte der Eintragung Ottiliens in ihr Tagebuch, die in den "Wahlverwandtschaften"[11] zu finden ist:

"Man weicht der Welt nicht sicherer aus als durch die Kunst, und man verknüpft sich nicht sicherer mit ihr als durch die Kunst."

Seien Sie guten Mutes, ich grüße Sie sehr herzlich und hoffe auf einen neuen Brief von Ihnen.

Mit allen guten Wünschen für Ihre Arbeit bin ich

Ihr

Willi Schmidt

Prof. Willi Schmidt

Gedenkrede für Hermine Körner
bei der Trauerfeier des Schiller-Theaters
am 8. Januar 1961

Im Namen der Akademie der Künste und für das Schiller- und das Schloßpark-Theater danke ich Ihnen, verehrte Anwesende, daß Sie gekommen sind, in dieser Stunde des Abschieds das Andenken einer Schauspielerin zu feiern, deren hoher Kunst Sie so oft in diesem Hause gefolgt sind.

Eine Verbundenheit hat uns hier versammelt, die in unseren Tagen des hastigen Vergessens und des schnellverwehenden Ruhms selten geworden ist, eine Verbundenheit, die ich liebende Verehrung nennen möchte, weil in diesem Wort alles enthalten ist, was wir Hermine Körner an Zuneigung und zugleich an Achtung schuldig sind.

Es ist - und mit welcher Berechtigung - von den großen Frauengestalten der klassischen Literatur die Rede gewesen, denen Hermine Körner ihr unverwechselbares und in der Erinnerung haftendes Gepräge gegeben hat. Dennoch hat ein Dichter unserer Zeit[12], den sie mit einer stets sich erneuernden Liebe hoch- und wertschätzte, eine Figur für sie ersonnen, in der sich, am Abend ihres Lebens alles Gegensätzliche vereinigte, was eines Menschen Dasein zum Gleichnis macht: die Trauer über den Verfall der Welt und die lächelnde Ironie am Rande von Abgründen, die Klage über die Vergänglichkeit und das zärtliche Bekenntnis zu allen Unvollkommenheiten unserer menschlichen Existenz, das Gewahrwerden von unserem Bedrohtsein und das Wissen von der Grazie des Geistes, welche dieser Bedrohung Herr zu werden vermag. Ich spreche von der "Irren von Chaillot", einer Rolle, die, ich weiß es, Hermine Körner als sich ganz und ohne Vorbehalt zugehörig empfunden hat, die sie geliebt hat mit der Kraft ihres Herzens sowohl wie mit ihrem großen Kunstverstand und in der sie die Summe ihres eigenen reichen und schmerzlichen Lebens auf eine Weise zusammenfaßte, die für immer zu den hohen Festen des Theaters gehören wird.

Jedem von uns, dem als Partner das Glück zuteil ward, Hermine Körner bei dieser vollkommenen Identifikation mit der vom Dichter gemeinten Figur auf seine Weise behilflich zu sein, jedem von uns wird dieses Wunder der Verwandlung, das eigentlich ein Zu-sich-Heimkehren war, als die äußerste Möglichkeit darstellender Selbstverwirklichung empfunden haben. Hermine Körner hat, dem Werk großer Autoren der Weltliteratur ihre Stimme leihend, viele bedeutsame Einsichten verkündet – aber keinen Satz - will mir scheinen - hat sie lieber und mit größerer Überzeugungskraft ausgesprochen als die naivische Erkenntnis, mit der die Gräfin aus dem Pariser Faubourg ihre Erfahrungen zusammenfaßt. Er heißt:

"Eine vernünftige Frau genügt, damit sich die Verrücktheit der Welt an ihr die Zähne ausbeiße."

Der Beifall, der sie nach dieser Verkündung jedesmal umbrandete, war mehr als die übliche Akklamation einer vollendeten schauspielerischen Leistung, er war die Zustimmung zu Hermine Körners ganzem Sein und Wesen, welches in dieser Rolle einen Abglanz von Glück auf den Gesichtern der Zuschauer wachzurufen vermochte.

Wenn Jean Giraudoux und Hermine Körner auf den Champs Élysées, den elysäischen Gefilden, einander begegnen, werden sie, dessen bin ich sicher, das Gespräch fortsetzen, das zwischen ihnen nie aufgehört hat, und der große französische Poet, der letzte vielleicht in diesem Jahrhundert, dem dieser Ehrentitel gebührt, wird der großen deutschen Schauspielerin mit einer ritterlichen Geste seine Dankbarkeit zu Füßen legen; ein liebender Verehrer, auch er.

Ich weiß aus Gesprächen und Briefen Hermine Körners, daß sie die "Irre von Chaillot" als ihr Vermächtnis angesehen wissen wollte, nicht allein, weil sie, wie sie sich dessen voll Stolz bewußt sein konn-

Hermine Körner
als *Aurélie* in *"Die Irre von Chaillot"*
in Willi Schmidts Inszenierung und Kostüm
des *Schiller-Theaters Berlin* 1959

Foto: Ilse Buhs

te, der Titelrolle ihre in einem langen Schauspielerdasein zur Vollendung geführten Mittel verfügbar halten konnte, sondern vor allem, weil das Stück ihr Lebensraum war – dieses Wort in seiner wahren Bedeutung begriffen: Raum i h r e s Lebens, als eines durchaus musischen Menschen. Ihr Credo - wie das jedes Künstlers - ist in diesem Stück beschlossen: der unversiegliche Glaube an die Macht der Einbildungskraft, welchen die Umwelt notwendig als Narrheit erklären muß, oder sie wäre aufgefordert, sich zu ändern.

Die Botschaft dieses Stückes, die Hermine Körner lächelnden Mundes, leise und ganz unprogrammatisch verkündet hat, heißt: "Gestehe der Realität des Bösen keine Macht über dich zu, und sie wird gezwungen sein, von dir abzulassen".

Ich glaube zu wissen, daß die naive und zugleich souveräne Heiterkeit, die Hermine Körners "Irre von Chaillot" wie eine Aura umstrahlte, die Ernte eines mit großem Ernste geführten Schauspieler-Daseins war, daß die Gelassenheit ihres Wesens und eine gewisse ironische Distanz einer geradezu exemplarischen Selbstzucht und geistigen Disziplin entsprang, die zu erreichen ihrem leidenschaftlichen und bisweilen herrischen Naturell als eine beinahe unerfüllbare Forderung an sich selbst erschienen sein muß.

Der fordernde Ernst, mit dem sie ihre künstlerische Laufbahn begann, der sie bewog, Theaterleiterin[13] zu werden, hatte seinen Ursprung in dem unabweisbaren Drang, in dieser absurden Welt eine Stätte zu errichten, eine Bühne, auf der das Unvergängliche seine Heimstatt finden konnte.

Damals, als sie sich, eine andere Neuberin, diese geradezu reformatorische Aufgabe stellte, als sie Prinzipalin des Albert-Theaters in Dresden war, bin ich ihr zuerst begegnet.

Ich war Gymnasiast und wollte "zum Theater" – und niemand erschien mir geeigneter, mir den Weg zu weisen, als sie. Ich stand ihr befangen gegenüber, weil ich erwartete, daß die Selbstsicherheit, die ich auf der Bühne an ihr bewundert hatte, mir auch im privaten Gespräch entgegentreten würde.

Sie sah mich an und sagte mit ihrer dunklen Stimme, daß der Vorsatz, zum Theater zu gehen, wohl löblich sei, aber, fügte sie mit einem verzichtenden Lächeln hinzu, sie selbst könne mir den rechten Weg nicht weisen, da sie gerade eben fehlgegangen und im Begriffe sei, die Leitung ihres Theaters niederzulegen. Das solle mich aber nicht entmutigen.

Jetzt erst, ein Menschenalter später, weiß ich, wieviel Resignation mit ihrer Entscheidung verbunden gewesen sein muß, wie ihr Unstet- und Unbehaustsein aus dem Wissen um die Unzulänglichkeit der äußeren Mittel entsprang, womit eine engherzige Welt ihren Forderungen genügen wollte, Forderungen, die sie an sich selbst stellte und die sie von ihrer Umgebung mit der gleichen Schonungslosigkeit erfüllt sehen wollte. Aber wer hätte ihrem berechtigten Anspruch so leicht genügen können?

In dieser Zeit, die der Kunstfertigkeit, dem Effekt, der Wirkung im äußerlichsten Sinn so viel voreiligen Beifall zollt, mußte sie notwendig immer einsamer werden.

Wir, das Ensemble des Schiller- und Schloßpark-Theaters, sind froh und dankbar, daß wir diese Einsamkeit am Ende ihres Lebens wenigstens für eine kurze Spanne aufheben und ihr noch einmal die zärtliche Zuneigung und den hohen Respekt entgegenbringen konnten, die ihrer Persönlichkeit, der Schauspielerin und dem Menschen, gebührte.

Die Verpflichtung, die Hermine Körner uns auferlegt hat, ist: daß eine Künstlerin ihres Ranges nicht mehr einsam sein sollte in dieser verwalteten Welt.

Sie hat zum Zeichen dessen und um der Würde des Schauspielers, der sie in unserer Zeit einen neuen Sinn gegeben hat, sichtbaren Ausdruck zu verleihen, eine Stiftung hinterlassen.

Als sie im letzten Sommer ihres Lebens in Recklinghausen die Atossa in Mattias Brauns Fassung der "Perser" spielte[14], erhielt sie zum Dank eine persische Münze, dem Sold zugehörig, den ein Bogenschütze einst bei Salamis empfing. Sie hat dieser Münze die Fassung eines Ringes gegeben[15], und wir haben entschieden, er möge in Zukunft jeweils von der Schauspielerin getragen werden, welche der Bühne mit dem gleichen Ernst, mit der gleichen Leidenschaft und derselben späten, lächelnden Überlegenheit dient, wie sie selbst es getan hat.

Wir nehmen Abschied von Hermine Körner, wir sind voll Trauer, daß der Thron der "Irren von Chaillot" verwaist ist, aber von ihrem Leben geht eine große Tröstung aus, die ich Sie in Ihrem Herzen zu bewahren bitte: daß selbst in unserem Zeitalter eine königliche Erscheinung gleich der ihren, welche dem Tag so fern und dem Unvergänglichen seit je so nahe war, imstande gewesen ist, uns der Würde des Menschen und der Begnadung des Künstlers gewiß sein zu lassen.

4. Sept. 1961

Lieber Herr Dr. Lunin,

Ihr Brief vom 1. September hat mich eben erreicht, und es drängt mich, Ihnen ohne Verzögerung zu sagen, wie sehr er mich, gerade in diesem Augenblick äußerster Bedrohung[16] mit seiner Anteilnahme und der Versicherung innerer Verbundenheit bewegt hat. Ich danke Ihnen sehr.

Bitte fürchten Sie nicht, besorgen Sie niemals, Ihre Briefe könnten - in welchen Zeitabständen sie immer geschrieben sein mögen - mein "Verpflichtungsgefühl" belasten. Sie werden mich immer bereit finden, Ihnen zu antworten, wie intensiv die Forderungen des Tages mich auch in Anspruch nehmen mögen. In einer Zeit, die den Lebensraum des Einzelnen auf brutale Weise mit "Öffentlichkeit" durchdringt, so daß er beinahe vergewaltigt ist, in Leitartikeln, Rundfunkkommentaren und Fernsehfrühschoppen zu denken und zu argumentieren, in einer Zeit, in der die res publicae gleich mit Gebrauchsanweisung per Haus geliefert werden, ist der Brief geradezu eine Zuflucht der letzten Individualisten, ein Refugium für den Empfangenden sowohl wie für den Schreiber.

Ich habe in diesen schrecklichen Tagen vergeblich auf eine Stimme gewartet, die jenseits von aller Politik und sogenannter Diplomatie von der inneren Freiheit des Menschen gesprochen und ihm ein "Fürchtet euch nicht" zugerufen hätte. Es ist, als ob das Haupt der Medusa[17] uns alle lähme. Vielleicht hätte ein Mann wie Camus uns aufzurufen vermocht, aber seine Stimme ist verstummt. Nein, nicht ganz verstummt; ich wünschte sehr, Sie inszenierten den "Belagerungszustand" hier[18], angesichts der Mauer, damit wir ermutigt und gestärkt würden.

Die Antwort Ihres Intendanten[19] ist wahrhaft deprimierend – wie denn überhaupt der Eiertanz, den die Herren Leiter der deutschen

Theater aufführen, ich denke an ihr "spontanes" Säubern der Spielpläne von Bert Brecht[20], von makabrer Heiterkeit ist. Es hat also des Stacheldrahts und der Betonklötze bedurft, um sie inne werden zu lassen, daß jener Autor seit je seine Stimme einem System geliehen hat, das nun, um sich zu behaupten, die "Superbombe" entwickelt hat; ein Gerät übrigens, das "uns" nicht allzusehr zu erschrecken vermag, wie ich der Zeitung entnahm, da "wir" einen beträchtlichen Vorrat hochkarätiger Vergeltungswaffen bereit halten. Mit andern Worten: man kann die Sprengwirkung steigern, aber nicht das Wort tot. Wie tröstlich!

Man nennt das "das Gleichgewicht des Schreckens"[21], ein findiger Politiker oder ein smarter Journalist hat diese Benennung gefunden – und nun kann man sich wieder beruhigen. Eigentlich müßte die Sprache sich mit Händen und Füßen gegen diese Wortverbindung wehren, sie müßte mindestens diesen Genitiv ausspeien, weil sie daran erstickt; der Begriff Gleichgewicht (Balance – wie schön klingt das) duldet nichts neben sich. Aber auch die Sprache rebelliert nicht mehr – ein schlimmes Zeitalter. All das sind Zeichen, die Ihren Zweifel, ob "die innere Notwendigkeit und gar Neigung zum Untergang nicht vielleicht größer ist, als wir vermeinen", zu bestätigen scheinen.

Lassen Sie uns dennoch diesem Sog widerstehen. Wenn, was wir zu realisieren versuchen, von irgendeinem Wert ist, so wird es sich jetzt, in dieser "weltgeschichtlichen" Stunde, zu bewähren haben. Wir sind in unserer Arbeit eng verbunden, denn zu der Zeit, da Sie "Elektra" inszenieren[22], werde ich mit "Amphitryon 38" befaßt sein[23], und was könnte uns mehr einander nähern als die Beschäftigung mit unserm Lieblings-Autor[24], den zu interpretieren ich, allen Widrigkeiten der Stunde zum Trotz, nicht müde werden kann.

Da ich Ihr Verlangen nach Veränderung schon aus Ihrem vorletzten Brief las, habe ich Ihren Namen bei den Recklinghausener Festspielen erwähnt[25]. Dort wird ein "geistig verantwortlicher" Mitarbeiter gesucht. Wenn man sich also an Sie wendet, so hören Sie sich bitte an, was die Herren zu proponieren haben. Es wird, denke ich, ein Gespräch wert sein, und Sie können dann entscheiden, ob Sie dort mittun wollen. Nach meinen Erfahrungen ist Recklinghausen ein Platz, wo dem Theater eine Aufgabe zugewiesen wird, ohne daß man es etwa programmatisch einengt.

Und noch eines: wenn der Rundfunk[26] Ihnen erlaubt, zu Ihrer "anderen Existenz", nämlich zu der des Autors zurückzufinden, so werfen Sie sich nicht Fahnenflucht vor, falls Sie der Pforzheimer Bühne Valet sagen. Ich spüre zu deutlich aus Ihren Zeilen, daß Ihre Zeit dort erfüllt ist. Wenn Sie sich morgens beim Rasieren nicht mehr auf die bevorstehende Probe freuen können, berauben Sie sich selbst der Kraft, produktiv zu sein.

Soll ich Ihnen zum Schluß einen Glaubenssatz zitieren, der bei Kafka zu finden ist? Er heißt:

"Das menschliche Wesen, leichtfertig in seinem Grunde, von der Natur des auffliegenden Staubes, verträgt keine Fesselung."

Ich grüße Sie herzlich und in Verbundenheit

Ihr

Willi Schmidt

10. Sept. 1962

Lieber Herr Dr. Lunin !

Haben Sie Dank für Ihren Brief vom 7. September.

Um Ihre Frage schnell zu beantworten: ich bin bis Anfang Oktober in Berlin, weil ich am 26. September die Premiere meiner Dramatisierung der "Strafkolonie" (nach der Erzählung von Kafka) habe[27]. An dieser Aufgabe, die ich "Eine Demonstration in Wort, Musik, Tanz und Pantomime" nenne, arbeite ich seit drei Wochen, und Sie müssen mir die Daumen halten, damit dieses Experiment gelingt.

Es wäre schön, wenn Sie zur Premiere hier sein könnten.

Ich freue mich sehr darauf, Sie wiederzusehen.

Inzwischen grüße ich Sie herzlich - auch Herrn Milatz[28] wollen Sie bitte von mir grüßen.

Ihr

Willi Schmidt

24. Dezember 1962

Lieber Herr Dr. Lunin !

Es ist schön, einen Brief von Ihnen zu haben und einen "Beipack", der es in sich hat[29] in seinem rebellierenden Umsichschlagen, in seinem Leiden an der Zeit, in seiner verzweifelten Sehnsucht nach "Wert und Maß".

Allmählich muß man ja Hölderlins Hoffnung aufgeben, daß da, wo Gefahr ist, auch das Rettende wachse. Aber wenn man, wie Sie, die Dämonen bei Namen nennt und auf so erregende Weise beschwört, kann man sie vielleicht für eine Weile "bannen". Wie ein anderer Hieronymus Bosch erscheinen Sie mir in diesen "Gesellschaftsspielen" – ein erstaunliches Opus ist es, das Sie mir da unter die Weihtanne legen.

Unsere Begegnung im Spätherbst war gut und notwendig. Es ging mir wie Ihnen: sie war die mühelose Fortsetzung unseres immerwährenden Dialoges, den keine räumliche und zeitliche Ferne unterbrechen kann.

Wie schade ist es, daß Sie in Braunschweig[30] offenbar nicht das Arbeitsfeld vorgefunden haben, das Sie sich wünschten. – Aber darf ich Ihnen noch einmal sagen, Sie möchten das Theater als Institution nicht in Ihrem Anspruch überfordern? – Die Philosophie kann kein Brot backen, sagt Novalis, und er sagt auch: das Theater ist die tätige Reflexion des Menschen über sich selbst. Diese beiden Sätze zusammengenommen bezeichnen die Situation, die wir zu bestehen haben. – Wenn das Theater so aussieht, <u>wie</u> es aussieht, spiegelt es nur die Grimasse des 20. Jahrhunderts, die verzerrte Fresse einer Epoche, mit der "kein Staat" zu machen ist.

Dennoch ist es kein fader Optimismus, wenn ich Sie bitte, sich an das spärlich auftretende Tröstliche zu halten. Ich denke und sage mir: solange sich noch Leute finden, die von unserem Kafka-Abend zu Widerspruch und Zustimmung veranlaßt werden, solange man noch ein zweihundert Jahre altes Stück wie den "Clavigo" neu entdecken kann[31] – solange hat unser elendes Metier noch seine Rechtfertigung in sich selbst. – Wenn es denn so sein soll, daß wir gezwungen sind, "nein" zu sagen, nein zu den Konventionen, die Goethes Frühwerk als schwach in der Konzeption und sentimental in der Form bezeichnen – und wenn wir mit Hilfe von Kafka nein zu den Zeitläuften sagen müssen, so lassen Sie uns diesen Protest fröhlich und guter Laune vorbringen. Noch können wir spielen, und das ist die äußerste Freiheit, derer wir fähig sind, davon laß' ich mir nichts abhandeln.

Ich grüße Sie herzlich und mit allen guten Wünschen für Ihre Arbeit im neuen Jahr als

Ihr

Willi Schmidt

26. Sept. 63

Lieber Herr Dr. Lunin !

Haben Sie Dank für Ihren Brief mit der Ankündigung Ihres Berlin-Besuches. (So hat die Dramaturgentagung doch wenigstens das eine Gute – was auch sonst immer an Ergebnissen aus ihr hervorgehen mag - , daß sie uns eine neue Begegnung ermöglicht.)

Denn sehen müssen wir uns, wenngleich ich mit Hebbels "Judith" eine Arbeit auf mich genommen habe[32], die an inneren und äußeren Schwierigkeiten ihresgleichen sucht. (Wir probieren im Theater des Westens, wo der Musical-Geist polternd umgeht – das mag Ihnen alles sagen.)

Bitte rufen Sie mich an, sobald Sie hier sind, damit wir ein Treffen vereinbaren können.

Inzwischen grüßt Sie sehr herzlich

Ihr

Willi Schmidt

27. Oktober 1963

Lieber Herr Dr. Lunin !

Es ist Sonntag, und ich habe endlich Zeit, Ihnen für Ihren schönen Brief vom 19. Okt. zu danken, mit dem Sie mir eine große Freude gemacht haben.

Unsere Begegnungen, die gewiß zu selten stattfinden, sind auch für mich von besonderem Wert, weil sie mir beweisen, daß es im Bereich von artibus et litteris keine Generationsprobleme gibt, daß dieselben Schmerzen uns plagen und dieselben spärlichen Freuden uns auf diesem Felde gegönnt sind – daß wir "kommunizieren" und im Gespräch bleiben, wo sonst nur jeder vor sich hin spricht und recht behalten will, wo etwas fest gestellt wird, was auf immerwährende Bewegung angelegt ist. (Das Kapitel mit der Überschrift: Die Politik des zwanzigsten Jahrhunderts ist dafür ein trauriger Beweis.)

"Zu einem wahren Gespräch gehören gewisse Erfordernisse, die sich, zumal in unserer Zeit [1812] seltner beisammen finden, als man denken sollte. Zuvörderst zwei durchaus verschiedene Sprecher, die einander geheimnisvoll und unergründlich sind; dann zwischen beiden eine gewisse gemeinschaftliche Luft, ein gewisser Glaube, ein Vertrauen, ein gemeinschaftlicher Boden der Wahrheit und der Gerechtigkeit. Beide Forderungen sollte der Mensch eigentlich erfüllen, inwiefern er Mensch ist: indes finde ich besonders die heutige Generation so einförmig und so zerrissen, von dem, was sie vereinigen sollte, nämlich den Ideen, so abgewendet und in den Formen des Geistes, darin sie sich brechen sollte, so gleichartig, daß es mich nicht befremden kann, wenn es überhaupt viel mehr Redende als Hörende, viel mehr Lehrende als Lernende und wenig wahres Gespräch gibt."

Adam Müller[33], aus: "Zwölf Reden über die Beredsamkeit und deren Verfall in Deutschland", gehalten zu Wien im Frühling 1812, erschienen in Leipzig 1816.

Danach zu urteilen, hat sich also in 150 Jahren nichts gebessert – wie wichtig also ist es, daß wenigstens wir beide "im Gespräch" bleiben.

Sie fragen nach der Resonanz der "Judith". Ach, lieber Herr Doktor, das ist ein gar betrüblich' Resultat, das ich da zu berichten habe: zu mehr als höflichem, nicht einmal respektvollem Beifall konnten wir's diesmal nicht bringen.

Wie das zuging? Offengestanden: ich vermag es nicht zu sagen. Ich glaube, daß wir alles getan haben, diese schwierige Text-Partitur richtig zu interpretieren, das heißt, sie aus dem Reclam-Dasein zu erlösen und der heutigen Bühne aufzuschließen. Aber was bei "Clavigo" und bei "Kabale und Liebe" in Recklinghausen weitgehend gelang[34], den "Klassiker" neu hören zu machen, wollte sich diesmal nicht einstellen. Der Funke sprang nicht über die Rampe – oder wenn er sprang, fand er weder Hirne noch Herzen, die sich von ihm entzünden lassen wollten.

Sie wissen, daß ich kein Talent zum Selbstmitleid habe, und so bin ich zu der Erkenntnis gekommen, daß mein bedingungsloses Engagement an Hebbel (diese Inszenierung hat mich Alles in Allem, mit der Neufassung des Textes, dem Entwurf des Dekors und der Kostüme drei Monate in Atem gehalten) – von Übel war, daß eine kühl distanzierte Haltung ihm besser bekommen wäre, weil die zweite Naivität, die ich mir im Umgang mit ihm erwarb, beim Zuschauer nicht vorauszusetzen war. Thomas Manns These, daß Kunst heutzutage nur noch in ironischen Formen möglich ist, wurde mir auf schmerzhafte Weise bestätigt. Ironie ist Hebbels Teil gewiß nicht, und so hat der Mißerfolg schon seine innere Gerechtigkeit, weil ich der Intrigue des Theaters, die mir den Wesselburener Epigonen aufnötigte, nicht mehr Widerstand entgegensetzte und "meinen" Giraudoux zu bereitwillig aus der Hand gab. Der Autor der "Irren von Chaillot", der uns zusammengeführt hat, hatte wohl Grund, eifersüchtig zu sein[35], und seine guten Wünsche begleiteten den Premierenabend von "Judith" gewiß nicht.

Die Presse ist sozusagen "vernichtend", wenn sie wirklich vernichten könnte; ich stehe von einem Tag zum andern vor mir selber als Dilettant da – eine Attitude, in der man keine glückliche Figur macht.

Ein wirklicher Trost bei alledem ist, daß diese Niederlage mir so viele Sympathie-Kundgebungen meiner Schauspieler eingetragen hat, wie sie kein sogenannter Erfolg mir hätte bescheren können. – Wir haben nach der Premiere noch weiter probiert und neue Striche gemacht – und die Vorstellungen sind ausverkauft. Das Berliner Publikum soll leben!

Soviel zur "Judith", die Sie einmal ansehen sollten, damit wir über diesen Abend sprechen und im Gespräch klären können, was an ihm mißraten oder gelungen ist. Es gibt da, wenn ich nicht ganz borniert bin, zwei, drei "magische" Stellen, die das formulieren, was mir unter "Theater" vorschwebt, dem Wort des Novalis zufolge, der gesagt hat:

"Jedes Wort ist ein Wort der Beschwörung; welcher Geist ruft, ein solcher erscheint."

*

Bitte seien Sie gewiß, daß ich Ihre Interessen in Verbindung mit Herrn Prof. Raeck weiterverfolgen werde[36] – ich bin zuverlässig in diesen Dingen und werde Sie wissen lassen, was an Ergebnissen dabei "herausspringt".

Inzwischen bin ich mit allen guten Wünschen für Ihre Arbeit (auch wenn sie zur Zeit quälend ist) und mit herzlichen Grüßen

Ihr

Willi Schmidt

11. Nov. 1963

Lieber Herr Dr. Lunin,

heute ist Ihr Brief vom 8. November gekommen, und ich habe sozusagen "umgehend" Herrn Professor Raeck telefonisch zu erreichen versucht – erfuhr aber, daß er nach Tokio geflogen ist und nicht vor dem 20. November zurückerwartet wird. Seine Reisevorbereitungen mögen daran schuld gewesen sein, daß er Ihnen bei Ihrem letzten Telefongespräch "desinteressiert" erschien.

Also seien Sie bitte geduldig, so schwer das sein mag in einer Umgebung, die so wenig Ihrem Können und Wollen entspricht.

Aber darf ich Sie an das schöne portugiesische Sprichwort erinnern, das Claudel seinem "Seidenen Schuh" als Motto vorangestellt hat? – Es heißt:

"Gott schreibt gerade, auch auf krummen Zeilen."

Falls Sie aber eine weniger theologische Formulierung vorziehen, so halten Sie sich an Lessing, der gemeint hat, die kürzeste Linie zwischen zwei Punkten sei nicht immer die Gerade.

Der Entschluß, die krummen Zeilen Braunschweigs aufzugeben, macht Sie für andere Skripturen frei – auch wenn Sie jetzt nur ein weißes Blatt vor sich sehen. Lassen Sie sich davon nicht ängstigen.

Ein Passus in meinem letzten Brief muß mißverständlich gewesen sein. Es war nicht so, daß ich mich der vox populi unterwarf, als ich nach der Premiere von "Judith" weiterarbeitete (da teile ich Ihre Arroganz), sondern allein mein eigenes Wissen, mit diesem spröden Stück nicht "fertig" geworden zu sein, ließ mich nach Verbesserungen suchen. Wie's mich denn, auch wenn sogenannte "Erfolge" zu verzeichnen sind, immer von neuem beunruhigt, daß mit der Premiere ein immerwährender Prozeß abgeschlossen sein soll, etwas fest gestellt wird, was im Augenblick, da es als endgültig erklärt wird, nach neuen

Formen der Interpretation drängt. (Wie könnte man das einem professionellen Betrachter je klar machen, dessen Handwerk es gerade ist, Feststellungen zu formulieren.)

Dies merke ich nur an, damit unser Gespräch wieder seine gemeinsame Mitte hat und verabschiede mich für heute mit allen guten Wünschen für den "Don Gil"[37] und mit vielen herzlichen Grüßen

Ihr

Willi Schmidt

8. Jan. 1964

Lieber Herr Doktor Lunin,

Ihr schöner, ausführlicher, vertrauensvoller Brief war eine große
Freude für mich und ein guter Jahresanfang. Ich danke Ihnen sehr und
erwidere die Wünsche herzlich.

Um gleich zu Anfang meiner Antwort eines klarzustellen: bitte fürchten Sie niemals, mich mit Ihren "Nöten" zu ermüden oder unwillig zu
machen, seien Sie vielmehr versichert, daß ich immer bereit sein werde, an ihnen teilzunehmen und sie, so weit ich es vermag, zu vermin-
dern oder doch wenigstens im Gespräch richtig "einzuordnen ins Le-
bensganze" und sie damit sozusagen zu legitimieren.

Was den sogenannten Erfolg oder sein Ausbleiben betrifft, so haben
Sie es in Ihrem letzten Brief selbst mit so gescheiten und überzeugenden Worten getan, daß meine eigene Erfahrung mit diesem ambiva-
lenten Begriff nichts als Bestätigung hinzufügen kann.

Ein ontologisches Dilemma scheint mir mit dem "Erfolg" am Theater
verbunden zu sein, das ich vorderhand noch nicht lösen kann, vielleicht gelingt es mir eines Tages – und dann werd' ich Ihnen das Ergebnis zur Prüfung mitteilen. – Ich meine so: zweifellos ist das Theater seiner Struktur, seinem Wesen nach auf den unmittelbaren, am
Händepatschen ablesbaren Erfolg aus, es will (möglichst nach jeder
Szene) wissen, ob es "angekommen" ist (wie dieses schreckliche Jar-
gon-Wort heißt). Schauspieler minderer Qualität erzwingen diese un-
mittelbare Resonanz, namentlich in Komödien, mit den übelsten
Tricks, welche die heutzutage ganz falsch bewertete commedia dell'
arte über Jahrhunderte hin ihnen vererbt und die schon Goldoni ihnen
vergebens abzugewöhnen versucht hat. Gut oder schlimm: der Schauspieler will "wirken", und er will die Bestätigung seiner Wirkung
schnell und möglichst ohne Maß. Da keiner, auch der sublimierte
nicht, davon auszunehmen ist und sein Wert - das ist das Überein-

kommen, das auch die Höhe seiner Gage bestimmt - auf seiner Wirkung beruht, kann man ihn schwer davon überzeugen, daß es darauf gar nicht ankäme. Alles, was Sie als Regisseur, als Theaterleiter, als Dramaturg tun können, ist, mit einer Art List der Vernunft dieses integrale Wirkenwollen des Schauspielers, id est des Theaters überhaupt, anzunehmen, zu bejahen und unter der Hand (die dabei nicht behutsam genug vorgehen kann) der Idee nutzbar zu machen.

Und hier beginnt das Dilemma. Das kann nur selten gelingen, weil alle großen Dramatiker, mit der einzigen Ausnahme Schillers, der dann auch gelegentlich an den Rand der Kolportage gerät, bewußt und vorgefaßt gegen diese konventionellen Wirkungsmöglichkeiten des Theaters geschrieben haben, weil sie der Bühne zumuten, erst einmal alles zu vergessen, was sie "bis dahin", bis zu ihnen hin, getrieben und womit sie Erfolg gehabt hat.

Da stehen Sie nun, gehören zu den gebildeten unter den Verächtern, sind im Bunde mit Ihrem Autor und haben ein Instrument, das erst einmal und immer von neuem umgestimmt werden muß, bevor Sie überhaupt anfangen können, darauf zu spielen.

Ist es nicht so, daß dieses Einstimmen auf den Kammerton A Sie das ganze vergangene Jahr so enerviert hat, daß Sie zur eigentlichen Freude am Spielen gar nicht mehr zugelassen wurden? Das kann einem in der Tat das Theater ganz und gar verleiden und einen die Frage stellen lassen, ob es denn wirklich das geeignete Medium sei, die eigenen Vorstellungen von künstlerischer Wahrheit zu verwirklichen.

Ich gestehe Ihnen, daß ich von solchen Zweifeln nicht verschont bleibe, daß ich bisweilen "des Treibens müde" werde und nach anderen Möglichkeiten der réalisation (um mit Cézanne zu reden) Ausschau halte, als da sind: Malen und Schreiben. Möglichkeiten, die keines anderen Instrumentariums bedürfen als meiner eigenen Kräfte, die zu evozieren ich mir schon zutrauen wollte und die nicht auf diese fatale Unmittelbarkeit der "Wirkung" angewiesen sind.

Vorläufig nenne ich sie noch schwache Stunden, die mir derlei eingeben, aber ich bin nicht so sicher, ob diese inneren Stimmen nicht eines Tages lauter werden und ihr Recht fordern.

Zunächst freilich bin ich noch im Geschirr, zwar nicht mit Büchner beschäftigt, wie es geplant war und dessen Wozzek ich mit Leonce und Lena in eins spielen wollte, das heißt in- und miteinander, simultan und gleichzeitig – ein Plan, der dem Schillertheater so blödsinnig erschien, daß darüber gar nicht erst ein Gespräch zu führen war – nicht mit Büchner also bin ich beschäftigt, sondern mit unserem Giraudoux, dessen "Undine" ich[38) von Mitte Februar an in Münchens Residenztheater probieren werde. Im Augenblick bin ich mit Hilfe einer Studentin dabei, ein ausführliches Bühnenmodell zu bauen, eine Arbeit, die uns viel Freude macht.

Die fünfte Seite: mir scheint, es wird Zeit, diesen Brief abzuschliessen, unser Gespräch für heute zu beenden. Ich sage: für heute, weil ich mich darauf freue, es bald wieder aufzunehmen.

Ich glaube, Ihre Entscheidung für Wiesbaden ist gut und richtig[39). Ihre Tätigkeit dort wird Sie ein wenig distanzieren von dem hektischen Probenbetrieb, dem Sie bisher bis zur Erschöpfung ausgeliefert waren, und das wird dazu beitragen, daß Sie die Hure Theater wieder als eine achtbare Geliebte ansehen können – vor Rückfällen, das sage ich Ihnen gleich - ist man bei dieser Dame nie sicher, wenn man sie gleich selbst einigermaßen ehrbar zu machen versuchte, fällt sie, kaum wendet man den Blick, irgendeinem Zuhälter in die Arme, der ihren hübschen Hintern lobt und damit Geld macht. Und Sie hatten sich gerade geschmeichelt, es sei Ihnen gelungen, sie für Literatur zu interessieren. – Wie langweilig aber auch, den Tugendwächter zu spielen! Dilemma – siehe oben.

Ihren Don Gil würde ich wohl gern ansehen, ich denke ihn mir als eine höchst artifizielle Angelegenheit, die intelligente Zuschauer braucht, um genossen zu werden, an denen es in Braunschweig gewiß mangelt. Die deutsche Provinz muß etwas Fürchterliches, Furchterregendes sein. Hat sie nicht den Gartenzwerg von neuem zum Leben erweckt? Ich bin sicher, sie tat das nicht, um ihn zu ironisieren; sie weiß gar nicht, was das ist: Ironie, sie findet in ihm, umgeben von Neonlicht, Stahl und Glas, die deutsche Innigkeit wieder, das Märchengemüt und die wurzeltiefe Naturverbundenheit – schauerlich!

Wollen Sie nicht einen satirischen Einakter schreiben, in dem der Gartenzwerg die Hauptrolle spielt? Er läßt viele Verwandlungen zu, zum Beispiel zum Mascottchen im Auto oder zum Barockengel über der Hausbar – ein ganzes Bestiarium bietet sich an.

A propos Satire: im Dezemberheft der Neuen Rundschau findet sich ein kluger Essay über diesen Gegenstand[40]. Vielleicht ist er Ihrer Arbeit an den Mrozek-Stücken nützlich[41], vielleicht auch im Programmheft zu zitieren.

Schreiben Sie bald wieder, und seien Sie herzlich gegrüßt von

Ihrem

Willi Schmidt

am 16. Mai 1964

Lieber Herr Dr. Lunin,

noch habe ich mich von der Lähmung, die mich seit Klaus Kammers Tod[42] befallen, nicht so weit erholt, als daß ich mehr tun könnte, denn Ihnen für Ihren Brief voller Anteilnahme zu danken.

Sie wissen, was es bedeutet, einen Weggefährten verlieren zu müssen, der bestimmt schien, die Träume und Imaginationen zu verwirklichen, die das Theater zur Weltbühne machen.

Ich habe gleich Ihnen den Tod immer gegenwärtig, darin bin ich ein gelehriger Schüler Pascals; auch weiß ich, daß Dionysos, dessen Masken wir tragen, in der stygischen Welt ebenso zu Haus' ist wie auf dem Theater, aber was nützt mir mein armes Wissen, meine Erkenntnisbereitschaft, wenn mir die Tränen in die Augen treten über einen nie zu verwindenden Verlust?

Es gibt einen Satz Goethes, den er, glaube ich, nach dem Tod von Zelter schreibt und der mir in seiner kühlen Sachlichkeit, zu der der Autor von "Die Leiden des jungen Werthers" im Alter fähig war, beinahe grausam erscheint. Er heißt:

"Das Leben gehört den Lebendigen, und wer lebt, muß auf Wechsel gefaßt sein."

Ich rufe mir diesen Satz ins Gedächtnis, wenn ich sehe, daß der Vorhang weiter aufgeht vor einer Bühne, die für mich leer ist.

*

Lieber Herr Lunin, lassen Sie mich Ihnen alle herzlichen und guten Wünsche sagen, Ihnen und Ihrer Frau, zu dem neuen Lebensabschnitt, den Sie begonnen haben[43]. Den Unbilden dieser Welt ist leichter "zu zweit" zu begegnen.

Nach der argentinischen Entreprise (wie Sie dieses Abenteuer so hübsch nennen)[44] hoffe ich, Sie beide hier im Turm[45] zu begrüßen.

Bis dahin aber wollen wir unseren Briefkontakt nicht abreißen lassen, vielmehr einander verbunden bleiben.

Ich grüße Sie sehr herzlich

Ihr

Willi Schmidt

z. Zt. Hamburg
Thalia-Theater[46]

am 30. Aug. 64

Lieber Herr Dr. Lunin,

Ihr argentinischer oder vielmehr brasilianischer Brief[47], für den ich Ihnen herzlich danke, hat mich auf einigen Umwegen hier in Hamburg erreicht. (Er wurde von Berlin nach Amrum nachgesandt, wo wir unsere Ferien verbrachten, fand mich dort aber nicht mehr vor).

Mit großem Interesse habe ich an Ihrer Schilderung Lateinamerikas teilgenommen; daß unser altgewordenes Europa, das sein großes Erbe im 20. Jahrhundert so schlecht verwaltet, Ihnen auf dieser Reise von neuem ans Herz gewachsen ist, scheint mir nicht der schlechteste Gewinn dieser Aventure gewesen zu sein.

Auf Sie also trifft nicht zu, was Rosalinde in "Wie es euch gefällt" zu M. Jacques sagt, der sich als "Reisenden" bezeichnet:

"Viel gesehen haben und nichts besitzen, das kommt auf reiche Augen und arme Hände hinaus."

Ich freue mich schon jetzt auf einen langen, ausführlichen Bericht, wenn Sie "nächstens", wie ich hoffe, mit Ihrer Frau im Turm die Beine unter unsern Tisch strecken.

Inzwischen werden Sie hoffentlich in Wiesbaden ein Arbeitsfeld gefunden haben, das zu bestellen sich lohnt und das Sie die Mißhelligkeiten des Braunschweiger Intermediums schnell vergessen läßt.

Sie fragen nach einem Kommentar zu "Kabale und Liebe"[48]. Ich habe für die Recklinghausener Inszenierung in der Zeitung, die von den "Festspielen" herausgegeben wird, eine kurze Interpretation erscheinen lassen, die aber - wie ich fürchte - für Ihre Zwecke zu "populärisch" ausgefallen ist, da sie ein naives Publikum (gegen das gewiß nichts einzuwenden ist) mit dem Stück vertraut machen sollte. – Bitten Sie doch die Recklinghausener, Ihnen ein Exemplar dieser Zeitung zu schicken, und verfahren Sie mit dem Beitrag nach Ihrem Belieben.

Die Mannheimer wiederum haben ein "Regie"- und Soufflierbuch der Uraufführung herausgegeben, das mit großer Sorgfalt ediert und mit einem umfänglichen Apparat von Textvarianten versehen ist. Ich glaube, aus diesem Band ist einiges für Ihr Programmheft zu gewinnen. In Schillers Briefen fand ich (zur Zeit, als er an "Kabale und Liebe" arbeitete) viele schöne Stellen, die sich auf sein Vorhaben beziehen. Und vergessen Sie bitte nicht Thomas Manns Schiller-Gedenkrede[49], die ich für ein wahres Kleinod an Auslegung und Einfühlung halte.

Aber vielleicht sagen Sie nun lächelnd, auf all das bin ich längst schon selbst gestoßen. In diesem Fall: beg your pardon!

Die Rede, die ich Klaus Kammer zum Gedächtnis hielt, hat das Schillertheater in einer Broschüre herausgegeben. Ich wüßte sie gern in Ihren Händen; wollen Sie Frau Knauf[50] bitten, Ihnen ein Exemplar zu schicken, da ich es hier nicht zur Hand habe?

Das Geheimnis dieses rätselvollen Todes wage ich nicht zu entschlüsseln, ich glaube, es soll uns für immer verschlossen bleiben.

Jetzt, da ich mit der Inszenierung einer Shakespeare-Komödie beschäftigt bin, merke ich jeden Tag von neuem, wieviel zusätzliche Anstrengung es mich kostet, diese jähe Unterbrechung einer Verbindung[51], die uns nur für so kurze Zeit vergönnt war, zu überwinden.

Ich arbeite hier mit einem Ensemble, das seit vielen Jahren gewohnt war, in englischen und amerikanischen Familienstücken nach der Schablone gestanzte Figuren auf die Bühne zu stellen und das ganz neue Kräfte in sich wecken muß, um sich Shakespeares zu bemächtigen. – Dieser Aufgabe unterzieht es sich mit so viel Eifer und Unermüdlichkeit, daß dieser Prozeß einer Regeneration allein schon die Mühe wert ist – gleichviel, zu welchem Ergebnis er führen mag.

Bitte stehen Sie uns mit Ihren guten Gedanken bei, damit wir erreichen, was mir vorschwebt, lassen Sie bald wieder von sich hören,

und seien Sie für heute herzlich gegrüßt von

Ihrem

Willi Schmidt

Willi Schmidt

Anmerkungen zu "Kabale und Liebe"

*zuerst erschienen in der Festspielzeitung
der Ruhrfestspiele Recklinghausen 1963,
nachgedruckt im Programmheft Nr. 3
des Hessischen Staatstheaters Wiesbaden in der Spielzeit 1964/65*

Uns ist ein Brief Schillers an seinen Freund Reinwald, den Bibliothekar in Meiningen, erhalten, datiert vom 14. April 1783, zu der Zeit, als der vierundzwanzigjährige Autor an seinem dritten Stück, der "Luise Millerin", schrieb. In diesem Brief findet sich eine Definition der Liebe, die als Motto über dem "bürgerlichen Trauerspiel" stehen könnte; sie lautet:

"Liebe, mein Freund, das große, unfehlbare Band der empfindenden Schöpfung, ist zuletzt nur ein glücklicher Betrug. Erschrecken, entglühen, zerschmelzen wir für das fremde, uns ewig nie eigen werdende Geschöpf? Gewiß nicht. Wir leiden jenes alles nur für uns, für das Ich, dessen Spiegel jenes Geschöpf ist."

Der tragische Konflikt beruht in der Erkenntnis, daß wir selbst als Liebende nicht vermögen, über uns selbst hinauszugelangen, daß wir gebunden bleiben an unser fehlbares, irrendes, verzagendes Ich.

Man kann "Kabale und Liebe", wie "Luise Millerin" später von dem auf Wirkung bedachten Theaterdirektor Iffland[52] genannt wurde, als soziales Drama spielen, und gewiß ist, daß diese Interpretation dem Autor in einem wichtigen Aspekt Genüge leistete. – Aber ich glaube, daß Luise Millers und Ferdinand von Walters Schicksal nicht an das 18. Jahrhundert und dessen klassenbewußte Gesellschaftsordnung gebunden ist. Wäre es so, ihre Tragödie ginge uns nur noch mittelbar an, und wir könnten, indem wir sie betrachten, mit einiger Genugtuung inne werden, daß derlei Konflikte in unserer "klassenlosen Gesellschaft" ohne Wahrheitsgehalt sind. Schiller, darin besteht seine

Größe, darin unterscheidet er sich von seinen Vorläufern, nahm die soziale Gebundenheit seiner Charaktere nur zum Anlaß, die tragische Befangenheit des Menschen in sein Selbst zu zeigen und den vergeblichen Versuch, aus diesem Egozentrismus auszubrechen. Selbst die "Schurken" in diesem Stück sind keine Theaterbösewichte, sie sind, genau betrachtet, verhinderte Liebende, die keinen Teil haben dürfen an dem "glücklichen Betrug", als den Schiller "jenes große, unfehlbare Band der empfindenden Schöpfung" definiert. Luisens Ausgeliefertsein und Ferdinands Unbedingtheit in der Liebe sind nur im Tode zu versöhnen; nicht nur, weil die Kabalen des Hofes die Mesalliance zwischen dem bürgerlichen Mädchen und dem adeligen Offizier zu verhindern wußten, sondern weil die Kompromißlosigkeit des Gefühls an der rationalistisch argumentierenden Umwelt scheitern muß, die sich in ihrem Bestand bedroht sieht, wenn der Liebenden Beispiel Schule macht.

Wer wollte sagen, diese tragische Verstrickung habe nur für das 18. Jahrhundert Geltung?

Prof. Willi Schmidt

Gedenkrede für Klaus Kammer
bei der Trauerfeier des Schiller-Theaters[53]
am 24. Mai 1964

Noch ist die Erstarrung nicht von mir gewichen, die mich befiel, als die lähmende Nachricht uns erreichte, Klaus Kammer sei tot, und ich kann den Auftrag, hier zu seinem Gedächtnis zu sprechen, nur erfüllen, wenn Sie alle, die Sie gekommen sind, sein Andenken zu ehren, mir mit Ihrer ganzen Herzenskraft helfen, diese Stunde des Abschieds zu bestehen.

Lange Zeit wird es brauchen, bis wir wieder fähig sein werden, den Vorhang ohne Befangenheit aufgehen zu lassen vor unseren Spielen, deren er sich mit so verzehrender Leidenschaft angenommen hat und die wir nun ohne ihn fortsetzen sollen – eine Aufgabe, die so viel schwerer geworden ist, da er uns nicht mehr zur Seite steht.

Unser Ensemble hat in ihm einen seiner fähigsten Darsteller, den jeune Premier, verloren, ich selbst einen Freund und Gefährten, der mir half, ein paar Meilensteine zu setzen zu dem Ziel, das dem zeitgenössischen Theater gesteckt ist. Wir waren nicht so anmaßend zu behaupten, wir hätten dieses Ziel erreicht, sondern das Beglückende unserer Begegnung war, daß wir uns auf dem Wege wußten, daß wir zunehmend sicherer zu werden vermeinten, es am Ende nicht zu verfehlen.

Nur deshalb darf ich, glaube ich, die Rollen, die wir miteinander gearbeitet haben[54], alle die anderen vertreten lassen, die er sonst im Schiller- und Schloßparktheater gespielt hat und die gewiß nicht minder wichtig für seinen Aufstieg und für unsere Bühnen waren.

Soll ich also versuchen, sein Bild in Ihrem Herzen aufzurichten und es Ihrem Gedächtnis anzuvertrauen, so muß ich von dem inneren Ein-

87

verständnis sprechen, das zwischen uns bestand und das nicht allein mit der Gemeinsamkeit zu erklären ist, die jeden Regisseur an jeden seiner Schauspieler bindet.

Wenn es einen Eros des Geistes[55] gibt, so hat er zwischen uns gewaltet, auf eine unwiederholbare, nur mit großer Behutsamkeit zu benennende Weise. Ein der Ratio sich entziehendes, sympathetisches Verhältnis - wie Novalis es genannt haben würde - hatte da sein Wesen, eine Art Wahlverwandtschaft, wie wir sie beide vorher nicht erfahren hatten.

Vieles traf zusammen, was uns vom ersten Augenblick unserer Begegnung an[56] - es war bei der Arbeit am Thomas Chatterton von Hans Henny Jahnn - aneinander band: seine Nervigkeit, seine Musikalität, seine Fähigkeit, komplizierteste psychische Regungen sichtbar zu machen, sein geradezu fanatisches Bestreben nach Präzision, das ins Artifizielle umschlagen konnte, wenn wir beide nicht wachsam blieben.

Aber da war auch ein Ungenügen an sich selbst, eine brennende Ungeduld, ja ein Mißtrauen der eigenen Begabung gegenüber, wie es den auszeichnet, der erfahren hat, daß über routiniertes Sichverstellen kein Weg zur künstlerischen Wahrheit führt.

Ich hatte zu erkennen, daß er den Schauspieler in sich selbst bisweilen in Frage stellen, ja verachten mußte, weil nur die Selbstironie ihn zu dem Aufruf seiner äußersten Möglichkeiten befähigte, deren er bedurfte, um sich zum homo ludens "hinaufzudestillieren", um die Taschen, wie Leonce sagt, voll Puppen und Spielzeug zu haben und ein Theater zu bauen[57].

Es mag immerhin sein, daß es ein ungebrochenes, naiveres Verhältnis zum Theaterspielen gibt, als es das Seine war – aber für mich ist gewiß, daß sein der Skepsis, dem Zweifel, dem immer wiederholten Selbstbefragen abgerungenes Ja zu seinem Dasein als Schauspieler ihn erst zu den Leistungen befähigte, die wir zu bewundern lernten.

Klaus Kammer
als *Thomas Chatterton* von Hans Henny Jahnn
in Willi Schmidts Inszenierung und Kostüm
des *Schloßpark-Theaters Berlin* 1957

Foto: Heinz Köster

Das will sagen, daß er sich's schwer damit gemacht hat, das Theater-spielen in dieser Zeit vor sich und den anderen zu rechtfertigen, und jene Betrachter, die etwa von einem begnadeten Talent sprechen wollten, das nur eingesetzt zu werden brauchte, um sich zu erfüllen und uns zum Beifall hinzureißen, machten es sich zu leicht und gingen an der wahren Leistung vorbei.

Aber wie könnten sie auch wissen, daß die scheinbare Mühelosigkeit das Ergebnis einer sich beständig selbst prüfenden und kontrollieren-den Imagination war, einer Vorstellungskraft, die ihn bisweilen in sei-ner physischen Existenz bedrohte und im Zaum gehalten werden wollte, sollte sie ihn nicht bis zur Erschöpfung aufzehren.

Ökonomisch mit sich selbst zu verfahren, war sein Teil nicht, ihm hätte es gleich als Laxheit gegolten, sich zu schonen, hauszuhalten mit seinen Kräften; das wäre ihm gleichbedeutend erschienen mit ei-nem spießerhaften Sich-Beruhigen im Erreichten, mit dem "Verlegen-heitsgeschwätz des Erfolges", wie er den Thomas Chatterton mit be-sonderer Verachtung in seiner letzten Szene sagen ließ. Das soll be-deuten, er erkannte früh das Dilemma jedes außergewöhnlichen Schauspielers: mit dem Genuß der eigenen Wirkung die Unschuld zu verlieren.

Die Gefahr ist immer latent und unser Aufeinander-Angewiesensein bestand eben darin, ihr mit äußerster Wachsamkeit zu begegnen, da bei einer so ausgeprägten Begabung wie der seinen die Versuchung groß war, sie über die Rolle herrschen zu lassen.

Unsere ganze Freude bestand darin, den sensiblen Vorgang des Aus-gleichs immer von neuem zu erproben, so lange, bis das Resultat un-seren eigenen Forderungen so nahe wie möglich kam. Mindestens einmal schienen wir es erreicht zu haben, in der Darstellung des ma-gischen Zwischenwesens zwischen Mensch und Tier, das Kafkas "Bericht für eine Akademie" einem faszinierten Auditorium zur Kenntnis brachte.

Man hat die "Verwandlung" als den Höhepunkt von Klaus Kammers Laufbahn bezeichnet. – Das ist gewiß wahr, aber in einem anderen, erlauben Sie mir zu sagen, reineren Sinn.

In diesem Monolog, auf kärglichsten szenischen Raum beschränkt, mit nichts als einem Stahlpult als Zentrum, vollzog er, was uns vorschwebte: die Integration schauspielerischer Wirkung in einen Text von Dichters Gnaden, der ursprünglich nicht für die Bühne gedacht war und über ein halbes Jahrhundert hin ein, wie uns schien, unerlöstes Dasein im Buch geführt hatte.

Wer außer ihm hätte es wagen können, sich mit einer geradezu bestürzenden Intuition dieses vielschichtigen Monologs auf so vollkommene Weise zu bemächtigen, ihn zu durchleuchten, ihn sich im wahren Sinn des Wortes einzuverleiben, indem er ihn Gestalt werden ließ und mit seiner Darstellung die Summe menschlicher Existenz zog?

Es gibt Abende, da die Bühne zum theatrum mundi wird, da sie imstande ist, uns inne werden zu lassen, wer wir sind, was uns auf dieser Welt, die wir zu bestehen haben, bewegt, an welchen unsichtbaren Drähten wir hängen, ein Spielzeug Gottes. Manchesmal ist ein großes Personal von Spielern, Tänzern, Figuranten vonnöten, uns zu dieser Erkenntnis zu verhelfen, bisweilen nur die Besetzung eines Kammerspiels.

Daß ein einzelner Schauspieler das vermögen soll, auf nichts als auf sich selbst gestellt, in einer nicht zu überbietenden Einsamkeit einem Parkett gegenüber, das jede seiner Regungen unabgelenkt zu verfolgen vermag, um sich selbst wie in einem Spiegel zu erkennen, ist eine Anforderung, die kaum zu erfüllen ist. Klaus Kammer hat sie erfüllt; seiner geradezu artistischen Körperbeherrschung wie seiner Lust an der Pantomime wäre es gewiß leicht gewesen, aus der äffischen Attitude wie aus einer Clownsmaske den größten Effekt zu ziehen, aber damit hätte er den Sinn dieses kostbaren Textes gänzlich verfehlt.

Nie, während unserer Probenarbeit, gab er dieser Verführung nach, er begriff von Anbeginn, was hier zu leisten war: die Maske zu durchdringen mit dem Thema von Kafkas Meisterstück: der Suche nach Freiheit, die im "Ausweg" endet, ein Mensch zu sein.

Ich bin sicher, daß er von jenem Abend an wußte, wie es um ihn bestellt war, nicht daß er ein großer Schauspieler geworden war, wie man ihm bescheinigte und wie er es mit einem halb ironischen, halb dankbaren Lächeln zur Kenntnis nahm, sondern daß er dahin gelangt war - und dies wiegt für jedes Schauspielers Dasein viel mehr - , ein vollkommenes Medium für einen großen Autor unseres Zeitalters zu sein.

In diesem reineren Sinn war dieser Abend eine Erfüllung, und wenn es je Augenblicke des Glücks in seiner Existenz gegeben hat, der inneren Übereinstimmung mit sich selbst, die zu erreichen ihn so viel Kraft kostete, so waren sie ihm gewiß zur Zeit, als wir an den Kafka-Interpretationen arbeiteten, beschieden. Denn wir ließen dem "Bericht für eine Akademie" ja "In der Strafkolonie" folgen, das Wagnis, aus Wort, Musik, Tanz und Pantomime eine Synthese zu bilden, dem er sich mit seinem ganzen Elan verschrieb und das ohne ihn nicht einmal zum halben Gelingen hätte geführt werden können.

Wie Präludien und Vorübungen erschien uns alles, was wir bis dahin gemeinsam für das Theater gearbeitet hatten. Aber war die frappierende Spannweite seiner Begabung nicht schon sichtbar geworden, als er dem Thomas Chatterton, dem genialischen Poeten des 18. Jahrhunderts, der am Unverständnis seiner puritanischen Umwelt scheitert, den hochstaplerischen Magis in Félicien Marceaus bitterer Komödie "Das Ei" folgen lassen konnte[58)]? Ein junger Mann unserer Tage war da zu spielen, dessen waches, zeitkritisches Bewußtsein sehr bald erkennt, daß die Welt betrogen sein will.

Da wurde sichtbar, wie komödiantisches Temperament mit Sensibilität, Charme mit Melancholie, Witz mit Aggressivität sich in ihm verbinden konnte. Wie er mit einer einzigen Geste Konventionen ad absurdum zu führen vermochte, wie er mit einer grinsenden Überbetonung der ursprünglichen Wortbedeutung die Sprache des technischen Zeitalters als Schablone entlarvte, von der tänzerischen Behendigkeit nicht zu sprechen, mit der er das Stück antrieb, um es gleich darauf kommentierend und sich mit dem Zuschauer identifizierend aufzuhalten – dieses Bravourstück bewies, in welchem Maße er imstande war, einen Lustspielabend allein zu tragen. Der Nervenspieler wurde als Komödiant entdeckt.

Wie folgerichtig erscheint es mir nun, daß er danach eine Ensemblerolle gespielt hat, daß er, der zum Protagonisten aufgestiegen war in so jungen Jahren, nicht zuletzt, weil ein vorzügliches Ensemble, aus lauter Indivualitäten gebildet und der Tradition des Berliner Theaters verpflichtet, ihm uneigennützig zur Seite stand, daß er nun selbst sich in dieses Ensemble wieder einreihte und eine kleine Rolle übernahm: den Pierre in Giraudoux' schönstem Stück: "Die Irre von Chaillot", darin er zwei unvergeßliche Szenen mit der großen Hermine Körner spielte.

Niemand außer ihm war imstande, eine Eisentreppe mit solcher Behutsamkeit herabzusteigen und eine abgegriffene Federboa wie eine Reliquie der Vergangenheit vor sich herzutragen, um sie der "Gräfin" Aurélie mit einem Kniefall zu Füßen zu legen.

Der Kniefall gehört gewiß zur Rolle, aber ebenso gewiß war er die private Huldigung an eine Königin der Bühne, der einmal als Partner begegnet zu sein, auch für ihn ein Ehrentitel war.

Stand er während dieser Vorstellung nicht jeden Abend in der Kulisse, um der großen Rede Martin Helds zuzuhören, der als Lumpensammler in die Rolle des Präsidenten geschlüpft war und eine ironische Verteidigung des Geldes mit solcher Verve zum besten gab, daß Klaus Kammer, ihn auf die amüsanteste Weise kopierend, sie in unseren Gesprächen immer wieder zitierte?

Ich meine, daß die Begeisterung für die Leistung des Partners zu seinem Wesensbild gehört, genauso wie der Unmut, der heilige Zorn, wenn er zu spüren glaubte, daß sich jemand neben ihm den Anforderungen der Rolle mit bloßer Routine zu entziehen versuchte.

Er selbst jedenfalls war immer bereit, eine Randfigur, wie etwa den jungen Spitta in der "Ratten"-Aufführung Recklinghausens[59] mit der ganzen Intensität zu erfüllen, die ihm zu Gebote stand und diesem halb rührenden, halb komischen Vertreter einer neuen Bühne in der Auseinandersetzung mit dem Theaterdirektor Hassenreuter seine eifernde Intelligenz zu leihen.

Aber dann war eine Gestalt der Weltliteratur zu spielen: Dostojewskys "Raskolnikoff", in der Dramatisierung von Leopold Ahlsen. Wie das gelang, ist in Ihrer Erinnerung noch lebendig. Wie Klaus Kammer imstande war, die Figur von aller Folklore des russischen Fin de siècle, die ihr etwa hätte anhaften können, ganz freizuhalten, wie er diesen in Schuld und Sühne verstrickten Studenten als Vorläufer des Existentialismus unserer Tage kennzeichnete, das befestigte seinen Ruf, der Schauspieler seiner Generation zu sein oder, was mir wichtiger scheint, der Schauspieler für seine Generation, die ihn darum auf ihre scheue Weise verehrt und geliebt hat, weil er ihr Wortführer sein konnte.

Das also waren die Rollen, die ihn und mich zu jenem Kafka-Abend in der Akademie der Künste geführt hatten. Danach schien es uns an der Zeit, sich dem Klassiker zuzuwenden und zu versuchen, ihn neu sehen zu machen.

All die Erfahrungen, Erweiterungen, die wir am zeitgenössischen Stück gewonnen, wollten wir einsetzen für das Drama der Klassik. Vor unserem geschärften Bewußtsein sollte es auf seine Unsterblichkeit geprüft werden und w i r hatten u n s zu prüfen, wie weit wir imstande wären, ihm nahezukommen, wenn wir es mit Geist und Leben unserer Zeit erfüllten.

Ein scheinbar untauglicheres Objekt zu dieser Demonstration ließ sich schwerlich finden, als der "Clavigo" es war, ein Stück, von Vorurteilen belastet, als eilig gefertigtes Nebenwerk, schwächlich in der Substanz, sentimental in der Form, von den Theatern gemieden. Ich kann nicht vergessen, wie wir uns einspannen in dieses Stück wie in einen Cocon, bis wir von ihm ganz umschlossen waren. Nicht, daß wir die Gegenwart verleugneten, ihre Bedrohung war nicht zu leugnen, wir probierten zur Zeit der Kuba-Krise, aber wir nahmen die zusätzliche Herausforderung an.

Wenn sich jemals bewähren mußte, was uns allen, die wir uns dem Theaterspielen verpflichtet haben, aufgegeben wurde: das Bild des Menschen, seine Würde und seine Gefährdung gegen alle Widerstände der Zeit zu bewahren, indem wir den Ewigkeitszug einer Dichtung sichtbar machten, wenn dies die gerechte Forderung an unseren Beruf war, so mußte ihr gerade mit der "Clavigo"-Interpretation Genüge getan werden.

Den diffizilen Part der Titelrolle zu spielen, hieß für Klaus Kammer, Verzicht zu leisten auf alle Aktivität, die bisher seine Rollen bestimmt hatte. Er, der so oft den Ablauf eines Stückes beherrscht hatte, mußte sich zur Passivität erziehen, sich aus der Hand geben und sein Schicksal von seiner Umgebung bestimmen lassen.

Aber der Zwang zur Reduktion seiner Mittel war nur scheinbar. Was er dem Zuhören an Nuancierungen abgewann, etwa bei dem folternden Diktat des Beaumarchais, war es nicht dazu angetan, den Charakter Clavigos deutlicher vor Augen zu führen, als alles Agieren es vermocht hätte? Dunkler haben diese unergründlichen Augen nicht geleuchtet als in der Verwirrung und Verstrickung des "Clavigo", zärtlicher hat seine Stimme nicht geklungen als in der Beichte vor Marie Beumarchais.

Eine neue Dimension schien er in dieser Rolle für sich erschlossen zu haben: die Stille, das Schweigen, die Ratlosigkeit, den Verzicht, Negativformen gleichsam des Ausdrucks, deren Entdeckung er nach so viel Gespanntheit und motorischer Geistesgegenwart, die bisher seine Figuren bestimmt hatten, mit Erstaunen vor sich selbst wahrnahm.

Es schien also möglich, sich in eine Rolle fallenzulassen, sich ihr anheimzugeben, ohne daß man zugleich diesem verzehrenden Kräfteverschleiß unterlag, dem so schwer zu entgehen war. Hatte er nicht bisher, um diesen Substanzverlust auszugleichen, bisweilen einer geradezu beängstigenden Sucht zur Selbstbestätigung nachgegeben, einem Daseinshunger, der etwas ergreifend Kindhaftes, Ungebändigtes enthielt?

Die Rolle des "Clavigo", in der die Möglichkeit aufleuchtete, jene äußerste innere Freiheit zu erreichen, die auch das Schwierige, Komplizierte, die Differenzierung psychischer Affekte leicht erscheinen läßt, beinahe mühelos vollziehbar, diese angeblich passive Rolle, deren verborgene seelische Energien e r aber ans Licht brachte, war die letzte, die uns auf der Bühne zusammengeführt hat. Nur eines war uns danach noch zugeteilt, "Leonce und Lena" in einer Funkfassung uns zu nähern[60], dem Adagio des "Clavigo" das Scherzo dieser genialischen Improvisation folgen zu lassen.

Georg Büchner nennt sein Stück seltsamerweise ein Lustspiel, obwohl doch seine Lyrismen voll Todesahnung und Abschiedssehnsucht sind.

In den Prinzen Leonce hat er noch einmal zusammengefaßt, was ihn auszeichnete: seine Intelligenz und seine Musikalität, seine Ironie und sein heimliches Verlangen, all den ihn bedrängenden Gesichten zu entfliehen und wie Valerio zu den einfachen Dingen zurückzukehren.

Wir haben uns verabschiedet, heiter und voll Zuversicht, künftiger Pläne voll und begierig, sie auszuführen. Ihm ist die Kinderrassel aus der Hand gefallen[61], von der Leonce spricht und die er mit so viel Enthusiasmus für seinen geliebten Beruf zu schwingen verstand.

Dieses jähe Verstummen hat uns tief erschreckt. Aber man sollte nicht sagen, sein Schauspielerdasein habe sich nicht erfüllt, ein sinnloses Fatum habe gewaltet und seine Entwicklung abgerissen, die eben im Begriff war, sich ganz zu entfalten. Ich glaube, daß er im Einverständnis war mit seinem Tod, daß er ihn als den seligsten Traum willkommen hieß, als den Lena ihn benennt[62].

Wenn Sie mit mir seinen Weg begleitet haben, in dieser Stunde, die uns noch einmal ganz nah mit ihm zusammenführt, werden Sie, hoffe ich, die Zuversicht teilen, der "Engel mit dem Schlüssel zum Abgrund", den Dürer gezeichnet hat, habe ihn in eine apollinische Helle geführt, die ihn befreite aus dem Zustand angespanntesten Lauschens auf sich selbst, in dem nicht zu verweilen war.

Ich habe all die Tage nicht aufgehört, sein Gespräch zu suchen, unsere magische Verbundenheit hat sich verstärkt. Er, der so gern sprach und im Sprechen sich versuchsweise zu verwandeln liebte, er, der voll von fremden Figuren war, ist jetzt ganz zu sich selbst gekommen und schweigt.

Unsere Rollen haben sich vertauscht. Ich bin es jetzt, der fragt. Er läßt mich in seinen dunklen Augen die zärtliche Aufforderung lesen, mit der Undine in Giraudoux' Stück von der Welt der Menschen Abschied nimmt.

Sie lautet: "Versuche zu leben!"

Berlin, 31. Dezember 1964 / 1. Januar 1965

Motto für 1965:

"Ich kann freilich nicht sagen, ob es besser werden wird; aber so viel kann ich sagen, es muß anders werden, wenn es gut werden soll."

Georg Christoph Lichtenberg

Lieber Herr Dr. Lunin,

es ist gut, Ihren ausführlichen Brief zu haben, und ich bedanke mich sehr. Mir ist die Stille des ausklingenden Jahres gerade recht, um Ihnen zu antworten.

Überdenke ich, gleich Ihnen, die Bilanz dieses Jahres und versuche ich, die Frage zu beantworten, ob die "Erfolge" von "Undine" und "Wie es euch gefällt" imstande waren, mich den Verlust Klaus Kammers weniger schmerzlich empfinden zu lassen, so muß ich sagen: nichts, was ich auf der Bühne zu realisieren versuche, geschieht ohne geheime Verbindung zu ihm, und oft ertappe ich mich dabei, wie ich sein skeptisches oder zustimmendes Lächeln bei diesem Bemühen erkenne. – Ich habe aufgehört, nach dem Sinn seines Todes zu fragen, da die Kategorien von Sinn und Widersinn hier versagen. Wäre ich in den Schriften des Thomas von Aquin[63)] bewandert, so könnte ich mir dort sicher Rat's holen; er wüßte wohl, was es mit der essentia auf sich hat und daß unsere zeitliche Existenz nur ihre höchst unvollkommene Manifestation ist, die wir, an unser Ego gebunden, wie wir nun einmal sind, leicht zu überschätzen geneigt sind und die doch einer ungeheuren Gleichgültigkeit anheim fällt – ob wir das wahr haben wollen oder nicht.

Es ist ja das Theater eine Stätte, auf der die übertriebene Selbstbehauptung geradezu eine conditio sine qua non ist – ein Umstand, der es uns bisweilen so suspekt macht; ich meine uns beiden, die wir bemüht sind, diese variablen Metren von Egozentrismus einer "höheren Ordnung" dienstbar zu machen.

Es bleibt immer erstaunlich, daß das bisweilen gelingt. Wenn ich den Spielplan betrachte, den Sie konzipiert haben, so beneide ich das Wiesbadener Theater um sein "Gesicht", das mancher Berliner Bühne wohl anstünde.

Wir pflegen hier zur Zeit das sogenannte "totale Theater", das offenbar, um nichts bei der fragwürdigen Renaissance der golden twenties auszulassen, Meyerhold[64] und Tairoff[55] revidiert – unter der enthusiastischen Akklamation des Publikums übrigens, das sich offenbar wild entschlossen hat, dem Wort auf der Szene keinerlei Bedeutung mehr einzuräumen. Nun, meine Sache ist es nicht, an diesem "auf Deubel komm raus" mimischen Theater teil zu haben (oder doch nur gelegentlich, wie etwa beim "Ei", wo Klaus Kammer und ich es sozusagen mit der linken Hand vorgeführt haben, weil es nun einmal zu unserm Metier gehört).

Eine seltsame Verbindung von Infantilismus und artistischer Raffinesse findet da statt (zum Beispiel im "Marat" des Peter Weiss[66]), an der ein Parkett Gefallen findet, das offenbar des Humanismus überdrüssig ist.

Dazu paßt gut, daß hier in der Akademie der Künste, an keinem geringeren Ort, eine Ausstellung von Pop Art gezeigt wird, deren Katalog, man traut seinen Augen nicht, in einem neunmalklugen Vorwort Novalis, Flaubert, Hofmannsthal, van Gogh zitiert, um uns weiszumachen, es handle sich um eine legitime Kunst-Form des 20. Jahrhunderts, während es doch nur eine pubertäre Demonstration von "do it yourself", sprich Dilettantismus ist. – Man muß nicht gerade Paul Valéry gelesen haben[67], um inne zu werden, daß unsere Epoche ganz schön barbarisch zu Werke geht, wenn sie ihren Zivilisationsabfall (denn diese Demonstrationen bedienen sich als Material buchstäblich des Mülls) als "Zitat" verwendet.

Das Ganze ginge noch an, wenn es Witz oder gar Ironie hätte, aber es geriert sich pathetisch und wird damit ziemlich unerträglich.

Verzeihen Sie bitte diese Unmutsäußerungen; ich überbewerte gewiß derlei Erscheinungen, die vom "Dünenschutt der Stunden verweht" werden mögen, wie Goethe sogar von seinem "Faust" annahm.

Kommt man zu Jahren, hält man Ausschau nach Bleibendem, wohl auch nach jungen Weggefährten, die bereit und fähig sind, das geringe Eigene, was man verworrenen Zeitläuften an Maß und Wert entgegenzuhalten versuchte, aufzunehmen und mit selbständigen Kräften zu verbessern; da ist es gut und tröstlich zu wissen, daß es Sie gibt, daß wir einander begegnet sind, damit wir uns "den Rücken stärken".

Bitte fürchten Sie nicht, lieber Herr Lunin, ich könnte Sie für "abtrünnig" erklären, wenn Sie eines Tages dem Theater Valet sagen. (Wiewohl ich es um der Bühne willen bedauerte, weil sie aus obgenannten Gründen Persönlichkeiten wie der Ihren dringend bedarf.)

Wenn Sie aber auf die Dauer Ihr Genügen auf diesem Felde nicht finden können – mein Einspruch soll Sie gewiß nicht hindern, es zu wechseln. Nur: ob Sie sich in der Diplomatie "realisieren" können?[68] Mon dieu – welches Wagnis, ich bewundere Ihren Mut! – Wären Sie in französischen Diensten, hätte ich nicht die geringsten Bedenken. Claudel, Giraudoux haben ihr Land als Politiker vertreten[69], haben die Macht mit dem Geist versöhnt – können Sie sich das bei unserem Auswärtigen Amt (Sitz Bonn) vorstellen?

Vor vielen Jahren hatte ich einmal ein Gespräch mit Wilhelm Hausenstein, dem Kunsthistoriker von Rang[70], dessen Büchern ich während meiner Studienzeit viel verdankte. Als ich ihn kennenlernte, war er Botschafter in Paris, und ich versuchte, ihm zu sagen, wie wichtig seine Arbeiten für meine eigene Entwicklung waren. – Er sah mich traurig an und erwiderte: "Ja, - damals hatte ich noch etwas zu sagen".

Wie immer Sie sich entscheiden, es wird ja nicht heute oder morgen sein, und wir werden in meinem Turm ein gutes und langes Gespräch darüber führen können, wie immer Sie sich entscheiden – meine guten Gedanken begleiten Sie.

Während ich geschrieben habe, ist das alte Jahr zu Ende gegangen, das neue mit Feuerwerk und besoffenen Prosits begrüßt worden. Dämonen sollten wohl abgeschreckt werden – aber werden sie uns verschonen?

Ich für mein Teil wüßte nichts Besseres als zu dieser ungewöhnlichen Stunde mit Ihnen zu sprechen. – Schreiben Sie bald einmal wieder, und seien Sie mit Ihrer Frau für heute herzlich gegrüßt von

Ihrem

Willi Schmidt

Nachschrift: Sie finden mich vom 8. Februar an in Wien, am Burgtheater, wo ich mit Paula Wessely die "Glasmenagerie" inszenieren soll[71]. – Das Stück ist nicht ganz nach meinem Sinn, aber die Begegnung mit Frau Wessely ist mir wichtig genug; ich verspreche mir davon ähnliche "Erleuchtungen" wie bei der Arbeit mit Frau Körner. – Wie schön wäre es, Sie wieder an meiner Seite zu haben! Aber inzwischen sind Sie arriviert und den Kinderschuhen des Assistenten entwachsen – und ich kann zusehen, wie ich allein zurande komme.

[ohne Datum]

Lieber Herr Dr. Lunin,

mein Dank für Ihren Brief, der eine große Freude war, muß heute notwendig kurz sein, weil die Arbeit am "Intermezzo" meine ganze Zeit beansprucht[72]. (Aus dem Substantiv Anspruch sollte man besser kein Verbum bilden – es klingt scheußlich, pardon!) Aber der Anspruch ist groß, und nicht leicht ist ihm zu genügen. Sie kennen ja "unseren" Autor[73], der gerade in diesem frühen Stück eine Mischung aus Ironie und Ernst, Kritik und Heiterkeit verlangt, der mit purem Komödiantentum schwerlich beizukommen ist. Jeden Morgen wird mir von neuem deutlich, wie diffizil es ist, seinen Gedankenreichtum nicht als isolierte Aphorismensammlung erscheinen zu lassen, sondern ihn in Fleisch und Blut der darzustellenden Figur zu verwandeln, ein Prozeß, der intelligente Akteure verlangt, empfindliche Hirne und sensible Seelen. Ich glaube, ich habe sie zur Verfügung, und so macht mir die Arbeit, bei aller Mühsal, viel Freude.

Sie fragten nach der Begegnung mit Paula Wessely. Da kann ich nur einen kleinen hymnischen Lobgesang anstimmen. Alle meine Erwartungen haben sich erfüllt. Es ist in der Tat so, daß sie mit einer Art sechstem Sinn der "Schauspielkunst" Dimensionen erschließt, die normalerweise fast immer verborgen bleiben. Ihr Instinkt, oder was immer es sein mag, was da in ihrem Unterbewußtsein am Werke ist, gibt ihr bei der ersten Probe Mittel der Identifikation mit der geforderten Figur in die Hand, die beinahe immer im ersten Zugriff "stimmen". Da müssen Sie als Regisseur von einer geradezu "überspannten" Wachsamkeit sein, weil es geschehen kann, daß ihr Bewußtsein oder besser die Bewußtmachung des Gefundenen sie den Fund wieder verlieren läßt. Ein ewiges Dilemma, gewiß, aber nie zuvor ist es mir so deutlich geworden wie bei ihr, weil da wirklich ein Genie am Werke ist, mit allen Gefährdungen, die mit einer solchen Disposition verbunden sind – aber auch mit einem nicht zu ermüdenden Fleiß, welcher, nach Fontanes Definition, mit dem Genialischen Hand in Hand geht ("Talente?" sagt er, "Spielzeug für Kinder").

Nein, mit ihrem Talent, über dessen Umfang sie in ihrer Bescheidenheit sich gar nicht im Klaren ist oder doch nur in Augenblicken der Erfüllung, mit ihrem Talent könnte sie sich niemals begnügen; sie ruht nicht eher, als bis der letzte scheinbare Nebensatz, die leiseste Regung des Gefühls oder des Verstandes ihren vollen Wahrheitsgehalt in der Formulierung gefunden haben.

Das Ergebnis war staunenswert. Ich glaube, zutreffender kann diese Amanda nicht gespielt werden – sie ging weit über das Konzept des Autors hinaus und gab sozusagen ein Paradigma von der schmerzlichen Selbsttäuschung des Menschen. Mit ihrer Hilfe fielen da alle Schlacken des Naturalismus, die dem Stück etwa noch hätten anhaften können, ganz ab, nichts war mehr sentimental und "gefühlig", sondern schonungslos in der Preisgabe, hilflos und ausgesetzt und am Schluß erschütternd in der Erkenntnis von der Unhaltbarkeit aller mühsam aufrechterhaltenen Illusion.

Ich bin im Zweifel, ob die Bedeutung dieser Leistung nach ihrem Wert erkannt worden ist. Einige Wiener Zeitungen haben sich stotternd daran versucht – aber selbst das ist ihr ganz gleichgültig, darauf ist sie nicht angewiesen. Man kann sie noch so sehr lobpreisen – sie wird es abwehren und sagen: es war ein Versuch, laß es uns von neuem beginnen. Ich kann sie nur hoch verehren und lieben und mir wünschen, bald wieder mit ihr zusammenzutreffen. Es gibt noch Sternstunden in diesem vertrackten Metier[74] – ein Grund, dankbar zu sein.

Genug der Schwärmerei, zur Sache: "Wie es euch gefällt" gastiert ausgerechnet am 13. Mai in Schwetzingen. Dorthin muß ich am 12. zu einer Repetitionsprobe, kehre am 14. morgens zur "Intermezzo"-Probe hierher zurück. Können Sie Ihren Berlin-Besuch bis zum 15. verlängern? – Denn sehen und sprechen müssen wir uns, lange und ausführlich.

Paula Wessely
als *Amanda* in *"Die Glasmenagerie"* von Tennessee Williams
im *Akademietheater Wien* 1965,
Regie und Kostüm: Willi Schmidt

Foto: Hausmann

Bitte schreiben Sie mir eine kurze Nachricht, und seien Sie mit Ihrer Frau herzlich gegrüßt von

Ihrem

Willi Schmidt

am 7. Oktober 1965

Lieber Herr Dr. Lunin,

es ist gut, Ihren Brief vom 1. Oktober zu haben, weil er noch ganz vom Nachklang Ihrer erfolgreichen Arbeit am Musil-Stück lebt[75]. Zwar kenn' ich es nicht, aber Ihre spontane Zuneigung zu dieser "zeitgenössischen" Komödie macht mich sehr neugierig auf die Lektüre.

Ich gratuliere Ihnen herzlich zu diesem Succès. Wir Armen bedürfen ja dieser Bestätigungen, nicht um des "Erfolges" willen, wie man uns immer unterstellt, sondern weil unsere besten Kräfte irritiert werden, wenn ihre Bemühungen unerwidert bleiben; unser erotisches Verhältnis zum Theater ist dann gestört, und das ist schlimm für uns und für diese eifersüchtige Geliebte.

Es ist gut, Sie in Wiesbaden zu wissen, weit weg von Braunschweig, wo Sie so unglücklich waren.

Auf seltsame Weise sind wir miteinander verbunden: als Ihr Brief mich erreichte, war ich, auf der Suche nach einer Rolle für Peter Mosbacher, mit dem "Misanthropen" beschäftigt[76]. Merkwürdig, nicht wahr, da es doch ein ziemlich "entlegenes" Stück ist, das man nicht alle Tage liest.

Sie fragen, wie man das spielt; ich muß gestehen, ich weiß es auch so genau nicht. – Mich ärgert zunächst einmal die Arthur-Luther-Übersetzung, die ich in dem schönen Insel-Dünndruck-Band von Molières Werken fand.

Da heißt es zum Beispiel gleich im ersten Dialog zwischen Alceste und Philinte:

"Alceste:
 Zum Teufel noch einmal! Das kann ich nicht verzeihn!
Sich so erniedrigen, ist schamlos und gemein,

Und wenn Sie irgendwie zu solchem Tun mich zwängen, -
Fürwahr, ich zög es vor, sofort mich aufzuhängen.

Philinte:
Aufhängen scheint mir doch zu hart für eine Sünde,
Die ich wahrhaftig nicht so sehr abscheulich finde.
Drum bitt ich Sie, mein Freund, mich nicht zu streng zu richten,
Wenn ich mich untersteh, aufs Hängen zu verzichten."

Bei Molière lautet das so:

"Alceste:
Morbleu! c'est une chose, indigne, lâche, infâme,
De s'abaisser ainsi jusqu' à trahir son âme;
Et si, par un malheur, j' en avais fait autant,
Je m' irais, de regret, pendre tout à l'instant.

Philinte:
Je ne vois pas, pour moi, que le cas soit pendable;
Et je vous supplierai d' avoir pour agréable
Que je me fasse un peu grâce sur votre arrêt,
Et ne me pendre pas pour cela, s' il vous plaît."

Man kommt um die Erkenntnis nicht herum, daß das Reimen im
Deutschen eine peinvolle Sache ist; es klingt im wahren Wortsinn
"gezwungen". – Sie sagen ganz richtig, daß man den Misanthropen
aus den gedanklichen und geistigen Situationen spielen müsse, da er
ja "Handlung" im üblichen Sinne nicht enthält.

Wie aber soll man die dialektische Brillanz, die rhetorische Laune,
die Lust am Argumentieren, das einander Übertrumpfen in den witzi-
gen Formulierungen – das Gallische, mit einem Wort, wie soll man es
ins Fleisch und Blut der Szene bringen, wenn einem im Deutschen
nur ein so armseliger Wortlaut zur Verfügung steht?

Wird man dann nicht doch gezwungen sein, das Stück theatralisch
aufzuputzen, es auf fatale Weise komödiantisch anzureichern, da man
beim Zuhören allein nicht auf seine Kosten kommt?

Sie sehen, ich kann Ihre Fragen auch nur mir Fragen beantworten – und das hilft Ihnen gar nicht. Verzeihen Sie, bitte!

Vielleicht liegt's auch nur daran, daß ich mit einem anderen Projekt präokkupiert bin, das mir kaum geringere Sorgen macht. Ich soll hier an der Oper (ja, Sie haben richtig gelesen) Busoni's "Arlecchino" und "Turandot" inszenieren[77]. Ich bin damit beschäftigt, zunächst einmal die Bühnenbilder dafür zu entfernen – pardon, das ist eine hübsche Fehlleistung – ich wollte sagen entwerfen, aber es läuft auf dasselbe hinaus: nämlich auf den üblichen Opernplunder zu verzichten.

Aber die Frage bleibt offen, ob ich überhaupt mit Sängern umzugehen imstande bin, ob ich den Riesenapparat einer Oper, den ich mir in Konventionen erstarrt vorstelle, flexibel genug für meine Vorstellungen von musikalischem Theater machen kann. Soll ich mich auf dieses Abenteuer einlassen?

Zunächst genieße ich den Zustand, alles in der Schwebe zu lassen, irgendwo aufgehängt in meiner Phantasie, wo es sich leicht und schwerelos und höchst artifiziell ausnimmt und mir gut gefällt, - aber eines Tages, der bald kommen muß, werde ich mich bekennen müssen und, wenn ich ja gesagt habe, einen schrecklichen Ikarussturz erleben.

Manchmal wünsche ich uns, wir wären bedenkenloser. Ich sah Laurence Oliviers Othello[78], die Interpretation eines wirklich genialen Schauspielers in einem nicht inszenierten Stück, umgeben von Schauspielern, die als mittelmäßig zu bezeichnen, schon eine unerlaubte Beschönigung ist, in Bühnenbildern, die einer meiner Studenten im ersten Semester mir nicht vorzulegen gewagt hätte, - und bei all dem siegte Shakespeare dennoch. Wie geht das zu?

In Giraudoux' "Intermezzo" heißt es: "Wer das Theater verstehen will, versteht nichts vom Theater". Ecco.

Genug also davon. Zwei Worte über Irland: eine schöne, lange nachwirkende Erfahrung war diese Reise zu freundlichen, ja herzlichen Menschen, in denen sich Melancholie und Witz, Naivität und Phantasie auf eigentümliche Weise paaren. Einer wohltuenden, ganz unversnobten Selbstsicherheit bin ich dort begegnet, gegründet auf die spät errungene "Independence" von England, auf die man sehr stolz ist – und die freilich einem größeren Europa einmal im Wege stehen könnte. Rudimente von Nationalismus sind da noch wirksam, die dem 19. Jahrhundert angehören.

Dublin, an einer buchtenreichen Küste von großer Schönheit gelegen, ist eine richtige Provinzhauptstadt mit dem ganzen Flair eines Handelszentrums, in das man von weither kommt, um seine Geschäfte abzuwickeln und sich auf bescheidene Weise zu vergnügen. Nichts von aufgeblasenem Wirtschaftswunder, nichts von törichter Repräsentation, dafür einige wohlproportionierte Fassaden aus dem 18. Jahrhundert und St. Patrick's Cathedral, an der kein Geringerer als Swift[79] einmal Dean war. Sein kleines, bescheidenes, aus nachgedunkelten grauen Granitsteinen geschichtetes Haus steht dem mächtigen Kirchenbau gegenüber.

Ich blieb noch zwei Tage über die "offizielle" Zeit in einem kleinen Küstenort an der Irish Sea und wanderte auf stundenweiten Wegen ein Stück ins Land hinein, an Weideflächen vorbei, wo große Rinder- und Schafherden über weitgebreitete Flächen ziehen. Manchmal bin ich einem Reiter begegnet, der von einem der einsamen Gutshöfe zum anderen unterwegs war. (Man fährt dort nicht so gern im Auto, wie sympathisch!)

Ich wollte wohl einmal meine Ferien in Irland verbringen – und hätte ich jetzt O'Casey oder O'Neill[80] zu inszenieren, ich würd' es am Ende jetzt besser verstehen.

Dies für heute, damit der Brief ein Ende hat. Ich grüße Sie mit Ihrer Frau sehr herzlich und bleibe

Ihr

Willi Schmidt

18. Januar 1966

Lieber Herr Dr. Lunin,

heute, am Vorabend meines Geburtstags, ist Ihr Brief gekommen; daß
Sie sich dieses vergleichsweise unwichtigen Datums erinnerten, hat
mich sehr gerührt, und ich danke Ihnen für alle guten Wünsche. Deren einer: es möchten doch endlich in unserem Beruf die Menschen
zusammenfinden, die eine Sprache sprechen (da doch allenthalben
eine babylonische Verwirrung herrscht), ist auch mein täglicher Stoß-
seufzer.

Immer schwieriger wird es, die "rechten Partner" zu finden, und jede
Inszenierung ist eine Sisyphos-Plage; ein übergewichtiger Felsbrok-
ken muß nach oben gewälzt werden, und man kann von Glück sagen,
wenn er einem bei der Premiere nicht auf die Füße fällt.

Das erfahre ich in extremem Maße bei meiner ersten Opernarbeit, die
in ihr Endstadium tritt. Denn das Abenteuer mit ungewissem Ausgang
ist keineswegs vorüber. Die Premiere mußte auf den 1. Februar ver-
schoben werden, weil ein römisches Gastspiel des Instituts mir mehrere Solisten, den Chor und alle technischen Hilfskräfte entführte. Es
gab Tage, an denen ich mehrere Partien selbst markierte, nur um an-
deutungsweise voranzukommen. – Es ist um keinen Deut übertrieben,
wenn ich sage, daß ich nie sicher bin, ob ich die für den jeweiligen
Vormittag angesetzte Probe auch wirklich durchführen kann. Die
empfindlichen Kehlen meiner Singvögel bedürfen äußerster Scho-
nung, eine plötzlich auftretende Indisposition kann alle Planung um-
stoßen, ein Wetterwechsel genügt.

Um gerecht zu sein: wenn wirklich einmal mein Ensemble zur Verfügung ist, kann es Freude machen. Niemand wehrt sich gegen mein
Ansinnen, gewisse Konventionen des Opern-Alltags zugunsten des
musikalischen Theaters aufzugeben. Da Busonis Partituren die Um-
setzung in "Kunstfiguren" geradezu erfordern, das heißt, jede Form

des Verismus sich von selbst verbietet, kann man mit Hilfe des Mediums Musik zu "Abstraktionen" gelangen, die das Naivische mit dem Artifiziellen verbinden. Das Jenseits von Psychologie ist ungemein reizvoll für mich; auch die Freiheit in der Bindung des vorgegebenen Klang-Materials, das Transitorische, buchstäblich "Vorüberfliehende" des Musikalischen, das sich dennoch zur Szene und zum gesteigerten emotionalen Ausdruck des Singenden fügen muß, - das Alles ist, wie ich hoffe, die ungeheure Anstrengung wert, die ich da leichtfertig, wie ich nun merke, auf mich genommen habe.

Ich unternahm den Versuch, die "Kompaktheit" der Oper, vor der ich zurückschreckte, wenn ich ihr bisher als Zuhörender begegnete, transparent zu machen, sie gleichsam zu entmaterialisieren, - denn wozu wäre die Musik als künstlerisches Vehikel sonst da? Ob dieser Versuch gelingen kann, vermag ich heute nicht zu sagen; noch ist das Orchester nicht in Aktion getreten, noch probieren wir mit Hilfe des Klaviers, dieses Surrogats, das mir allmählich auf die Nerven geht. Eine innere Ungeduld verlangt nach den Valeurs der Instrumentation, nach der Vermählung der Singstimme mit den Klangfarben der Streicher, des Holzes und Blechs, - ein Paukenwirbel auf dem Pianoforte, was soll das sein?

Sie sehen: das Dionysische dieses Mediums hält mich auf eine Weise gefangen, die ich selbst nicht voraussah, wenn es doch gelingen könnte, es mit der apollinischen Klarheit zu durchdringen. Bitte stehen Sie dem Unterfangen mit guten Gedanken bei.

An die Möglichkeit, die Sie andeuten, daß auswärtige Gäste eines Abends "einspringen", weil ein Ensemblemitglied seinerseits auf Reisen ist, wage ich nicht zu denken. Dann müßte das fragile Gebilde, das wir da zu errichten im Begriffe sind, wie ein Kartenhaus in sich zusammenfallen. Ich kann nur darauf vertrauen, daß Busoni sehr entlegen ist, das heißt, niemand sonst in diesen Partien studiert ist, die gewiß keinen popularischen Erfolg versprechen. Das "Luxuriöse" der Sache wird mich, denke ich, davor schützen.

A propos: bitte fürchten Sie nicht, ich könnte Ihren radikalen Anspruch auf die Integrität einer Vorstellung unangemessen finden. Die Hure verlangt es nach einem Zuchtmeister, das gehört offenbar zu ihren Perversionen, so sehr es uns "Humanisten" auch widerstrebt, mit Nietzschens Peitsche herumzufuchteln. (Kennen Sie den Ausspruch eines Berliner Arbeiters, den ich mit eigenen Ohren gehört habe? Er beendete ein Gespräch vor einer geschlossenen Bahnschranke, die auch mir Halt gebot, mit der lapidaren Erkenntnis: "Ick sache Dir, Pauel, Weiba sind keene Menschen!")

Ich habe oft zwischenein zu Ihnen hingedacht und mich gefragt, wie Sie wohl mit dem schwierigen Schwierigen, dem Molière-Misanthropen zurande gekommen sind. Ihr Bericht sagt mir, daß Sie mit dem Ergebnis einigermaßen zufrieden waren - mehr ist uns ohnehin nicht vergönnt. Daß Ihr Versuch, den törichten Vorstellungen, die sich hierzulande mit Molière's Werk verbinden, diesen fatalen Drolerien und falschen komödiantischen Outriertheiten, widersprechen würde, war vorauszusehen. Wenn man dergleichen erwartet hatte, wurde man zu recht enttäuscht. Die Hauptrolle verlangt freilich einen Darsteller von großen Qualitäten, ich glaube, er muß imstande sein, eine intellektuelle Not, ich meine, eine aus Klugheit resultierende Einsamkeit, die ihn bis zur Ungerechtigkeit seiner Umgebung gegenüber treibt, weil sie seinem Anspruch nicht genügt, - er muß imstande sein, sich selbst so in die Isolation zu steigern, daß ihm am Ende nicht mehr geholfen werden kann.

Wenn diese Interpretation richtig ist, wer kann sie verkörpern? - Ich glaube, Peter Mosbacher (ohne daß ich Ihrem Protagonisten Unrecht tun wollte). Er hat sich einen Herzinfarkt zugezogen und tagelang waren wir in großer Sorge um ihn.

Wollen Sie mir einen Gefallen tun? Am Aschermittwoch läuft noch einmal "Die Sanfte" im Fernsehen[81]. Bitte sehen Sie die Sendung an, ich bin sicher, Sie werden es nicht bereuen, und schreiben Sie ein

Wort dazu an Peter Mosbacher ins St.-Georg-Krankenhaus nach Hamburg. Sie machen ihm eine große Freude damit.

Wenn ich noch lange weiterschreibe, bin ich ein Jahr älter geworden, der Uhrzeiger rückt auf Mitternacht vor. Ich konnte nichts Besseres tun, als meinen birthday mit einem Gespräch mit Ihnen zu beginnen, denn so will dieser Monolog aufgefaßt sein, dessen Länge Sie bitte verzeihen wollen.

Zum Schluß nur noch dies: Ihre Enttäuschung, das Thalia-Theater betreffend, teile ich[82]. Es ist Herrn Raecks Schade, daß er sich einen klugen, loyalen, gewissenhaften und begabten Mitarbeiter hat entgehen lassen. Aber man kann niemanden zu seinem Glücke zwingen, man kann ihm nur einen Fingerzeig geben, wo er es finden könnte.

Ich jedenfalls bleibe Ihnen herzlich verbunden und grüße Sie mit Ihrer Frau als

Ihr

Willi Schmidt

28. Mai 1966

Lieber Herr Dr. Lunin,

haben Sie Dank für Ihren Brief vom 22. Mai mit den guten Wünschen für die "Möwe"-Premiere[83].

Ganz stimme ich mit Ihnen darin überein, daß sie "ein zwar nicht gleichgültiges, aber sekundäres Akzidenz" einer Arbeit ist, die mich, Bearbeitung der Übersetzung, Bühnenbilder und Kostüme eingeschlossen, etwa drei Monate beschäftigt hat. Ich befand mich bei Tschechow in einer Gesellschaft, die ich von Tag zu Tag höher zu achten lernte, und so konnte es nicht ausbleiben, daß die Inszenierung, unterstützt von einigen vorzüglichen Schauspielern, die mit großer Einfühlung und nicht zu ermüdendem Fleiße am Werke waren, ein Protest gegen den herrschenden Zeitgeist auf der Bühne wurde – in der Treue zur möglichst genauen Interpretation einer Text-Faktur, die sozusagen mezza voce gehandhabt werden will und dem Schweigen, dem Verschweigen mindestens so viel Bedeutung beimißt wie dem gesprochenen Wort. Ob wir "erfolgreich" damit waren, vermag ich nicht zu sagen; das Abonnements-Publikum der Münchner Kammerspiele schien mir von distanzierter Anteilnahme nicht weit entfernt; wenn es gekommen war, dramatische Knalleffekte zu erleben, mußte es notwendig enttäuscht sein, und wer im Parkett vermag schon zu erkennen, wie viel Kunstverstand von Seiten des Autors und wie viel Bemühen von Seiten der Interpreten, ihm gerecht zu werden, "dort oben" wirksam ist? – Gelesen hab' ich nichts darüber, da ich am nächsten Tag hierher zurückgekehrt bin – und trage auch kein Verlangen danach. Es wäre geradezu verwunderlich, wenn man in den Gazetten auf einen Gesprächspartner stieße. "Nur Schwachsinnige und Schwindler behaupten, alles zu wissen" – heißt es einmal bei Tschechow. Ecco!

Adolf Wohlbrück und Willi Schmidt
bei einer Probe des *Thalia Theaters Hamburg*
zu Arthur Miller's *"Zwischenfall in Vichy"*
für die *Ruhrfestspiele Recklinghausen* 1965

Foto: Rosemarie Clausen

116

So viel zur "Möwe", die ich gern von Ihnen angesehen wissen möchte, mit einem langen, guten Dialog anschließend im "Turm" – aber das wird wohl nicht zu realisieren sein. Wie schade!

Quant à M. Wohlbrück[84] – so bin ich froh, der Intrige enthoben zu sein, zu der ich so wenig Talent besitze. Seien Sie nicht allzu traurig über seine Absage; sein Zögern vor der Rolle läßt darauf schließen, daß er sich ihr nicht gewachsen fühlt. Das ehrt ihn sehr, ich weiß aus langen Gesprächen in Hamburg, daß er sehr selbstkritisch ist und keine Aufgabe übernimmt, der er nicht voll und ganz zu genügen vermag. Das ist bemerkenswert, nicht wahr, da er doch auf der Bühne und im Film den Eindruck der Souveränität vermitteln kann – der aber das Ergebnis einer Kunstform ist.

Wenn er im Herbst in Berlin ist, werden wir eine Whisky-Runde arrangieren, damit Sie sich kennen- und schätzen lernen.

Seltsam, daß Sie an Giraudoux' "Undine" keinen Gefallen finden können[85]! Wie geht das zu? Ich glaube, Sie sollten es nicht als "Märchen" lesen, sondern als Kritik an einer Kultur, die sich ins Artifizielle verstiegen hat und der Natur so entfremdet ist, daß sie sich von ihr trennen muß, wenn sie ihr unverhofft begegnet. Ich für mein Teil kenne wenig so Anrührendes wie den Abschied Undines vom Ritter Hans im dritten Akt, ihren klaglosen Verzicht auf die Teilnahme am Menschlichen, das ohne sie so arm zurückbleibt. Aber ich bin ein Giraudoux-Enthusiast und also nicht objektiv. Lassen Sie das Stück eine Weile liegen, es bleibt ein Klassiker, und wer weiß, ob Sie nicht zu späterer Zeit beim Wiederlesen spontanen Zugang zu ihm finden und sich wundern, daß es Ihnen einmal fremd war.

Dies für heute und Glückwünsche zum neuen Domizil dazu, dessen Beschreibung "verheißungsvoll" klingt. Grüßen Sie Ihre Frau, deren Initiative Sie es offenbar verdanken, herzlich, und seien Sie selbst freundschaftlich und mit allen guten Wünschen gegrüßt von

Ihrem Willi Schmidt

am 5. Mai 1967

Lieber Herr Doktor Lunin,

es mag seltsam klingen, aber Ihr zorniger Brief war mir ein Labsal und eine Freude, für die ich Ihnen Dank sage; ich weiß, daß Sie kein Griesgram und kein "Misanthrope" sind, sonst könnten Sie ihn in Molière's Version nicht vortrefflich inszenieren. – Wenn Ihnen also vorübergehend das Lachen vergangen ist, so wird es seine Gründe haben. Ich autorisiere Sie also zu jeder Art von Unmut über die Zustände am deutschen Theater - weil ich mit Ihnen übereinstimme. Es ist ja nicht nur Gezeter, das Sie anstimmen, sondern die Klage über eine enttäuschte Liebe. Da nützt es einem wenig, wenn man zuzeiten sogenannte Erfolge hat, denn man muß sogleich fragen, <u>wer</u> sie einem bescheinigt, und da wird man gleich wieder traurig.

Was könnte ich Ihnen zum Trost sagen, das nicht verlogen klänge?

Ich habe, in Gedanken, versucht, den Ursachen dieser Misere auf die Spur zu kommen, zu ergründen, wie es möglich ist, daß allenthalben um uns herum so viel aufgeblasener Dilettantismus am Werke sein und unser Metier verraten kann. Hier ist der Versuch einer Erklärung:

in einer post-faschistischen Epoche wie der unseren, die Freiheit mit Libertinage verwechselt, wird auch der Begriff der Kunst verketzert und eine Form der "Promiskuität" propagiert, die es ihren Verfechtern erlaubt, alles mit allem zu vermischen und daraus ein Destillat der Brutalität und der Grausamkeit zu gewinnen. Das verschafft die zusätzliche Genugtuung, ein Provokateur gegen das Establishment zu sein und den a priori verlogenen Vertretern des "Humanismus" (ein Wort, das man nur mit dröhnendem Hohngelächter aussprechen kann) gezeigt zu haben, daß der Mensch des Menschen Wolf ist – und damit basta.

Auf dem Theater tut das seine Wirkung: man kann schreien, toben, den Ossa auf den Pelion türmen[86], den Tyrannen übertyrannen[87], sich auf's Absurde und auf Artaud's "Theatre of cruelty"[88] berufen und gehört in jedem Fall zur Avantgarde. In Wahrheit wird man seine Pubertätsschwierigkeiten los, auf eine Weise, die der vielgeschmähte Staat und seine Bürger (Spießer allzumal) subventioniert, was doch eigentlich ganz fair und demokratisch ist.

Die professionellen Betrachter aber, nach Herkunft und Erziehung eigentlich einer anderen Vorstellung des homo ludens anhangend, nämlich der Wiederherstellung des mit Füßen getretenen Menschenbildes, - sie wollen sich nicht nachsagen lassen, die Zeit sei über sie hinweggegangen, und so nehmen sie eine Haltung ein, die man nur als "sich anschmieren" bezeichnen kann.

Wollen wir daran teilhaben? Ich bin ganz sicher, daß Sie mir zustimmen, wenn ich sage: dazu sind wir zu arrogant, zu hochmütig. Haben wir je danach getrachtet, "Zeitgenossen" zu sein? Diese Gegenwart müßte mehr aufzuweisen haben, mehr Geduld im Verwirklichen einer echten Demokratie, mehr Toleranz vor des Anderen Meinung, mehr sokratischen Zweifel an der eigenen Unfehlbarkeit, mehr Bereitschaft zur Kommunikation, als daß ich mich entschließen könnte, ihr nachzueifern.

Täuschen Sie sich nicht über meine "Position", lieber Dottore!

Im Grunde lebe ich in meinem Turm in einer splendid isolation, aus der ich bisweilen ausbreche, selten genug (damit er nicht zu meinem Elfenbeinturm wird), um zu "demonstrieren".

Denn so zornig bin ich schon lange wie die Pop-Art-Verfechter, die sich um die wirkliche Auseinandersetzung mit Schiller drücken, indem sie ihn parodieren, um nur ein Beispiel zu nennen; ich nehme mich nur zusammen und schreie nicht, trage auch keine Plakate vor mir her, auf denen meine Gesinnung abzulesen ist. – Es bedarf dieser Aufdringlichkeit auch gar nicht. Denn siehe, so korrupt ist die Zeit am Ende wieder nicht, daß sie nicht auch einer leisen Stimme zuhörte, wie gerade bei "Undine" geschieht, die wir vorige Woche zum fünfundzwanzigsten Male vor ausverkauftem Haus gespielt haben. Im Schillertheater[89]. – Ist das nicht doch ein Trost? Kein verbaler, kümmerlich weit hergeholter – ein Trost der Fakten! Denke ich.

Mühsam genug ist es, derlei auf die Bretter zu bringen, denn es ist ja nicht so, daß der Intendant, wer immer, an welchem Theater auch immer es sei, sich mit Ihrer Aufgabe identifiziert und Ihnen alle Hilfen angedeihen läßt, sie zu verwirklichen. Der Letzte, der das tat, war Gustaf Gründgens[90]; jetzt haben Sie die Organisation der Sache auch noch auf dem Hals und können zusehen, wie Sie die Schauspieler, die auf mehreren Hochzeiten tanzen, bei der Stange halten.

Was sich in dieser Beziehung am Thalia-Theater abgespielt hat, spottet der Beschreibung; deshalb hat Sie Ihr guter Stern vor einem Hamburger Engagement bewahrt. Mehr sage ich nicht.

Schrieb ich Ihnen, daß ich ein wenig an dem deutschen Pavillon in Montreal mitgearbeitet habe[91]? – Inzwischen war ich dort, auf dem Rückweg auch in New York und London, und diese neue Begegnung mit Nordamerika war in jeder Weise auf- und anregend, nicht zuletzt, weil ich von vielen freundlichen, gutgelaunten, ihr Handwerk verstehenden Helfern umgeben war, die das ganze als einen großen Spaß ansahen, was es in der Tat bei aller Anstrengung auch war. – Ich habe geraume Zeit gebraucht, bis ich mich unter meinen muffligen Landsleuten wieder zurechtfand. – Dort war ich umgeben von Kanadiern, Italienern, Franzosen, Ungarn, Russen und Amerikanern, und wir unterhielten uns in einem amüsanten Kauderwelsch aus vielen Sprachen.

Warum ist so viel guter Wille zur Verständigung bei Politikern nicht zu finden?

Unser Sohn, der vorher acht Monate lang "hitch-hikend" durch Süd-Europa getrampt war und dabei von Ibiza bis nach Istanbul gelangte, hat mich dorthin begleitet. Er ist neunzehn Jahre alt, langhaarig und bärtig, von Profession ein Beat; er sammelt Stoff für ein künftiges Leben und steckt voll von Geschichten, die, wenn sie einmal "Form" werden, bemerkenswert sein könnten. – Er ist in Athen jetzt, zu unserer Sorge, denn eine Militär-Diktatur[92] wird wenig Humor haben für seine Art zu existieren[93].

Dies ist die siebente Seite, und ich muß daran denken, diesen Brief zu beenden. Daß er so lang geraten ist, soll Ihnen nur zeigen, wie froh ich über den Ihren bin. Auch wollte ich die Gelegenheit einer kurzen Arbeitspause nutzen, denn bald beginne ich mit den Vorbereitungen zu einem Fernsehfilm[94]: "Romeo und Julia auf dem Lande" von Gottfried Keller, dessen Buch ich mir selbst schreiben will. – Ein lang gehegter Plan, für den sich tatsächlich ein Produzent gefunden hat, obwohl sich's doch "um Literatur" handelt.

Lassen Sie uns also nicht resignieren! Es gibt noch Zeichen und Wunder.

Schreiben Sie bald einmal wieder, und seien Sie mit Ihrer Frau

herzlich gegrüßt

von

Ihrem

Willi Schmidt

am 15. Juni 1969

Lieber Herr Dr. Lunin,

es war sehr freundlich von Ihnen, daß Sie mich Ihre Zustimmung zum Büchner-Abend in Recklinghausen wissen ließen[95], und ich danke Ihnen sehr für Ihren Brief. – Der "Leute", die einander verstehen, werden ja immer weniger in diesem vertrackten Beruf, und so kann es mir nicht gleichgültig sein, wenn Sie "Ja" zu dem Versuch sagen, Büchners Polarität, die vorweggenommene Bewußtseinsspaltung unserer Epoche, aufzuzeigen. – Er schrieb schon 1836:

"Nichts kommt einem doch in dieser Welt teurer zu stehen als die Humanität."

No comment.

Übrigens habe ich mir die Lektüre der Presseresonanz erspart, sehe mir nur bisweilen, unter Qualen sozusagen, im dritten Fernsehprogramm Bilanzen, Reports, Diskussionen über die vergangene Spielzeit und über die permanente Krise des Theaters an: was da an Dilettantismus, gepaart mit Anmaßung, leerem Wortgetön in Verbindung mit Revoluzzergetue zu Tage tritt, das kann einen um die Zukunft des Instrumentariums Theater besorgt machen. Bei Paul Valéry kann man die "Anweisung" lesen:

"Beurteile den Geist, indem du beobachtest, wonach er strebt. Mancher Geist, der sich für groß ausgibt, führt seinen Mann nur ins Leere. Wenn seine Gedanken sich entwickelten, stürben sie an Entkräftung."

Das ist beinahe eine nachträgliche Definition Ihrer Erfahrung mit dem "Geizigen"[96]; nicht wahr? – Ihr Entschluß war der einzig mögliche, dessen bin ich ganz sicher, und ich beglückwünsche Sie jetzt zu Ihrer Konsequenz, die Sie vor viel Ärger und Kummer bewahrt hat.

Ich bin sehr froh zu hören, daß es Ihnen gut geht und Sie vor neuen, Sie interessierenden Aufgaben stehen. – Zu Ihrem erweiterten Arbeitsfeld in Hamburg[97)] begleiten Sie alle meine guten Wünsche.

Quant à moi – so weiß ich nicht, wie lange der Zwischenakt dauern wird, den ich mir auferlegt habe – kurz wird er nicht sein können, dafür ist die Erschöpfung zu groß, die sich meiner bemächtigt hat, und die Zweifel zu rege, die ich am Sinn meines Tuns hegen muß.

Dazu nur ein Beispiel: bevor ich nach Recklinghausen ging, inszenierte ich "Eli" von Nelly Sachs im Studio der Akademie der Künste[98)]. – Es bedurfte eines halben Jahres intensiver Bemühungen, bis ich die Schauspieler und die Gelder mobilisiert hatte, dieses Wagnis zu ermöglichen. (Frau Sachs ist Ehrenbürgerin von Berlin, Nobel- und Friedenspreisträgerin – wenn man schon von ihrem Rang als Autorin keine Notiz nimmt.)

Endlich kam es zur Premiere – und zu einer kaum erhofften Resonanz beim Publikum. (Einige meiner Studenten zum Beispiel sahen sich die Aufführung viermal an.) Alle Vorstellungen, sechs an der Zahl, waren im freien Verkauf ausverkauft; wir hätten es ohne Bedenken weiterspielen können, aber auf einmal hieß es, das Schillertheater (das die excellenten Schauspieler dafür ausgeliehen hatte) sowohl wie die Akademie hätten keine Termine mehr frei – und so wurde die Vorstellung bei vollem Hause abgesetzt. – Es geht dabei überhaupt nicht um den rüde unterbrochenen "Erfolg", eine Vokabel, die man bei der Thematik dieser szenischen Dichtung ohnehin nicht anwenden kann, sondern um die Botschaft dieser Autorin, die uns not tut wie das täglich' Brot.

Wenn auch das an selbstauferlegten Zwängen, die als unabänderlich ausgegeben werden, scheitert, wenn auch da die Bürokratie recht behält und die Unbeweglichkeit von "leitenden Herren" – dann soll mir diese verwaltete Welt für eine Weile gestohlen bleiben.

Dies für heute, lieber Herr Lunin, und lassen Sie sich durch solche Bekundungen des Unmuts und der Enttäuschung nicht in Ihrer Zuversicht irre machen, daß das Theater am Ende doch die einzige Stätte ist, wo von der Freiheit des Menschen und ihrer beständigen Gefährdung auf uneigennützige und darum wirksame Weise die Rede sein kann. (Welche Wahlversammlung könnte das von sich behaupten?)

Schreiben Sie bald einmal wieder (vom 12. Juli an bitte nach Nebel auf Amrum, Haus Schimbke), und seien Sie mit Ihrer Frau

herzlich gegrüßt

von

Ihrem

Willi Schmidt

29./30. September 1969

Lieber Herr Dr. Lunin,

wie gut ist es, Ihren Brief vom 25. September zu haben! – Lassen Sie mich Ihnen danken für dieses erneuerte Zeichen einer Verbundenheit, die mir, je länger sie währt, immer wertvoller wird.

Lassen Sie mich auch wiederholen, was ich Ihnen, glaube ich, zu Anfang unserer Korrespondenz schon einmal geschrieben habe: daß Sie nicht besorgen müssen, ich könne gekränkt sein, wenn Ihre Antworten sich aus Zeitmangel verzögern. Immer werde ich wissen, daß Pausen in unserem Gespräch niemals bedeuten können, wir hätten einander nichts mehr zu sagen; unser immerwährender Dialog dauert über alle Zäsuren hinweg an. Ihr neuer Brief bestätigt es mir, und dafür bin ich dankbar.

Vor allem anderen bin ich froh zu lesen, daß Sie aus der Brunnentiefe (mit Thomas Manns Joseph zu reden), in die feindlich gesonnene Brüder Sie geworfen, wieder emporgetaucht sind.

Es wäre auch zu elend, ja geradezu unerträglich für mich gewesen, wenn eine Erscheinung wie Ihr damaliger Harpagon[99] vermocht hätte, Sie an der Gültigkeit Ihrer Arbeit irre werden zu lassen. – Inzwischen sind Sie zudem, wenn es dessen bedürfte, glänzend gerechtfertigt: der "Geizige" ist noch immer nicht herausgekommen, obwohl er vor geraumer Zeit schon einmal kurz vor der Premiere stand. Ecco![100]

Ich hoffe, Sie haben diese in ihrer Ärgerlichkeit höchst überflüssige Episode längst vergessen, an der mich am meisten kränkt, daß sie sich in Berlin zutrug, weil ich aus lebenslanger Anhänglichkeit an diese Stadt nur zögernd, ja widerstrebend zugestehen möchte, daß sie keine Theaterstadt mehr ist. – Seltsam, wie schwer wir uns von Illusionen trennen, wie zäh wir Fiktionen aufrechterhalten und der unerbittlichen Wahrheit ausweichen – aber wie schmerzlich ist auch die Einsicht, daß eine Epoche zu Ende geht, an der man tätig Anteil genommen und der man nach so viel Barbarei ein wenig Dauer gegönnt hätte, bevor neuer Vandalismus sich breitmacht[101].

Sie werden mich gewiß als einen Mann kennen, der sich nicht darin gefällt, Trübsal zu blasen und mit Resignation zu kokettieren. Die Lust am Untergang ist mir ganz fremd, und es muß schon schlimm kommen, wenn ich meinen Glauben an die Widerstandsfähigkeit des "Geistes" in dieser verrotteten Welt betrogen sehen soll. Aber ich finde, es ist schlimm gekommen. Was sich zum Beispiel an unserer Hochschule im letzten Semester begeben hat, hat mich tief verstört, hat mich inne werden lassen, daß es gerade unter jungen Menschen eine Disposition zur Brutalisierung, Unterdrückung, bewußter Manipulation und Verfälschung der Meinung Anderer gibt, die seelischer Grausamkeit (mental cruelty) sehr nahe kommt. Der frühe Tod Theodor Adornos[102] ist dafür ein Symptom; man hat ihn "fertiggemacht"; dieses fürchterliche Wort ist das erklärte Ziel von "Diskussionen". Das widerfuhr einem Geist, der sich um die Kritik (das heißt im Sinne Kants um die Grundlegung) der Soziologie und Aesthetik gemüht, der seinen Adepten ein bis zur schieren Unverständlichkeit differenziertes Begriffsmaterial zur Verfügung gestellt hatte, das, welch' bösartige Ironie, von jenen ganz plump verfälscht wurde, indem sie es "in die Tat" umzusetzen versuchten.

Was aus diesem pubertären Schrei nach Aktion für die Bühne resultiert, das war auf der experimenta 3 in Frankfurt zu bestaunen[103], wovon eine ausführliche Fernsehdokumentation im Dritten Programm Zeugnis gab. Da war, von einem hochstapelnden Kommentar begleitet, der neue Maßstäbe des Theaterspielens verhieß, zu besichtigen, wie öder, trostlos hausbackener und dabei tierisch ernster Dilettantismus sich der Bühne bemächtigt. Betrachtet man das Theater als kostbares Medium zur Bewußtseinserhellung, und wir können schwerlich ablassen, das zu tun, so muß einem die pseudovirtuelle, mystagogische Dumpfheit, die wohl vom "Living Theatre"[104] inspiriert ist (wenn von Spirit eben die Rede sein könnte) als ein böser Rückfall in eine neue Art von Blut- und Boden-Romantik[105] erscheinen. – Nichts aber erschreckt mich mehr als der Rückschritt, der sich die Maske des Avantgardismus aufschminkt, akklamiert selbstredend von gewissen Schreibern in den Gazetten, die sich über ihre Bejahrtheit (unter der sie, warum eigentlich?, leiden) hinwegtäuschen, indem sie sich "der Jugend" anschließen.

Mich macht dieses angeberische, sich im Antibürgerlichen erschöpfende leere Getön unglücklich, gereizt, ja zornig – ein Zustand, den ich überwinden will, das verspreche ich Ihnen, denn nur aus der Gelassenheit, ja Heiterkeit kann hervorgehen, was mit Freiheit zu tun hat, und die eigene Verbissenheit gegen die verbohrte Programmatik der "Neuen Linken" zu setzen, das wäre denn doch zu borniert.

Im übrigen, damit ich es nicht zu berichten vergesse, haben wir einen prachtvollen Sommer auf Amrum erlebt, und ich genieße auch diesen milden Herbst auf langen Spaziergängen an den Havelufern. Nur sehr zögernd melde ich mich am Theater zurück, bin aber mit der Vorbereitung einer Ausstellung beschäftigt, einer Art Retrospektive, die im Schloß Oldenburg Szenenentwürfe und Figurinen zeigen will. Dabei merke ich zu meiner eigenen Überraschung, daß beinahe so etwas wie ein "Œuvre" entstanden ist.

Lieber Herr Doktor, ich will diesen Brief beenden, den ich so viel lieber durch ein gutes, langes Gespräch ersetzen wollte. Zur Verlängerung der Zwiesprache lege ich das Recklinghauser Textbuch meines Büchner-Versuchs bei, an dessen Vorwort Sie vielleicht Gefallen finden.

Ich bleibe Ihnen, Ihrer Frau, Ihrer Arbeit mit allen guten Wünschen verbunden und grüße Sie herzlich

Ihr

Willi Schmidt

Willi Schmidt

WOYZECK UND LEONCE
oder
Spiel-Arten der Verzweiflung

zuerst erschienen im "Sonderdruck der Büchergilde Gutenberg
für die Besucher der Aufführung 'Woyzeck und Leonce und Lena'
der Dreiundzwanzigsten Ruhrfestspiele 1969"

Keines Dramatikers Werk, will mir scheinen, eignet sich so wenig zu
musealer Betrachtung oder zu schöngeistigem Kommentar wie das
Georg Büchners. Es ist uns zu nah, seine Bedeutung für die Bühne
unserer Tage zu offensichtlich, als daß wir aus seinem Engagement
an die Bewußtseinserhellung unseres Daseins schon entlassen wären.
Büchners Thematik ist noch nicht historisch.

Leicht ließe sich nachweisen, daß dieser Autor kaum eine Zeile geschrieben hat, die nicht beitragen sollte zur vielberufenen Veränderung der gesellschaftlichen Verhältnisse.

Damals, um 1830, war Eile geboten, wenn man sich der littérature
engagée verschrieben und einem überständigen Feudalismus Fehde
angesagt hatte: um der Gedankenfreiheit willen war man mit Verhaftung bedroht, denn im Flugblatt des "Hessischen Landboten" hatte
man mit flammendem Pathos "Friede den Hütten! Krieg den Palä-
sten!" verkündet.

Mit fliegendem Federkiel gleichsam ist dieses Werk geschrieben, das
ich nicht anders lesen kann denn als uneingelöstes Testament eines
genialischen Unwillens, der sich mit jeder Zeile zu bestätigen sucht,
stehe sie nun im Pamphlet, im Theaterstück, im Prosafragment oder
in der naturwissenschaftlichen Abhandlung. – Ja, in den Briefen
selbst ist es zu finden: dieses aufgebrachte, gescheite, pointierende,
mit seinem Zeitalter hadernde Temperament, das sich selbst nicht

128

ausnimmt, wenn es um die ironische Standortbestimmung des einzelnen in dieser verworrenen Welt geht.

Zum Staunen bleibt es und zu bewundern, wie Georg Büchner im ersten Drittel des 19. schon die Existenzangst des 20. Jahrhunderts vorweggenommen und auf zugleich tragische und witzige Weise gestaltet hat. Spät ist sein Werk entdeckt worden, unbegreiflicherweise; das mag mit dem desolaten Zustand zusammenhängen, in dem es uns überliefert ist, ediert von Herausgebern, die nach eigenem Gutdünken damit umgingen, da des Autors früher Tod[106] eine von ihm selbst beglaubigte Fassung unmöglich machte.

Fast hundert Jahre nach dem Entstehen haben die Expressionisten den Stil und die vermeintliche Gebärde Büchners zur Legitimation ihres eigenen fragmentarischen Furioso verwandt und die Moderne darin vorgeformt gesehen. Aber jene "Moderne" war die der berühmten "zwanziger Jahre" – die unsere sieht anders aus, und wir haben Büchner neu für uns zu gewinnen.

Es könnte sein, daß wir erst jetzt das bruchstückhaft Vorläufige, skizzenhaft Abgekürzte, flüchtig Entworfene seiner Schriften als ein Thema mit Variationen zusammenzusehen imstande sind: als die Frage nach dem Sinn menschlicher Existenz, der eisiges Schweigen antwortet.

Der Zwanzigjährige schreibt in einem Brief: "Ich finde in der Menschennatur eine entsetzliche Gleichheit, in den menschlichen Verhältnissen eine unabwendbare Gewalt, allen und keinem verliehen. Der einzelne nur Schaum auf der Welle, die Größe ein bloßer Zufall, die Herrschaft des Genies ein Puppenspiel, ein lächerliches Ringen gegen ein ehernes Gesetz; es zu erkennen das Höchste, es zu beherrschen unmöglich ... Was ist das, was in uns lügt, mordet, stiehlt? Ich mag dem Gedanken nicht weiter nachgehen."

Man spürt das Erschrecken vor der Unerbittlichkeit der eigenen Erkenntnis, der Büchner in seinem Werk zu folgen hatte, wollte er sich nicht selbst belügen.

Das aber heißt nichts anderes, als daß er sich von den "sogenannten Idealdichtern", wie er seine Vorläufer nennt - und Schiller nimmt er von der Verurteilung nicht aus - , aufs deutlichste distanzieren muß, da sie fast nichts gegeben hätten, wie er schreibt, "als Marionetten mit himmelblauen Nasen und affektiertem Pathos, aber nicht Menschen von Fleisch und Blut, deren Leid und Freude mich mitempfinden macht und deren Tun und Handeln mir Abscheu oder Bewunderung einflößt".

Man muß das schmale Œuvre dieses "engagierten" Autors als Bruchstücke einer großen Konfession, als den Bericht eines übersensiblen, wachen, aufbegehrenden, bis zum Zorn gereizten Zeitgenossen sehen, der, seiner Jugend zum Trotz, seiner Epoche die Leviten liest, sich dabei aber niemals in Schwarmgeisterei verliert. Seine Skepsis diktiert ihm den ernüchternden Satz: "Ein Huhn im Topf jedes Bauern macht den gallischen Hahn verenden."

Ich weiß nicht, wie es zu der Überlieferung kommen konnte, es handle sich bei "Leonce und Lena" um ein romantisches Lustspiel, will sagen, um ein verträumtes, halb neckisches, halb zärtliches Gebilde der "Poesie", das sich vornehmlich für Schüleraufführungen eigne. Hat die Literaturwissenschaft uns das wirklich weismachen können?

Dann ist des Autors Ansicht in Erinnerung zu bringen, der Aristokratismus sei die schändlichste Verachtung des Heiligen Geistes im Menschen; "gegen ihn kehre ich seine eigenen Waffen: Hochmut gegen Hochmut, Spott gegen Spott".

Ein deutlicher Hinweis, denke ich, wie der Hofstaat des Königs Peter vom Reiche Popo gesehen werden soll, findet sich im "Hessischen Landboten". Dort heißt es: "Könnte aber (auch) ein ehrlicher Mann jetzo Minister sein oder bleiben, so wäre er, wie die Sachen stehn in

Deutschland, nur eine Drahtpuppe, an der die fürstliche Puppe zieht, und an dem fürstlichen Popanz zieht wieder ein Kammerdiener oder ein Kutscher, oder seine Frau und ihr Günstling oder sein Halbbruder – oder alle zusammen."

Büchner hat es in einem Brief aus dem Jahre 1836 ganz deutlich formuliert, daß man die Bildung eines neuen geistigen Lebens im Volke suchen, die abgelebte aristokratische Gesellschaft aber zum Teufel gehen lassen müsse. Er fragt dann: "Zu was soll ein Ding wie diese zwischen Himmel und Erde herumlaufen? Das ganze Leben derselben besteht nur in Versuchen, sich die entsetzlichste Langeweile zu vertreiben." – Es folgt ein Satz, der an Bitternis und boshafter Ironie kaum zu übertreffen ist: "Sie (die aristokratische Gesellschaft) mag aussterben, das ist das einzig Neue, was sie noch erleben kann."

In diesem Geist ist die Geschichte des Prinzen Leonce und der Prinzessin Lena geschrieben, die Geschichte zweier überzüchteter Personen, die an Lebensüberdruß leiden, an ihren Idealen laborieren, nach dem Sinn ihrer sinnentleerten Existenz fragen, mit einer Todessehnsucht im Herzen, die uns bisweilen ergreift, wenn wir vergessen, daß sie aus Übersättigung und der "entsetzlichsten Langeweile" resultiert. Aus dynastischen, sprich kleinstaatlichen Gründen sind sie füreinander bestimmt und fliehen vor dieser Zumutung, denn "Heiraten!" ruft Leonce entsetzt aus, "Das heißt einen Ziehbrunnen leertrinken". Am Ende werden sie dennoch ein Paar, weil der Mechanismus der Liebe in ihnen wirksam wurde, und flüchten in eine soziale Utopie, in ein Arkadien von geradezu grausamer Unwirklichkeit. – Ist das ein heiterer Schluß?

Aus dem Lustspiel-Märchen von zwei irrenden Königskindern ist die Tragikomödie des an die Einsamkeit verlorenen, sich selbst ausgelieferten, bindungslosen "modernen" Menschen geworden, des Existentialisten, der auf die Frage nach der eigenen Identität keine Antwort finden kann als das Echo seiner Stimme, das in höhnischem Gelächter untergeht.

Leonce sehnt sich danach, "sich einmal auf den Kopf sehen zu können"; Woyzeck erkennt: "Jeder Mensch ist ein Abgrund; es schwindelt einem, wenn man hinabsieht".

Knapper kann man die Polarität menschlichen Verhaltens kaum formulieren: die Sucht, einen archimedischen Punkt außerhalb seiner selbst zu finden, um die eigene Welt aus den Angeln zu heben, und das hoffnungslose Verwiesensein auf die Schlangengrube des Ich.

Nichts anderes kann aus dieser Situation hervorgehen als Melancholie, die, nach einer mittelalterlichen Definition, als die Trinität von ernsthaftem Nachdenken, Trübsinn und Phantasie begriffen werden soll.

Leonce und Woyzeck, beide, versuchen auf ihre Weise, mit Hilfe der Liebe die Entfremdung zu überwinden: der Prinz zynisch, spöttisch, verantwortungslos, der Untertan erbarmenswürdig preisgegeben seiner Treue, die ihn zum Mord treibt, als er sie betrogen sieht.

Auch "die Liebe", so erweist es sich, ist keine verläßliche Konstante in den Verworrenheiten unseres Bewußtseins; diese in der Tat romantische Illusion wird grausam entlarvt.

Es gibt eine Briefstelle bei Georg Büchner, die das Schicksal des Leonce und des Woyzeck auf eine eigentümlich distanzierte, unsentimentale, um nicht zu sagen frivole Weise als ein und dasselbe sieht: er schreibt am 2. September 1836: "Dabei bin ich gerade daran, sich einige Menschen auf dem Papier totschlagen oder verheiraten zu lassen und bitte den lieben Gott um einen einfältigen Buchhändler und ein groß Publikum mit so wenig Geschmack als möglich".

Sich totschlagen oder verheiraten – als liefe es auf eins hinaus. Der Tonfall verrät des Autors Verhältnis zu seinen Geschöpfen: neutraler, unpathetischer kann er sie nicht betrachten, es liegt bei uns, in ihnen Abbild und Gleichnis zu sehen.

Folgt man der Spur dieser Briefstelle, indem man sich der Leidenschaftslosigkeit des Autors befleißigt, so sind die beiden fragmentarischen Szenenfolgen in ihrem Aufeinanderbezogensein wie geschaffen, sich wechselseitig zu erhellen und motivisch zu durchdringen.

Der Fall Woyzeck, dieses skizzenhaft protokollierte Stück Biographie eines armen Luders, das, von seiner Umgebung mißbraucht und in seiner Menschenwürde gekränkt, keinen anderen Ausweg zur Selbstbefreiung sieht als den Mord an der Geliebten, dieses blutige Fragment von Realität, korrespondiert auf beklemmende Weise mit dem "Lustspiel"-Thema einer unfreiwilligen Heirat verwöhnter Aristokraten, die mehr aus Verlegenheit denn aus guter Laune als "Flucht ins Paradies" deklariert wird.

Vielleicht findet sich in Büchners Werk kein boshafterer Kommentar zu einer idealistischen Geistesrichtung als des Doktors Entrüstung, wenn Woyzeck sich auf die Natur aller Geschöpfe beruft. "Die Natur!" herrscht er ihn an, "Woyzeck, der Mensch ist frei, in dem Menschen verklärt sich die Individualität zur Freiheit". – Das wird einem Manne vorgehalten, der in all seinen Regungen vom Zwang seiner Eifersucht und von der Unterdrückung bestimmt wird, die aus seinem sozialen Stand resultiert! Wie aber steht es mit der Freiheit des Leonce? Er, eitel bis zur narzissischen Selbstbespiegelung, leidet an einer Art Erkenntnisekel, die eines Tonio Kröger würdig wäre[107]. Seine überfeinerte Natur, die sich danach sehnt, wieder mit dem Einfachsten beginnen zu können, stilisiert sich selbst zu einer Kunstfigur, die mit der Einsamkeit Späße treibt, mit dem Selbstmord kokettiert und jedenfalls auf das entrüstetste ablehnt, ein nützliches Mitglied der menschlichen Gesellschaft zu werden. Sein Ehrgeiz ist es, die bunte Jacke des Narren zu tragen[108], das heißt, seine Vernunft, die ihm die Leere seines Daseins schmerzhaft bewußt werden läßt, einzutauschen gegen die Ironie eines Spaßmachers, die nichts ernst nehmen kann, weder das Leben noch die Welt, noch sich selbst. – Die Freiheit radikaler Beziehungslosigkeit ist es, die er anstrebt, das ist seine Narrheit.

Indes an Woyzeck Lessings Wendung sich bewahrheitet, daß, wer über gewisse Dinge den Verstand nicht verliere, keinen zu verlieren habe. An ihm wird deutlich gemacht, daß an den Rand des Wahnsinns getrieben werden kann, wer in seiner Sehnsucht nach Bindung so schändlich getäuscht bleibt. Aus Überdruß aber mit dem Irresein zu spielen, wie Leonce tut, erscheint dann wie eine makabre Spiegelung echter Verzweiflung.

Die beinahe rührende Selbstrechtfertigung Büchners (aus einem Brief vom Februar 1834) erfährt damit ihre Bestätigung; sie lautet: "Ich hoffe noch immer, daß ich den leidenden, gedrückten Gestalten mehr mitleidige Blicke zugeworfen, als kalten, vornehmen Herzen bittere Worte gesagt habe".

Prinzessin Lena, zart und weiblich, wie ihre Gouvernante sie nennt, formuliert es auf ihre jungmädchenhafte Weise so: es komme ihr, sagt sie, der entsetzliche Gedanke, es gäbe Menschen, die unglücklich sind, unheilbar, bloß weil sie sind.

Immer wieder in seinem Werk hat Georg Büchner die Welt als ein theatrum mundi, als eine Bühne gesehen, darauf wir uns gleich Marionetten bewegen. – In "Dantons Tod" wird gesagt:

"Puppen sind wir, von unbekannten Gewalten am Draht gezogen, nichts, nichts wir selbst[109] ... Die Unterschiede sind so groß nicht, wir sind alle Schurken und Engel, Dummköpfe und Genies, und zwar alles in einem, die vier Dinge finden Platz genug in dem nämlichen Körper, sie sind nicht so breit, als man sich einbildet."[110]

Am Ende von "Leonce und Lena", wenn die beiden Brautleute wider Erwarten zusammengefunden haben, fragt der Prinz:

"Nun Lena, siehst du jetzt, wie wir die Taschen voll haben voll Puppen und Spielzeug? Was wollen wir damit anfangen? ... Wollen wir ein Theater bauen?"

"Lena lehnt sich an ihn", heißt die Szenenbemerkung, "und schüttelt den Kopf".

Wir haben ein Theater gebaut, eine Bühne für Georg Büchner, in dem Bestreben, seiner Welt, errichtet aus Anmut und Bitternis, Witz und Klage, Zynismus und Mitleid, Hohn und Lobpreisung eine Stätte zu bereiten. Denn seine Welt ist noch immer die unsere, da er ein Vorläufer war und wir ihn erst jetzt zu erkennen vermögen in seiner Forderung, den Menschen in der Revolte zu zeigen, heiße er nun Leonce oder Woyzeck, in der Auflehnung gegen den "gräßlichen Fatalismus" seiner Bestimmung.

Woyzeck und Leonce werden heruntergebracht oder hinaufdestilliert zu ihrer gesellschaftlichen Funktion; beide geraten damit in einen luftleeren Raum, in dem ihre Menschlichkeit ersticken muß, denn 1835 war Büchner gezwungen zu schreiben:

"Nichts kommt einem doch in der Welt teurer zu stehen als die Humanität."

Wie sehr wünschte ich um eines versöhnlichen Schlusses willen, hier ließe sich anfügen, diese resignierte Erkenntnis sei von der Gegenwart überholt und des Autors Verzweiflung ein für allemal widerlegt!

7. Februar 1974

Lieber Herr Lunin,

Ihr Brief vom 5. Februar ist eine große Freude, für die ich Ihnen herzlich danke. Ihre Besorgnis, daß unser Kontakt abreißen könnte, ist ganz und gar unbegründet. – Er war sogar, dem Augenschein zum Trotz, in letzter Zeit besonders intensiv: ich las nämlich Ihre Strindberg-Dissertation[111], auf der Suche nach Interpretationshilfe für "Gespenstersonate"[112]. (Das Schillertheater hoffte, ich könnte Gefallen an einer Inszenierung dieses Spätwerks finden.) Nun, Ihre klug formulierte Skepsis der dramaturgischen Schlüssigkeit des Stücks gegenüber hat meine eigenen Bedenken bestätigt. – Ich fand, man könne nicht eine Hauptfigur einen ganzen Akt lang mit allen bedrohlichen Vollmachten versehen, nur um sie dann, wenn es zum Schwur kommt, ohne jede Anstrengung in den Wandschrank sperren zu lassen, um sie los zu sein. (Das nenne ich eine unerlaubte Irreführung des Zuschauers – aristotelische Gesetze in (welchen?) Gottes Namen ohnehin preisgebend). Vom dürftigen Schlußakt, der ins Böcklin-Tableau mündet[113], nicht zu sprechen. – Wie gern hätt' ich darüber ein Gespräch mit Ihnen geführt, um nicht voreilig und selbstgerecht zu sein!

Aber freuen soll es Sie, daß der imaginäre Dialog zwischen uns weitergeht.

*

Es wäre schön, wenn der Kafka-Abend zustandekäme[114]. "Ein Bericht für eine Akademie" ist ein Film, kann also auch auf der Kinoleinwand gezeigt werden; "In der Strafkolonie" meines Wissens bisher nur als elektronische Aufzeichnung verfügbar, will sagen: im Bildschirmformat.

Beide Interpretationen wurden vom Sender Freies Berlin hergestellt. – Herr Hans Kwiet ist für den "Verleih" zuständig und gewiß gern behilflich. Die Adresse ist: Hans Kwiet, Sender Freies Berlin, Hauptabteilung Fernsehspiele, 1 Berlin 19, Masurenallee 8-14[115].

Bitte lassen Sie mich wissen, ob Sie Erfolg hatten, wie ich es hoffe und wünsche.

*

Sie sprechen in Ihrem Brief von "Überbeschäftigung und extremer Introversion" – ein Zustand, der mir sehr vertraut ist. Der permanente Balanceakt (ohne Netz) zwischen diesen Extremen ist ganz schön anstrengend, nicht wahr? – Entgehen, fürchte ich, kann man ihm nicht, es sei denn, man wechselte den Beruf; aber welchen ergriffe man dann?

Lassen Sie's uns noch eine Weile versuchen, schon um der Chance willen, daß wir einander in der Arbeit begegnen. – Oder hat das Thalia-Theater die Fühler, die es nach mir ausstreckte, ganz wieder eingezogen[116]?

*

Dieser Antwortbrief kommt so prompt, weil ich vielleicht schon bald kaum noch Zeit für einen ausführlichen Brief haben werde und dann in unangemessener Kürze respondieren müßte, was doch unserem Stil nicht entspräche. Das Beste wäre, wir könnten uns zu einem langen Gespräch zusammensetzen, hier im Turm oder in Ihrem Blankeneser Märchenhaus.

Grüßen Sie bitte Ihre Frau recht sehr, und seien Sie selbst mit allen guten Wünschen für Ihre Arbeit bedacht und

herzlich gegrüßt

von

Ihrem

Willi Schmidt

5. Januar 1975

Lieber Herr Dr. Lunin,

Ihr schöner, kluger, vertrauensvoll-freundschaftlicher Weihnachts-
brief war beides: eine große Freude, für die ich Ihnen herzlich danke
(dergleichen Briefe bekomme ich höchst selten; ich weiß deshalb ihre
Kostbarkeit zu schätzen!), - und eine mich peinigende Gewissensnot,
weil ich bei meinem Entschluß bleiben muß, zu Anfang der kommen-
den Spielzeit nicht in Wuppertal tätig zu sein[117].

Indem ich es so neutral formuliere schwindele ich mich um das Ein-
geständnis herum, daß ich Ihnen persönlich meine Hilfe verweigere.
Bitte erlassen Sie es mir, die Gründe zu wiederholen, die ich Ihnen in
unserem Gespräch genannt habe.

Es sind ja ohnehin Imponderabilien, will sagen schwierig im Wort zu
fixierende Überlegungen und "Gefühle", die mich zwingen mein Verhältnis zum Theater neu zu definieren. – Bis ich dazu aber imstande
bin bedarf es einer Distanzierung, die nicht zu früh abgebrochen werden darf.

Es ist so, wie Sie es empfinden und formulieren: wir sprechen eine
Sprache und es bedarf keiner Umwege und Übersetzungen damit wir
uns verständigen. Deshalb ist Ihr Appell ganz und gar legitim und sozusagen naturgegeben.

Nur trifft er mich in einem Lebensabschnitt, wo ich ihm nicht mehr so
spontan und "frohgemut" folgen kann, wie ich wohl möchte. Ich werde demnächst, zu meiner eigenen Überraschung, 65 Jahre alt.

Rund 50 davon (denn ich begann schon als Pennäler mich hinter den
Kulissen herumzutummeln), habe ich auf der Bühne zugebracht; das
ist ein halbes Jahrhundert.

Bitte seien Sie großzügig: gönnen Sie mir ein wenig Ruhe und erhalten Sie mir, um Gottes Willen, Ihre Sympathie, Ihre Zuneigung, Ihre Freundschaft.

Mit allen guten Wünschen und Gedanken für den Fortgang Ihrer Arbeit und den

herzlichsten Grüßen

auch an Ihre Frau

Ihr

Willi Schmidt

DER BRIEFSTELLER

Willi Schmidt

Er wurde am 19. Januar 1910 in Dresden[118] als Sohn eines Bankpro-kuristen geboren, der ihm die Vornamen Erwin Georg Willi gab.

Schon als Schüler des Dresdener *König-Georg-Gymnasiums* nahm er als Bühnenbildner und Darsteller an Aufführungen des Schultheaters teil.

Der neunzehnjährige Abiturient ging nach Berlin und studierte von 1929 bis 1932 an der dortigen *Friedrich-Wilhelm-Universität* die Fä-cher Philosophie, Germanistik, Kunstgeschichte und Theaterwissen-schaft[119] bei Max Dessoir[120], Nicolai Hartmann[121], Arthur Liebert und anderen.

1930 setzte er seine Studien in Paris fort. Dort dürfte er den Stadtteil Chaillot nicht eben umgangen haben.

Wieder in Berlin, betrat er bald als Statist der Berliner *Volksbühne* das Theater, um es nie mehr zu verlassen. Noch Student, war er schon Assistent des Regisseurs Jürgen Fehling[122] und 1930/31 vierzehn Mo-nate lang des namhaften Bühnenbildners Rochus Gliese[123] bei neun Produktionen in *Schiller-Theater, Staatlichem Schauspielhaus* und *Volksbühne.* Gliese attestierte ihm *"absolute Zuverlässigkeit", "uner-müdlichen Fleiß"* und *"daß er jede künstlerische Ausstattungsaufgabe selbständig und künstlerisch wie technisch einwandfrei ausführen kann".*

Trotzdem brachte er 1933 bei seinem Doktorvater Max Dessoir seine Schelling-Dissertation über *"Die Kunst als Organon der Philosophie. Versuch über die romantische Ästhetik"* zum Abschluß. Als er aber aufgefordert wurde, alle Zitate jüdischer Autoren zu streichen, ver-zichtete er darauf, sie einzureichen.

Stattdessen entwarf und baute der 23jährige schon 1933 in der *Volks-bühne* für eine Inszenierung des Hausherrn Heinz Hilpert sein erstes eigenes Bühnenbild: zur Berliner Posse *"Eine leichte Person"* von

Emil Pohl, immerhin mit Grete Mosheim in der Hauptrolle[124] und *"von mir mit klassizistisch-biedermeierlichem Ambiente versehen"*. Premierendatum: 13. Mai 1933.

Hieran schloß sich ein festes Engagement als Bühnenbildner der *Volksbühne*. Aber schon 1934 folgte er seinem Intendanten Hilpert ans *Deutsche Theater*. Insgesamt stattete er damals sechzehn Hilpert-Inszenierungen aus[125].

Nach vier Spielzeiten wechselte er 1938 als Ausstattungsleiter wieder an die *Volksbühne* unter ihrem jetzigen Intendanten Eugen Klöpfer.

Unmittelbar nach Kriegsausbruch 1939 wurde der 29jährige zur Wehrmacht einberufen. Aber schon während der Grundausbildung in Potsdam erkrankte er schwer. Gustaf Gründgens ersparte dem Genesenen eine Rückkehr in die Kaserne, indem er ihn ab 1940 als unabkömmlichen Bühnenbildner ans *Schauspielhaus der Preußischen Staatstheater* engagierte[126].

Dort arbeitete er mehrfach mit dem Regie-Titanen Jürgen Fehling zusammen, nicht zuletzt beim latenten Widerstand der legendären Zigeuner-*"Preziosa"* von Pius Alexander Wolff[127]. Aber er stattete auch Inszenierungen der Regisseure Ulrich Erfurth, Wolfgang Liebeneiner, Erich Ziegel, Victor de Kowa, Helmut Käutner und Theo Lingen aus. Für den jungen Karl Heinz Stroux[128] baute er die Räume zu Schillers *"Parasit"* und im Bombenhagel schließlich noch *"Die Räuber"*[129] für den Hausherrn Gründgens.

Als alle Theater 1944 im *"Totalen Krieg"* geschlossen wurden[130], hatte der 34jährige insgesamt bereits für 75 Inszenierungen Bühnenbilder und Kostüme entworfen.

Den verbleibenden Rest dieses Krieges verbrachte er im "Kriegseinsatz" bei der Firma Siemens[131] mit Technischen Zeichnungen von Ersatzteilen vermeintlich für die legendäre *"Tirpitz"*, Hitlers letztes

Schlachtschiff. Nur Hörer des BBC erfuhren unter Lebensgefahr, daß englische Bomben schon im November 1944 dieses deutsche Parade-Schiff in norwegischen Gewässern versenkten. Aber so entpuppte sich zu Willi Schmidts nachhaltiger Genugtuung sogar noch dieser sein einziger Beitrag zu Hitlers Krieg als ein Windei.

Nach dem Kriege baute er schon ab September 1945 Bühnenbilder für das *Deutsche Theater*, ab Dezember 1945 auch für das neu begründete *Schloßpark-Theater* in Berlin: zu Inszenierungen von Paul Bildt, Fritz Wisten, Gustav von Wangenheim und Boleslaw Barlog. Aber Walter Felsenstein, dessen Aufführung der Offenbach-Operette *"Pariser Leben"* er damals im Berliner *Hebbel-Theater* ausstattete, machte den dortigen Intendanten Karl Heinz Martin auf das mögliche Regietalent dieses Mitarbeiters aufmerksam.

Schon bald also bereitete Willi Schmidt da seine erste eigene Inszenierung vor und brachte am 13. Februar 1946 die *Deutsche Erstaufführung* des pazifistischen Schauspiels *"Der Soldat Tanaka"* von Georg Kaiser mit Kurt Meisel in der Hauptrolle zur Premiere im *Hebbel-Theater*. Der Erfolg war so aufsehenerregend, daß er noch im selben Jahr am *Deutschen Theater* Molières *"Tartuffe"* und im *Schloßpark-Theater* Hauptmanns *"Ratten"*, im Jahr darauf an diesen Bühnen schon *"Iphigenie auf Tauris"*, *"Romeo und Julia"* und *"Minna von Barnhelm"* inszenierte.

Seither zählte er zu Berlins Ersten Regisseuren.

Sein Protagonist war damals mit Vorliebe Horst Caspar[132]: im *"Tartuffe"*, als Orest, als Romeo, später noch als Josef K. in Kafkas *"Prozeß"*, bis zur letalen Erkrankung dann auch noch im *"Seidenen Schuh"* von Claudel.

Lebenslang blieb Willi Schmidt ein Regisseur, der in eigenen Bühnenbildern und Kostümen vorwiegend für die großen Berliner Theater arbeitete: nach der politischen Teilung der Stadt nur noch im westlichen *Schiller-* und *Schloßpark-Theater* unter Boleslaw Barlog[133],

Renaissance-Theater unter Kurt Raeck[134], je einmal auch für die *Freie Volksbühne*, die *Tribüne ("Urfaust")*, die *Komödie* (mit Curd Jürgens), die *Deutsche Oper* unter Sellner[135] oder für die *Berliner Festwochen* in der *Akademie der Künste* (Kafka-Abend). Sein Repertoire umfaßte deutsche und europäische Klassiker ebenso wie Dramatiker des 19. Jahrhunderts und der Gegenwart, aber auch Komödien.

Für Rundfunk und Fernsehen bearbeitete und inszenierte er vornehmlich literarische Stoffe: Platon, Shakespeare, Gottfried Keller, Dostojewskij, Turgenjew, James Joyce, Dylan Thomas, Rudolf Hagelstange, Nelly Sachs und sonstige.

Seit 1957 war oft Klaus Kammer sein Protagonist. An dessen Seite und wohl ihm zu Ehren spielte er selbst 1962 in Kafkas *"Bericht für eine Akademie"* einen peripheren Diener ohne Text[136] und nannte sich mit dieser exponierten Statistenrolle im Programmheft so, wie sonst nur die engsten Freunde ihn anzureden pflegten: Bill Schmidt. Diesen seinen einzigen Bühnenauftritt hat eine Fernsehaufzeichnung festgehalten.

Nachdem Klaus Kammer 35jährig während seiner Proben zum Ferdinand in Kortners Berliner *"Kabale und Liebe"*[137] jählings gestorben war, machte Willi Schmidt ein paar Jahre lang Helmut Griem[138], seinen eigenen Ferdinand in Recklinghausen, gern zum Hauptdarsteller seiner Arbeiten auch in Hamburg, München, Wien und Berlin.

Nach Westdeutschland riefen Willi Schmidt meist Gustaf Gründgens an die Schauspielhäuser in Düsseldorf und Hamburg, Kurt Raeck ans Hamburger *Thalia Theater*, ferner München mit *Kammerspielen* und *Residenztheater*, mehrfach Recklinghausen mit seinen Ruhrfestspielen und später auch das *Württembergische Staatstheater* in Stuttgart.

Außerhalb Deutschlands arbeitete er am *Schauspielhaus Zürich*, am *Stadttheater Bern*, in Wien wiederholt am *Burgtheater*, am *Akademietheater*, im *Theater in der Josefstadt* und in New York 1960 am

Willi Schmidt
bei einer Probe zu Shakespeare's *"Wie es euch gefällt"*
im *Thalia Theater Hamburg* 1964

Foto: Rosemarie Clausen

Institute for Advanced Studies in the Theatre Arts (*"Kabale und Liebe"*).

In Berlin war er überdies von 1952 bis 1975 Professor für Szenischen Raum und Bühnenkostüm an der dortigen *Hochschule für Bildende Künste*. Zu seinen Schülern zählen auch so arrivierte Bühnenbildner wie Wilfried Minks, Karl Ernst Herrmann, Fred Bernd, Susanne Raschig, Barbara Bilabel, Eva Schwarz, Olaf Zombeck, Dirk von Bodisco und Walter Schwab.

An Bühnenbild- oder Theaterausstellungen war er unter anderen in Brüssel, Zürich, Milano, Prag und Berlin beteiligt. Eigene Ausstellungen hatte er in Oldenburg, Berlin und Hameln. 1967 war er an der Gestaltung des *Deutschen Pavillons* auf der Weltausstellung in Montreal beteiligt.

1952 erhielt er den *Preis des Deutschen Kritikerverbandes*, 1961 den *Berliner Kunstpreis*.

1958 wurde er in der Berliner *Akademie der Künste* zunächst Mitglied, von 1974 bis 1976 auch Direktor der *Abteilung für Darstellende Kunst*.

1980 ernannten ihn die Berliner *Staatlichen Schauspielbühnen* zu ihrem Ehrenmitglied.

Alle seine Theaterarbeiten zu zählen, ist kaum möglich. Es dürften rund 100 Inszenierungen und etwa 180 Ausstattungen gewesen sein. Die letzte Regie absolvierte der 74jährige 1984 im Hamburger *Thalia Theater* unter Peter Striebeck[139]: *"Fast ein Poet"* von O'Neill[140].

Aber auch in seinen letzten Lebensjahren blieb er kreativ und produzierte noch während der Umbruchzeiten des deutschen Theaters einen neuen Typus *Szenischer Lesungen*, für die er in Berlin sogar eigene Räume baute und Schauspieler der Ersten Garde als Mitwirkende gewann. Noch der letzte dieser Abende war 1988 wieder seinem Lieblingsautor gewidmet: Jean Giraudoux.

Willi Schmidt starb 84jährig am 20. Februar 1994 in Berlin.

Sein umfangreicher Nachlaß wird mit Ausnahme dieser Briefe an Hanno Lunin, die hier erstmals erscheinen, als Willi-Schmidt-Archiv in der *Stiftung Archiv, Archivabteilung Darstellende Kunst und Film,* der *Akademie der Künste* in Berlin konserviert.

ZU BRIEFEN UND BRIEFSTELLER

I und II

I

ANMERKUNGEN ZU DEN BRIEFEN

1) Seite 49 – *"Breitenbachplatz 10"*:

Hier wohnte Willi Schmidt seit 1938: runde 55 Jahre lang. Er starb auch hier. Mein eigener später Wohnsitz in der Hamburger *Breitenfelder Straße* harmoniert da als assonanter Zufall.

Aber zeitweise lebte da am nahen Berliner Südwestkorso fast als seine Nachbarin auch Hermine Körner.

Rudolf Fernau, ein weiterer Bewohner der dortigen *"Künstlerkolonie"* und mit all seiner Aura und schönen Noblesse auch in mancher Inszenierung von Willi Schmidt zu sehen, hat dieses legendäre Berliner Stadtviertel in seinem lesenswerten *"Lebenstagebuch eines Schauspielers"* liebevoll beschrieben. Da heißt es denn auch:

"Mein Blick streift ein jetzt verdunkeltes oberes Fenster, dort residierte die große Hermine Körner im selbstgewählten Exil und mit ständig an das Schicksal gerichteten Fragen unentwegt Patiencen legend, unentwegt ... Manchmal schenkte sie uns den Anblick ihres herbköniglichen Antlitzes, und einmal sagte sie: 'Ein Schauspieler ist ein Mensch, der schon weinen kann, wenn andere noch trockenen Herzens sind – um Hekuba!' "

2) Seite 49 – *"mit den guten Wünschen für den Pirandello-Abend"*:

Willi Schmidt hatte zur Premiere am 26. September 1959 im Wiener *Akademietheater*, Dependance des *Burgtheaters*, Luigi Pirandellos *"Stück, das gemacht werden soll"* inszeniert: *"Sechs Personen suchen einen Autor"*. Seine Hauptdarsteller waren Attila Hörbiger, Josef Meinrad und Alma Seidler.

3) Seiten 49 und 51 – *"wie es Ihnen 'dortzulande' geht"*, *"in der Stadt der Juwelen und Geschmeide"*:

Ich war seit dem 15. August 1959 als Erster Spielleiter des Schauspiels und Dramaturg am *Stadttheater Pforzheim* engagiert, das damals von Franz Otto geleitet wurde und wegen der totalen Zerstörung dieser Stadt im Zweiten Weltkriege jetzt in der Aula der Osterfeldschule, einem Seitenflügel der Stadtverwaltung, spielte. Dort überlebte ich auch den Stabwechsel in der Direktion an Horst Alexander Stelter, dessen Stellvertreter ich wurde, und blieb dort insgesamt drei Spielzeiten oder für die Dauer von dreizehn eigenen Inszenierungen bis zum 31. Juli 1962.

4) Seite 50 – *"'Raskolnikoff' von Ahlsen"*:

Leopold Ahlsen, 1927 geboren und damals vielgespielter Autor für Theater, Hörfunk und Fernsehen, hatte Dostojewskijs Roman dramatisiert und dem Berliner *Schloßpark-Theater* zur Uraufführung überlassen. Deren Premiere fand unter der Regie von Willi Schmidt am 20. September 1960 mit den Hauptdarstellern Klaus Kammer, Walter Franck und Karin Remsing statt.

5) Seite 51 – *"von den 'letzten Freien' "*, *"'dann das Ende'"*:

Unklar, was hier konkret gemeint war. Aber Berlin befand sich damals wie alle Welt inmitten des Kalten Krieges. Es kann sich aber auch schon um die Deformationen des "Freien Marktes" handeln.

6) Seite 51 – *"Bühne in der 42. Straße"*:

Willi Schmidt hatte am 13. Februar 1960 im *IASTA* (*Institute for Advanced Studies in the Theatre Arts*) in New York Schillers *"Kabale und Liebe"* unter der Titel *"Love and Intrigue"* zur Premiere gebracht.

7) Seite 53 – *"Gedenkrede für unsere verehrte Hermine Körner"*:

Am 14. Dezember 1960 war Hermine Körner in Berlin gestorben: also zumindest im Todesmonat ihres gemeuchelten Enkel-Sohnes, vielleicht ja sogar an seinem Todestage, wer weiß das heute noch? Aber sein Sog und ihre Sehnsucht mögen sich da endlich vereinigt haben.

Die tödliche Erkrankung traf sie in Gestalt einer Magengrippe bei einem Gastspiel just im selben lippischen Lünen, das vor genau zwei Jahren, ebenfalls im Dezember, mein freundschaftliches Stelldichein mit Klaus Kammer beherbergt hatte.

Die Trauerfeier für Hermine Körner fand am 8. Januar 1961 im *Schiller-Theater* statt, das die 82jährige kurz zuvor endlich zu ihrem Ehrenmitglied ernannt hatte (wie 1980 schließlich auch den 70jährigen Willi Schmidt). Gedenkreden hielten nun außer je einem Repräsentanten der Stadt Berlin und der Bühnengenossenschaft nur der junge Dramatiker Mattias Braun, weil er zwei antike Tragödien für Hermine Körner neu geschrieben hatte, und eben Willi Schmidt.

In mehreren Nachrufen ergänzte dann Siegfried Melchinger einverständlich:

"Das letzte Mal sah ich sie als 'Irre von Chaillot' ... da war sie alles noch einmal, was sie je in ihrem Leben gewesen war ... nicht nur eine Majestät, sie war eine Zauberin, Circe der Männer, Circe der Kunst".

Mit dieser Kirke verwies er zurecht noch einmal auf das Magische, Mystische und Mythische in Hermine Körners Kunst.

8) Seite 54 – *"wie Kleist so genial erkannt hat"*:

Bezug auf Heinrich von Kleist (1777-1811) und dessen Text, halb Erzählung und halb Essay, *"Über das Marionettentheater"*. Der 33jährige veröffentlichte ihn im Winter 1810/11, kein ganzes Jahr vor seinem Freitod, in den eigenen *"Berliner Abendblättern"*.

9) Seite 54 – *"Diesen Weg hat Brecht geleugnet"*:

Hinweis auf Bertolt Brecht (1898-1956) und dessen *"Verfremdungs-Theorien"*, die er im *"Kleinen Organon für das Theater"* (1948) und anderwärts entwickelte. Sie dominierten zur Zeit dieses Briefes die Publizistik und deren hörige Gefolgschaft in vielen Theatern.

10) Seite 54 – *"nichts ist mir so zuwider wie 'Modell-Aufführungen' "*:

Begriff und Praxis Bertolt Brechts mit seinem *"Berliner Ensemble"*: detailliert dokumentierte Inszenierungen als verbindliche Muster für ein unterwürfiges Gefolge. Heute nur noch im kommerziellen Musical-Betrieb praktiziert.

11) Seite 55 – *"erinnern Sie sich bitte der Eintragung Ottiliens in ihr Tagebuch"*:

Goethes Roman *"Die Wahlverwandtschaften"* aus dem Jahre 1809 enthält in seinem Zweiten Teil das mehrteilig, aber kommentarlos eingefügte Tagebuch seiner Protagonistin Ottilie. Die hier zitierte Eintragung findet sich im Fünften Kapitel.

12) Seite 57 – *"ein Dichter unserer Zeit"*:

Gemeint ist hier Jean Giraudoux, geboren 1882 in Bellac (Limousin) und gestorben 1944 in Paris. Seine *«Folle de Chaillot»*, heute fast ein Klassiker, erschien postum erst 1946, war also, als Hermine Körner, vier Jahre älter als ihr Dichter, sie 1950 zu spielen begann, eine zeitgenössische Novität und zur Zeit der Inszenierung von Willi Schmidt erst neun Jahre alt.

13) Seite 60 – *"der sie bewog, Theaterleiterin zu werden"*:

Hermine Körner wurde 1919, also 41jährig, Intendantin jenes *Schauspielhauses* in München, das heute *Münchner Kammerspiele* heißt. Sie blieb es bis 1925, finanzierte diese Bühne aus eigenen Mitteln und leitete zeitweise auch *Lustspieltheater* und *Künstlertheater* in München. Dort riskierte sie die ersten öffentlichen Aufführungen so skandalöser Stücke wie Wedekinds *"Pandora"* und Schnitzlers *"Reigen"* sogar in eigenen Inszenierungen.

1925 wurde sie Intendantin des *Albert-Theaters* und der *Komödie* in Dresden. 1929 trat sie zurück.

Im Sommer 1936 (oder 1937) ließ Hitler ihr durch den Reichsleiter Philipp Bouhler, seinen Kanzleichef, die Intendanz der Münchner *Staatstheater* antragen. Aber *"für Verrat – oder nennen wir es Selbstverleugnung – Verstellung – "*, begründete sie einer Freundin ihre prompte Absage, *"muß man geschaffen sein. Ich bin es nicht. Erledigt."*

In ihrem damaligen Wohnsitz Potsdam plante Oberbürgermeister Friedrichs, sie nach dem Kriege zur Prinzipalin des dortigen Theaters zu machen. Aber die sowjetische Besatzung vertrieb und enteignete sie im Juni 1945 binnen einer Viertelstunde, gab dann auch zu ihren Lebzeiten diesen Ort nicht mehr frei. Als sie später den dortigen Staatspräsidenten Wilhelm Pieck um die Rückgabe wenigstens ihrer Bibliothek und des Kokoschka-Porträts bat, wurde ihre Bindung an ein Ostberliner Theater zur Bedingung gemacht. Sie verzichtete.

Ende April 1946 wurde ihr die Direktion des Göttinger Theaters angeboten: da hatte sie gerade mit beratenden Funktionen nach Stuttgart abgeschlossen. Aber auch die zahllosen Tourneen ihres Lebens dokumentieren ihr Bedürfnis nach künstlerischer Unabhängigkeit. *"Die Selbständigkeit und die damit verbundene Verantwortung"*, schrieb noch die Siebzigjährige an Freunde, *"ist mein eigentliches Element"*. Als Lebensform jedoch, sagte sie 1951 in einem Interview, sei ihr das *"Festsitzen an einem Ort auf die Dauer anstrengender als dieses Vagabundieren"*.

14) Seite 62 – *"die Atossa in Mattias Brauns Fassung der 'Perser' "*:

"Die Perser" des Aißchýlos waren am 30. April 1960 in einer Nach-dichtung von Mattias Braun im *Schiller-Theater Berlin* zur Urauffüh-rung gelangt. Unter der Regie von Hans Lietzau hatte Hermine Kör-ner hier ihre letzte Rolle gespielt: die Königin Atossa.

15) Seite 62 – *"Sie hat dieser Münze die Fassung eines Ringes gege-ben"*:

Diesen Hermine-Körner-Ring, der jeweils auf Lebenszeit verliehen wird, trug zuerst Roma Bahn, die Constance neben jener letzten Auré-lie seiner Stifterin, dann Marianne Hoppe, hiernach Gisela Stein.

16) Seite 63 – *"in diesem Augenblick äußerster Bedrohung"*:

Am 13. August 1961, also eben drei Wochen vor diesem Briefe, wa-ren Berlin, Deutschland, Europa und die politische Welt durch den Mauerbau der *Deutschen Demokratischen Republik* in zwei Hälften zerteilt und in die Nähe eines Dritten Weltkrieges gerückt worden.

17) Seite 63 – *"das Haupt der Medusa"*:

In der griechischen Mythologie war die Medusa ein Ungeheuer. Der Anblick ihres Kopfes versteinerte jeden.

18) Seite 63 – *"ich wünschte sehr, Sie inszenierten den 'Belagerungs-zustand' hier"*:

Ich inszenierte damals im *Stadttheater Pforzheim* gerade den *"Bela-gerungszustand"* («*L'État de Siège*») von Albert Camus (1913-1960) und erklärte dieses allegorische Hohelied auf jeden Widerstand in Diktaturen zur *"Gedenkaufführung für die Opfer jeglichen Terrors"*.

19) Seite 63 – *"Die Antwort Ihres Intendanten"*

ist mir nach 44 Jahren nicht mehr erinnerlich.

20) Seite 64 – *"Säubern der Spielpläne von Bert Brecht"*:

Der Lyriker und Dramatiker Bertolt Brecht (1898-1956) war Zeit seines Lebens Kommunist. Den antikommunistisch hexenjägerischen Verhören im amerikanischen Exil entronnen, kehrte er 1948 mit österreichischem Paß und schweizerischem Konto in den sowjetisch besetzten Sektor Berlins zurück und blieb dort bis zu seinem Tode eine Galionsfigur der *Deutschen Demokratischen Republik.*

21) Seite 64 – *"das Gleichgewicht des Schreckens"*:

Gängige Bezeichnung für den damals zugespitzten und hochgerüsteten *"Kalten Krieg"* zwischen östlicher und westlicher oder kommunistischer und kapitalistischer Hemisphäre.

22) Seite 64 – *"zu der Zeit, da Sie 'Elektra' inszenieren"*:

Mein Plan, von Jean Giraudoux die "Elektra" zu inszenieren, in die ich mich im Berliner *Schloßpark-Theater* als "Abendregisseur" der legendären Inszenierung von Leopold Lindtberg aus dem Jahre 1954 verliebt hatte, scheiterte damals in Pforzheim ebenso wie später auch noch beim Fernsehspiel des Norddeutschen Rundfunks.

Erst im Hamburger *Thalia Theater* unter Boy Gobert konnte ich dieses langgehegte Projekt verwirklichen und mit Nicole Heesters, Agnes Fink, Karin Rasenack, Ralf Schermuly und Otto Rouvel in den Hauptrollen am 3. Juni 1972 zur Premiere bringen; Ursela Monn, damals *Zweite Eumenide*, und Jan Niklas, hier noch in der Episode des *Jungen Mannes*, machten später Fernsehkarrieren.

Diese Aufführung kurz nach der Verhaftung Ulrike Meinhoffs hatte damals eine Aktualität, die aber weitgehend unbemerkt blieb.

23) Seite 64 – *"mit 'Amphitryon 38' befaßt sein"*:

Willi Schmidt inszenierte damals *"Amphitryon 38"* von Jean Giraudoux im Berliner *Schloßpark-Theater* mit Luitgard Im und Erich Schellow in den Hauptrollen. Die Premiere fand am 17. November 1961 statt.

24) Seite 64 – *"mit unserm Lieblings-Autor"*:

Damit meinte er Jean Giraudoux. Noch 1969 bat ihn der G. B. Fischer Verlag, für seine Ausgabe der *"Meisterdramen"* von Jean Giraudoux das Nachwort zu schreiben. Es findet sich hier im Anhang, Seite 259.

25) Seite 64 – *"habe ich Ihren Namen bei den Recklinghausener Festspielen erwähnt"*:

In Recklinghausen finden allsommerlich sechs Wochen lang mit Theater-, Konzert- und Museumsveranstaltungen die Ruhrfestspiele statt, die im Nachkriegswinter 1946/47 aus einer Bürgerinitiative von Recklinghäuser Bergleuten und Hamburger Künstlern hervorgingen und damals unter dem Motto *"Kunst gegen Kohle"* standen. Jahrzehnte lang wurden sie unter der Leitung von Otto Burrmeister, dem ich als Schüler oder Student noch mehrmals persönlich begegnete, vorwiegend gewerkschaftlich gestützt. Inzwischen haben sie mehrfach Leitung und Konzeption gewechselt.

Willi Schmidt hat insgesamt fünfmal für dieses Festival inszeniert.

Ich selbst hatte dort als Gymnasiast im nahen Marl viele erste Eindrücke von hochqualifiziertem Theater, namentlich in den frühen fünfziger Jahren: so auch den erwähnten *"Don Carlos"* mit Klaus Kammer.

Willi Schmidts Vermittlungsversuch von 1961 führte nicht einmal zu einer Anfrage. Aber am 16. und 17. Juni 1985 startete ich dort im neuen Festspielhaus an der Otto-Burrmeister-Allee meine Heino-Gaze-Revue für den Westdeutschen Rundfunk. Ich selbst nannte sie umständlich *"Fünf nach Null. Berlin 1945 – Eine Revue aus dem Kabarett der Komiker – Radiophone Neufassung 1985"*. Aber sie wurde, nicht weniger umständlich, unter dem Titel *"1945-1985. Nach der Stunde null. Eine radiophone Revue"* am 29. Juni 1985 im WDR, später so noch mehrmals dort und im NDR gesendet. Unter den Mitwirkenden waren solche Legenden wie Edith Schollwer (*"Insulaner"* bis *"Wicherts von nebenan"*), damals wohl schon über achtzigjährig, und Norbert Schultze (*"Lili Marleen"* bis *"Englandlied"*), erst 74, aber auch Marianne Rogée aus der später so tele-populären *"Lindenstrasse"*.

26) Seite 65 – *"wenn der Rundfunk Ihnen erlaubt"*:

Damals hatte ich von Pforzheim aus Kontakte zum *Süddeutschen Rundfunk* im nahen Stuttgart geknüpft. Dort ließ man mich anfangs bei Hörspielproduktionen unter Oswald Döpke und Heinz von Cramer hospitieren, dann Manuskripte lektorieren und gegebenenfalls schon retten, 1961 das Hörspiel *"A Crown of Gold"* von Giles Cooper ins Deutsche übersetzen und ein Feature über den exotischen Barocklyriker Quirinus Kuhlmann schreiben, das im März 1962 gesendet wurde. Schließlich wagte es die verantwortliche Claire Schimmel sogar, mich selbst ein Hörspiel inszenieren zu lassen: *"Geisterbeschwörung"* von Rupert Croft-Cooke mit der wunderbaren Mila Kopp in der Hauptrolle. Die Filmlegende Ilse Steppat war leider so eklatant fehlbesetzt, daß ich mich erdreisten mußte, sie gegen Edith Heerdegen auszutauschen.

Hiernach habe ich für den *Süddeutschen Rundfunk* nur noch 1974 ein englisches Fernsehspiel ins Deutsche übersetzt: *"A Plague on Both*

Your Houses" von David Pinner mit einer Paraphrase zu *"Romeo und Julia"*.

27) Seite 66 – *"die Premiere meiner Dramatisierung der "Strafkolonie" (nach der Erzählung von Kafka)"*:

Pünktlich am 26. Mai 1962 gelangte in der Berliner *Akademie der Künste* diese Eigenproduktion der *Berliner Festwochen* zur Premiere. Willi Schmidt hatte hierfür Franz Kafkas Erzählung *"In der Strafkolonie"* dramatisiert und mit Mitgliedern des *Schiller-Theaters* und der *Städtischen Oper* in Szene gesetzt. Die beiden Hauptrollen spielten Ernst Deutsch und Klaus Kammer.

Diesem Text vom Oktober 1914 ging ein anderer voraus, den Kafka im Frühjahr 1917 geschrieben und gleichfalls Willi Schmidt inszeniert hatte: *"Ein Bericht für eine Akademie"*. Hier hielt ein genuïner Affe auf dem Wege zum *homo sapiens* eine sinnige Ansprache gleichsam an den Gastgeber. Klaus Kammer spielte diesen Affen, wurde von einem "stummen Diener" namens Bill Schmidt eskortiert und war mit dieser verblüffenden Kombination aus äffischer Körperlichkeit und höchst bewußter Intellektualität das angehimmelte Tagesgespräch Berlins.

Als ich, angereist, die Vorstellung sah, konnte er sich erst für den andern Vormittag mit mir verabreden. Wir trafen uns auf dem Kurfürstendamm. Noch bevor wir uns irgendwo niederließen, überschüttete ich ihn natürlich gleich eingangs mit meinen Komplimenten für den gestrigen Abend. Aber ich fügte auch hinzu, daß mir sein Affe in all seiner atemverschlagenden Virtuosität gar nicht so sehr das Ergebnis eines ausgiebig feilenden Probenprozesses zu sein scheine, sondern eher ein kongenialer Wurf und mehr oder minder *ad hoc*.

Das mochte, während *tout Berlin* von der Akribie dieser Proben schwärmte, genau ins Schwarze treffen.

Bill Schmidt und Klaus Kammer
in *"Ein Bericht für eine Akademie"* von Franz Kafka
bei den *Berliner Festwochen* 1962 in der *Akademie der Künste*

Foto: Ilse Buhs

Klaus öffnete jedenfalls kommentarlos eine Tür seines Autos und sagte: *"Steig ein!"* Dann fuhr er mich ins *Schiller-Theater* und ging mit mir strikt zu seinem Intendanten Barlog: *"Unter diesem Regisseur möchte ich meine nächste Rolle spielen!"* Barlog reagierte darauf noch charmanter als üblich, aber ohne sich irgend festzulegen. Als er mich viele Jahre später tatsächlich einlud, in seinem Imperium zu inszenieren, konnte es nicht mehr mit Klaus Kammer sein. Trotzdem sah ich auch da noch Zusammenhänge und war dankbar *in memoriam.*

28) Seite 66 – *"auch Herrn Milatz wollen Sie bitte von mir grüßen"*:

Ulrich E. Milatz war vormals ein Student von Willi Schmidt und begann gerade, für viele Inszenierungen mein Bühnenbildner zu werden. Wir arbeiteten damals an unserem *"Hamlet"*. Es sollten insgesamt sechzehn Ausstattungen von Milatz werden, in denen ich inszenierte: zehn in Braunschweig, drei in Köln, zwei in Hamburg und eine in Berlin.

29) Seite 67– *"einen 'Beipack', der es in sich hat"*:

Von meinen Tätigkeiten für den *Süddeutschen Rundfunk* beflügelt, hatte ich ein Hörspiel geschrieben, das der Verlag *Felix Bloch Erben* in Berlin zwar sofort in seinen Katalog aufnahm, aber bei keiner der deutschen Hörspielredaktionen unterbringen konnte. Wirklich kam diese radikal absurde Collage damals noch zu früh. Später wurde sie vergessen.

30) Seite 67 – *"schade ist es, daß Sie in Braunschweig offenbar"*:

Vom 1. August 1962 bis zum 31. Juli 1964 war ich zuerst als Spielleiter des Schauspiels und Dramaturg, dann als Erster Spielleiter des Schauspiels und Chefdramaturg am Staatstheater Braunschweig engagiert, das in der ersten dieser beiden Spielzeiten von Hans Erich Kreibig, in der zweiten kommisssarisch vom Generalmusikdirektor Heribert Esser geleitet wurde.

31) Seite 68 – *"den 'Clavigo' neu entdecken"*:

Am 17. November 1962 hatte Willi Schmidt im Berliner *Schloßpark-Theater* Goethes *"Clavigo"* zur Premiere gebracht. Die Hauptrollen spielten Klaus Kammer, Erich Schellow und Karin Remsing.

Irgendwann, wohl im Laufe des Jahres 1963, sah ich diese legendäre Aufführung, die ein ungewohntes Licht auf dieses fast 190 Jahre alte Stück warf. Hier war nicht mehr wie sonst der Moraltrompeter Beaumarchais die Paraderolle für einen Publikumsliebling und Clavigo nur der unentschuldbare Tunichtgut oder Leichtfuß. Schon durch die Besetzung mit Erich Schellow wurde zunächst der Carlos, dann aber auch Clavigo selbst überraschend und einleuchtend aufgewertet. Die gesellschaftliche Verantwortung wurde von den Fesseln eines vermeintlich moralischen Bürgertums befreit und auf die geniale Begabung übertragen, die den Himmelsgeschenken ihrer Talente auch verpflichtet sei. Klaus Kammer spielte sie vibrierend, aufregend und mit allen ihren verführerischen Gefährdungen am unentrinnbaren Abgrund entlang: ein Psychogramm des Hochbegabten inmitten einer inkompatiblen Gesellschaft.

Damals sah ich Klaus zum letzten Mal: sowohl auf der Bühne als auch privat. Aber er verlegte unser vereinbartes Treffen plötzlich in sein Zehlendorfer Haus und empfing mich da indezent im Bett: er sei krank; immer, wenn er abends Vorstellung habe, sei er den ganzen Tag nur noch krank: so sehr gehe es ihm über die Kräfte, an "vorderster Front" und mit voller Verantwortung eine riesige Rolle nach der andern zu spielen. Aber für Frau und Töchter wolle er versuchen, noch weiter durchzuhalten.

32) Seite 69 – *"mit Hebbels 'Judith' eine Arbeit auf mich genommen"*:

Am 14. Oktober 1963 brachte Willi Schmidt im Berliner *Schiller-Theater "Judith"* von Friedrich Hebbel zur Premiere. Die Hauptrollen waren mit Liselotte Rau, Gisela Stein und Martin Held besetzt.

33) Seite 70 – *"Adam Müller"*:

Adam Müller (1779-1829) war Staatstheoretiker aus Berlin und seit 1813 in österreichischem Staatsdienst. Sein Hauptwerk *"Die Elemente der Staatskunst"* erschien 1809.

34) Seite 71 – *"'Kabale und Liebe' in Recklinghausen"*:

Am 16. Mai 1963 hatte Willi Schmidts Inszenierung von Schillers *"Kabale und Liebe"* bei den Ruhrfestspielen in Recklinghausen Premiere. Die Hauptdarsteller waren Helmut Griem, Rosel Schäfer, Hans Nielsen und Hans Messemer.

35) Seite 71 – *"Grund, eifersüchtig zu sein"*:

Auch Jean Giraudoux hat eine Tragödie *"Judith"* geschrieben, die in Paris am 4. November 1931 unter der Regie von Louis Jouvet im *Théâtre Pigalle* uraufgeführt wurde. Die *Deutsche Erstaufführung* fand 1952 in Darmstadt unter Gustav Rudolf Sellner statt.

Als Barlog dieses Stück 1963 in seinem *Schloßpark-Theater* mit Luitgard Im und Peter Mosbacher zur Aufführung brachte, inszenierte es da nicht sein Giraudoux-Experte Willi Schmidt, sondern der späterhin fernsehprominente Novize Axel Corti (1933-1993). Nach der Premiere raunte Barlog mir ins Ohr: *"Das hättste besser jemacht"*. Trotzdem vergingen noch sechs Jahre, bis er mich einlud.

36) Seite 72 – *"in Verbindung mit Herrn Prof. Raeck"*:

Kurt Raeck (1903-1981): Berliner Theaterdirektor. Als erster deutscher Promovend mit einer Dissertation über praktisches Theater war er zunächst Schauspieler und Dramaturg an diversen Berliner Theatern, seit 1936 Geschäftsführender Direktor des Berliner *Schiller-Theaters* unter Heinrich George. Trotz "rassischer Belastung" betreute er seit 1943 auch schon das nationalsozialistisch enteignete *Renaissance-Theater* als *Kleines Haus* des *Schiller-Theaters*. 1945 war er zunächst Geschäftsführender Direktor des Berliner *Hebbel-Theaters*.

Als im Sommer 1946 ein Inserat in allen Berliner Zeitungen einen Intendanten für das "frei" gewordene *Renaissance-Theater*, dieses einzige Déco-Theater in ganz Europa, suchte, bewarb er sich mit nur einem Satze: *"Ich will dieses Theater als ein freies Theater leiten"*. Damit schlug er 85 eloquentere Mitbewerber aus dem Felde, leitete das *Renaissance-Theater* dann ganze 33 Jahre von 1946 bis 1979 und machte es zu einem führenden Privattheater Berlins.

Von 1965 bis 1969 war er zugleich auch Intendant des *Thalia Theaters* in Hamburg.

In beiden Häusern gehörte Willi Schmidt Jahrzehnte lang zu den geschätzten Regisseuren. Insgesamt hat er dort elfmal inszeniert.

37) Seite 74 – *"mit allen guten Wünschen für den 'Don Gil' "*:

Im November 1963 brachte ich im Braunschweiger *Großen Hause* die spanische Komödie *"Don Gil von den grünen Hosen"* des Tirso de Molina zur Aufführung. Die Hosenrolle der Doña Juana spielte Karin Rasenack.

38) Seite 77 – *"mit unserem Giraudoux, dessen 'Undine' ich"*:

Im Residenztheater München hatte Willi Schmidts Inszenierung der *"Undine"* von Jean Giraudoux am 26. März 1964 mit Krista Keller und Martin Benrath Premiere.

39) Seite 77 – *"Ihre Entscheidung für Wiesbaden"*:

Am 16. August 1964 ging ich als Spielleiter und Chefdramaturg an das *Staatstheater Wiesbaden* und blieb dort vier Spielzeiten bis zum 15. August 1968 unter seinem Intendanten Claus Helmut Drese.

40) Seite 78 – *"ein kluger Essay über diesen Gegenstand"*:

Im Vierten Heft der *Neuen Rundschau*, Jahrgang 1963, Seiten 561 bis 576 findet sich der Aufsatz *"Nachricht von der Satire"* just von Helmut Arntzen, mit dem ich gemeinsam im Kölner Doktorandenzirkel seines und meines Doktorvaters Wilhelm Emrich saß. Inzwischen war er akademisch arriviert und sollte es als Literaturwissenschaftler später noch bis zum Dekan der Universität Münster bringen. Wie ich befaßte auch er sich mit Robert Musil, Ernst Meister und Sternheim.

41) Seite 78 – *"Arbeit an den Mrozek-Stücken"*:

Im Braunschweiger *Großen Hause* brachte ich am 16. Januar 1964 *"Das Martyrium des Peter O'Hey"* von Sławomir Mrożek zur *Deutschen Erstaufführung* und koppelte es mit dem Einakter *"Auf hoher See"* desselben Autors.

42) Seite 79 – *"Klaus Kammers Tod"*:

Am 9. Mai 1964 lag Klaus Kammer 35jährig tot in seiner Garage. Noch vierzig Jahre später ist unklar, ob dieser Tod ein Unfall oder so gewollt war. Klaus hatte damals Proben zum Ferdinand in Schillers *"Kabale und Liebe"* unter der Regie von Fritz Kortner, der aber krank war und die Proben unterbrechen mußte. Solcher Interruptus kann für einen gefährdeten Schauspieler zur bedrohlichen Krise werden.

Klaus Kammer starb am Todestage Friedrich Schillers, seines letzten Autors: als habe der ihn heimholen wollen.

43) Seite 79 – *"zu dem neuen Lebensabschnitt"*:

Am 31. März 1964 hatte ich die Schauspielerin Karin Rasenack geheiratet.

44) Seite 80 – *"Nach der argentinischen Entreprise"*:

Im hiesigen Sommer 1964 flog ich ins winterliche Buenos Aires, wo Karin Rasenack damals im *Deutschen Theater* spielte.

45) Seite 80 – *"hier im Turm"*:

Willi Schmidt pflegte seine Wohnung, die am Berliner Breitenbachplatz im sechsten Stock lag und ohne Fahrstuhl erklommen werden mußte, gern als seinen Turm zu bezeichnen. Assoziationen zu Goethe, Calderón, Hofmannsthal oder Elfenbein blieben dem jeweiligen Besucher anheim gestellt.

46) Seite 81 – *"Thalia-Theater"*:

Willi Schmidt inszenierte damals am Hamburger *Thalia Theater* Shakespeare's *"Wie es euch gefällt"* mit Loni von Friedl, Adolf Wohlbrück, Helmut Griem und anderen. Die Premiere war am 22. September 1964.

"Wie es euch gefällt" hatte Willi Schmidt schon vor nunmehr just dreißig Jahren ausgestattet, als Heinz Hilpert 1934 mit dieser eigenen Inszenierung seine Ära als Intendant des Berliner *Deutschen Theaters* eröffnete. Er eröffnete dann mit anderen Bühnenbildnern auch 1938 seine Ära im Wiener *Theater in der Josefstadt*, 1948 zuerst im Nürnberger *Lessing-Theater*, dann im Konstanzer *Deutschen Theater* jeweils mit dieser titelsymbolischen Shakespeare-Komödie.

Als ich sie unter seiner Regie und im Bühnenbild von Jan Schlubach 1953 im *Deutschen Theater Göttingen* sah, spielte Hilpert hier selbst an der irritierenden Grenze zur Privatheit die Rolle des Narren Probstein.

47) Seite 81 – *"Ihr argentinischer oder vielmehr brasilianischer Brief"*:

Nach Ende der Spielzeit in Buenos Aires waren wir damals noch durch Argentinien, Paraguay und Brasilien gereist.

48) Seite 81 – *"Kommentar zu 'Kabale und Liebe' "*:

Willi Schmidt hatte dieses Stück schon 1936 im Berliner *Deutschen Theater* für Heinz Hilpert ausgestattet, es 1960 in New York und 1963 für die Recklinghäuser Ruhrfestspiele selbst inszeniert. Insofern galt er mir als sonderlich kompetent.

Daß es auch mit Klaus Kammers Tod verflochten war, mochte nun noch mitschwingen.

49) Seite 82 – *"vergessen Sie bitte nicht Thomas Manns Schiller-Gedenkrede"*:

Thomas Manns *"Versuch über Schiller"* wurde als Gedenkrede zu Schillers 150. Todestage am 9. Mai 1955 zuerst in Stuttgart, dann in Weimar gehalten und 1956 vom *S. Fischer Verlag* im Bande *"Nachlese. Prosa 1951-1955"* veröffentlicht.

50) Seite 82 – *"wollen Sie Frau Knauf bitten"*:

Erna Knauf, geborene Donat, war viele Jahre lang Chefsekretärin, faktisch Leiterin des imaginären Betriebsbüros und Boleslaw Barlogs rechte Hand in der Intendanz des Berliner *Schiller-Theaters*.

Seit 1938 war sie mit dem Journalisten, Film- und Schlagertexter Erich Knauf verheiratet, der auch Pressechef der TERRA und Heraus-

170

geber der Romane von B. Traven war. Aber vor allem wurde er durch sein Lied *"Heimat, deine Sterne"* populär, das im Kriege eine Art Landser-Hymne und Spitzenreiter vieler Wunschkonzerte war.

Als dessen Autor jedoch im Luftschutzkeller unbedacht den Krieg für verloren erklärte, wurde er denunziert und 1944 von den Nazis enthauptet. Gnadengesuche von Boleslaw Barlog, Heinz Rühmann und anderen Filmprominenzen wurden ignoriert.

Ehefrau Erna wurde anschließend vorgeladen und als *"Die Frau des Hingerichteten Knauf"* aufgerufen, nicht nur den Ehering ihres Mannes entgegenzunehmen, sondern auch eine Rechnung über die Hinrichtungskosten, die sie mit dreihundert Reichsmark begleichen mußte. 1945 wurde diese Schand-Rechnung unverzüglich von Erich Kästner veröffentlicht.

51) Seite 82 – *"diese jähe Unterbrechung einer Verbindung"*:

Bei seinen Hamburger Shakespeare-Proben dürfte es Willi Schmidt allmorgendlich bewußt geworden sein, daß er da im *Thalia Theater* auf einer Bühne arbeitete, auf der Klaus Kammer von 1952 bis zu seinem Berliner Engagement 1955 insgesamt neunzehn Rollen gespielt hatte, hierunter auch schon den Wurm in seinem Schicksals-Stück *"Kabale und Liebe"*.

Ab 1969 sollte auch ich sechs Jahre lang auf diesem stigmatisierten Platze tätig sein und acht eigene Inszenierungen zur Premiere bringen dürfen.

52) Seite 85 – *"Theaterdirektor Iffland"*:

August Wilhelm Iffland (1759-1814), Erster Schauspieler seiner Zeit, auch Regisseur und Dramatiker, seit 1796 Intendant des *Königlichen Nationaltheaters* in Berlin. Kreïerte viele Schiller-Rollen und setzte die meisten Schiller-Stücke auf seine Spielpläne oder oft auch selbst in Szene. Aber den Titel *"Kabale und Liebe"* erfand er für dieses Stück nicht erst als Theaterdirektor, sondern schon als Mannheimer Erstdarsteller des Wurm.

53) Seite 87 – *"Trauerfeier für Klaus Kammer"*:

Außer Willi Schmidt sprachen bei dieser Trauerfeier auch Fritz Kortner, Boleslaw Barlog und Senator Werner Stein.

54) Seite 87 – *"Rollen, die wir miteinander gearbeitet haben"*:

Von insgesamt 27 Rollen in Berlin hatte Klaus Kammer sieben unter der Regie von Willi Schmidt gespielt.

55) Seite 88 – *"Wenn es einen Eros des Geistes gibt"*:

Es gab ihn sicher auch zwischen Willi Schmidt und mir, zwischen Klaus Kammer und mir.

Aber noch deutlicher habe ich ihn viele Jahre später, von 1988 bis 2000, mit meinem thailändischen Freunde Sawaang Lyhkamhahn erfahren, der gleichfalls Frau und zwei Töchter hatte und 31jährig eines ebenso unerklärbar plötzlichen Todes starb wie Klaus Kammer.

56) Seite 88 – *"vom ersten Augenblick unserer Begegnung an"*:

Sie erfolgte bei Willi Schmidts Inszenierung des *"Thomas Chatterton"* von Hans Henny Jahnn mit Klaus Kammer in der Titelrolle. Die Premiere fand 1957 am 17. Dezember, Jahnns Geburtstag, im Berliner *Schloßpark-Theater* mit Rudolf Fernau, Wilhelm Borchert, Elsa Wagner und anderen statt.

57) Seite 88 – *"Puppen und Spielzeug"*:

In der letzten Szene von Georg Büchners Lustspiel *"Leonce und Lena"* sagt Prinz Leonce zu Prinzessin Lena:

"Nun, Lena, siehst du jetzt, wie wir die Taschen voll haben, voll Puppen und Spielzeug? Was wollen wir damit anfangen? Wollen wir ihnen Schnurrbärte machen und ihnen Säbel anhängen? Oder wollen wir ihnen Fräcke anziehen und sie infusorische Politik und Diplomatie treiben lassen und uns mit dem Mikroskop danebensetzen? Oder hast du Verlangen nach einer Drehorgel, auf der die milchweißen ästhetischen Spitzmäuse herumhuschen? Wollen wir ein Theater bauen?

(Lena lehnt sich an ihn und schüttelt den Kopf.)"

58) Seite 92 – *"in Félicien Marceaus bitterer Komödie 'Das Ei' "*:

"Das Ei" von Félicien Marceau gelangte am 21. Februar 1958 im Berliner *Schloßpark-Theater* unter der Regie von Willi Schmidt und mit Klaus Kammer in der Hauptrolle zur Premiere der *Deutschen Erstaufführung*.

59) Seite 94 – *"wie etwa den jungen Spitta in der 'Ratten'-Aufführung"*:

Klaus Kammer spielte diese relativ kleine, aber wichtige Rolle Willi Schmidt zuliebe in dessen Inszenierung der *"Ratten"* von Gerhart Hauptmann neben Gisela von Collande, Hilde Krahl, Melanie Horeschovsky und Martin Benrath bei den Ruhrfestspielen in Recklinghausen. Premiere am 15. Juni 1960.

60) Seite 96 – *"'Leonce und Lena' in einer Funkfassung"*:

Diese Hörspielarbeit entstand für den RIAS Berlin. Sie war der Schwanengesang für das Team *Willi Schmidt & Klaus Kammer*.

Viele Jahre zuvor war dieses Stück mein eigenes Debut als Regisseur gewesen. Am 8. Mai 1957 hatte ich es an der Studio- oder Studenten- bühne der Kölner Universität mit Laien zur Aufführung gebracht, von denen aber immerhin fünf später professionelle Schauspieler waren. Den Hofprediger spielte der damals schon anderweitig ambitionierte- re Klaus Bresser, später Chefredakteur und Bildschirmstar im *Zweiten Deutschen Fernsehen*.

61) Seite 96 – *"die Kinderrassel aus der Hand gefallen"*:

In der zweiten Szene des Zweiten Aktes von Georg Büchners *"Le- once und Lena"* sagte Prinz Leonce zu Valerio:

"Komm, Valerio, wir müssen was treiben, was treiben! Wir wollen uns mit tiefen Gedanken abgeben; wir wollen untersuchen, wie es kommt, daß der Stuhl auf drei Beinen steht und nicht auf zweien. Komm, wir wollen Ameisen zergliedern, Staubfäden zählen! Ich wer- de es doch noch zu irgendeiner fürstlichen Liebhaberei bringen. Ich werde doch noch eine Kinderrassel finden, die mir erst aus der Hand fällt, wenn ich Flocken lese und an der Decke zupfe. Ich habe noch eine gewisse Dosis Enthusiasmus zu verbrauchen ... "

62) Seite 97 – *"als den Lena ihn benennt"*:

Schon bei ihrer ersten Begegnung sagt die Prinzessin Lena zum Prin- zen Leonce: *"Der Tod ist der seligste Traum"* (II. Akt).

63) Seite 99 – *"in den Schriften des Thomas von Aquin bewandert"*:

Thomas von Aquin (um 1225-1274), scholastischer Theologe, Phi- losoph und Kirchenlehrer aus langobardischer Adelsfamilie. Er verei- nigte augustinisches mit aristotelischem Denken, gilt als bedeutend- ster Dogmatiker des Katholizismus und wurde schon 1323 heilig ge- sprochen.

64) Seite 100 – *"Meyerhold"*:

Wsewolod Emiljewitsch Meyerhold (eigentlich Karl Theodor Kasimir Meiergold: 1874-1942) war russischer Regisseur und Intendant. Er entwickelte einen revolutionär anti-naturalistischen und burlesk formalistischen Theaterstil mit Elementen aus Pantomime, Zirkus, Stummfilm, Agitprop und chinesischem Theater.

Reste von alledem schienen noch kunterbunt eine Aufführung der *"Prinzessin Turandot"* von Carlo Gozzi zu bestreiten, die ich gemeinsam mit Boy Gobert im Mai 1968 als Moskauer Gastspiel bei den *Wiener Festwochen* in jenem historischen *Theater an der Wien* betrachten konnte, wo ich neun Jahre später noch selbst als gastierender Intendant mit Pina Bausch und deren Kurt Weill auf der Bühne stehen durfte. Jene *"Prinzessin Turandot"* aus Moskau jedoch wurde unübersetzt in russischer Sprache und einer konservierten Inszenierung Meyerholds noch ein Vierteljahrhundert nach dessen Tode dargeboten und befremdete rundum.

65) Seite 100 – *"Tairoff"*:

Alexander Tairow (1885-1950) war russischer Regisseur, der die Vorherrschaft theatralischer Mittel über den Text des Autors propagierte. In abstrakten Räumen befreite er ein artistisch angereichertes Theater von allen Vorgaben der Literatur und bezeichnete das als *"Entfesseltes Theater"*.

66) Seite 100 – *"im 'Marat' des Peter Weiss"*:

Peter Weiss (1916-1982), emigrierter Stückeschreiber, wurde in Deutschland durch ein "Drama" bekannt, das am 29. April 1963 im Berliner *Schiller-Theater* uraufgeführt wurde: *"Die Verfolgung und Ermordung Jean-Paul Marats, dargestellt durch die Schauspielgruppe des Hospizes zu Charenton unter Anleitung des Herrn de Sade"*.

Sein Dialog zwischen Sozialismus und extremem Individualismus machte dann mit Elementen eines *"totalen Theaters"* Furore auch an vielen anderen Bühnen. Unsere Wiesbadener Aufführung, für die Hansgünther Heyme als Regisseur, ich aber als Dramaturg verantwortlich zeichnete, wurde 1964 zum *Berliner Theatertreffen* eingeladen und dort beachtlich akklamiert.

67) Seite 100 – *"Paul Valéry gelesen haben"*:

Paul Valéry (1871-1945), ein französischer Lyriker ersten Ranges, verkündete mit seiner *«poésie pure ou absolue»* einen *"universalen Geist"*.

68) Seite 101 – *"in der Diplomatie 'realisieren' "*:

Tatsächlich hatte ich in trüben Stunden wiederholt die fixe Idee, in diplomatischen Diensten einem verwahrlosten Theater, diesem Lande und gewissen Leuten entrinnen zu können. Noch *circa* zwölf Jahre später nutzte ich in ähnlicher Situation, aber nach hinlänglichen Eindrücken bei Auslandsgastspielen mit Pina Bausch und in mehreren deutschen Botschaften die Bekanntschaft mit dem damaligen Außenminister Hans-Dietrich Genscher zu einer diesbezüglich vertraulichen Anfrage, die sein Ministerium aber vollkommen unvertraulich, uninteressiert und lustlos zerpflückt beantwortete.

69) Seite 101 – *"Claudel, Giraudoux haben ihr Land als Politiker vertreten"*:

Paul Claudel (1868-1955) war nicht nur bedeutender christlicher Dramatiker, sondern mehr als vierzig Jahre lang, von 1890 bis 1935, auch in diplomatischen Diensten oder konsularischen Auslandsvertretungen Frankreichs tätig: in New York, Shanghai, Peking, Frankfurt am Main, Hamburg, Rio de Janeiro, Tokio, Washington, Brüssel, Kopenhagen und Rom.

Jean Giraudoux (1882-1944) war nicht nur Dramatiker, sondern dreißig Jahre lang, von 1910 bis 1940, auch Diplomat: Militärberater zuerst in Portugal, dann in den USA, Legationssekretär in Rußland, Mitglied, bald auch Chef des *Service des Œuvres Françaises à l'É-tranger* (einer Art französischen *Goethe-Instituts*), 1924 Botschaftsrat in Berlin, hiernach zehn Jahre lang *Chef du Service d'Information et de Presse* am Quai d'Orsay in Paris, 1926 Kommissar zur Schätzung der alliïerten Verluste in der Türkei, 1934 *Inspecteur des postes diplomatiques et consulaires* allenthalben im Ausland. Nach Ausbruch des Zweiten Weltkrieges wurde er 1939 als *Commissaire à l'Information* eine Art Propagandaminister und Frankreichs kultivierte Antwort auf Goebbels. 1940 demissionierte er 58jährig nach Hitlers Sieg über Frankreich und schrieb in Cusset seine Stücke *"Sodom und Gomorrha"* und *"Die Irre von Chaillot"*. Insofern hatte Willi Schmidt recht, wenn er in seinem Nachwort für die Buchausgabe im G. B. Fischer Verlag sagte: *"Sein Werk ist im Widerstand konzipiert, im Widerstand gegen jede Form des Antihumanismus, der engherzigen Programmatik von Diktaturen [...] , die falsche Heilsbotschaften verkünden"*.

Aber das Angebot, Intendant der *Comédie-Française* zu werden, hatte dieser Diplomat schon 1936 abgelehnt.

70) Seite 101 – *"mit Wilhelm Hausenstein, dem Kunsthistoriker"*:

Wilhelm Hausenstein (1882-1957) schrieb Kunst- und Reisebücher von klassischem Rang, aber war von 1950 bis 1955 zunächst Generalkonsul, dann *Chargé d'Affaires*, schließlich Deutscher Botschafter in Paris.

Sein Hauptwerk *"Kunstgeschichte"* wurde 1936 als "entartet" eingestampft, weil er sich geweigert hatte, jüdische Künstler zu eliminieren und die moderne Kunst als "entartet" zu verurteilen.

71) Seite 102 – *"mit Paula Wessely die 'Glasmenagerie' inszenie-*
ren":

Die Premiere der *"Glasmenagerie"* von Tennessee Williams fand im
Wiener *Akademietheater*, dem *Kleinen Hause* des *Burgtheaters*, unter
der Regie von Willi Schmidt am 19. März 1965 statt. Die Hauptrollen
spielten Paula Wessely, Annemarie Düringer und Helmut Griem.

72) Seite 103 – *"die Arbeit am 'Intermezzo' "*:

"Intermezzo" von Jean Giraudoux gelangte unter der Regie von Willi
Schmidt am 22. Mai 1965 im Berliner *Schloßpark-Theater* zur Pre-
miere. Die Besetzung nennt Liselotte Rau, Martin Hirthe, Helmut
Wildt und Elsa Wagner.

73) Seite 103 – *"Sie kennen ja 'unseren' Autor"*:

Tatsächlich hatte Willi Schmidt im Verein mit Hermine Körner und
Klaus Kammer meinen Saulus längst zu einem Paulus und mich zu
einem Verehrer dieses Giraudoux gemacht. Das war schon nachzulesen, als die *Städtischen Bühnen Augsburg* mich 1961 unverhofft um
einen Programmheftaufsatz just zur *"Irren von Chaillot"* baten. Unter
dem Titel *"Ein provokantes Märchen"* mag er so brauchbar geraten
sein, daß er 1962/63 in einem Programmheft des *Landes-*, späteren
Staatstheaters Hannover nachgedruckt wurde. Er findet sich hier im
Anhang ab Seite 251 wie auch schon im Programmheft der *Bühnen
der Stadt Köln* anläßlich meiner eigenen reuïg bekehrten Inszenierung
1969 im Bühnenbilde des Willi-Schmidt-Schülers Ulrich E. Milatz.

Für diese Aufführung waren wir beide im Herbst 1968 eigens nach
Paris gefahren, um dort im Stadtteil Chaillot, dem Viertel der *"meisten Verwaltungsräte und Milliardäre"*, und in jener Straße zu recher-
chieren, *"die zum Erfolg, zum Verbrechen, ins Zuchthaus und zur
Macht führt"* (Giraudoux) und die seine "Irre" gerade nicht geht.

Ulrich E. Milatz und Hanno Lunin
vor dem Hause *Rue de Chaillot 21* in Paris
(von Giraudoux bezeichnetem Schauplatz der *"Irren von Chaillot"*)
bei Recherchen zur Aufführung im Kölner *Schauspielhaus* 1969

Foto: Alfred Feussner

74) Seite 104 – *"Es gibt noch Sternstunden "*:

Diese geheime Privat-Hommage Willi Schmidts an Paula Wessely schickte ich der Gepriesenen leider erst am 26. Dezember 1999: gleichsam als kleine Gabe zu ihrem 93. Geburtstag am 20. Januar 2000. Sie hat sie wohl noch erhalten, aber in keinerlei Form mehr quittieren können, denn schon am 11. Mai 2000 starb sie.

Ihr Leben hat nicht nur Theatergeschichte, zumindest gleich 1934 mit dem ersten von insgesamt 25 Filmen auch Kinogeschichte geschrieben: in Willi Forsts *"Maskerade"* just neben Adolf Wohlbrück.

Ich selbst bin ihr wiederholt privat und beruflich begegnet, als wir beide gleichzeitig in den Spielzeiten 1969/70 bis 1972/73 im Hamburger *Thalia Theater* tätig waren. Sie spielte dort Ibsens *"Gespenster"* und Molnárs *"Olympia"*, aber stand uns auch willig zur Verfügung, als ich am 22. November 1972 eine Matinee veranstaltete, die dem 90. Geburtstag von Jean Giraudoux am 29. Oktober gewidmet war. Damit wurde zugleich auch das 25jährige Bestehen jener ältesten *Deutsch-Französischen Gesellschaft* gefeiert, die ihren Namen *"Cluny"* von der südburgundisch gleichnamigen Benediktiner-Abtei bezog, weil deren große Äbte sich schon im 10. und 11. Jahrhundert für abendländischen Frieden, Pflege des Geistes und Förderung der Künste einsetzten.

Der derzeitige Kuratoriumspräside dieser hanseatisch-cluniacensischen Vereinigung hieß maßgeschneidert Alfred de Chapeaurouge und begrüßte unsere Festversammlung im sonntagmorgendlichen *Thalia Theater*. Weitere Grußworte sprachen feierlich Hamburgs Erster Bürgermeister Peter Schulz, der französische Botschafter Jean Sauvagnargues und als Deutscher Botschafter in Paris ein leibhaftiger Bruder des umstritten NS-amerikanischen Raketenpioniers: Sigismund Freiherr von Braun.

Unser Beitrag seitens des Theaters bestand aus meinem Einführungsvortrag über Jean Giraudoux als einen literarisch wie politisch diplomatischen Vorkämpfer deutsch-französischer Versöhnung und leitete dessen gesamtes dramatisches Œuvre von jenem vorausgeschickten Roman ab, der die französisch-deutschen Feindseligkeiten im Ersten Weltkrieg und dortige Erlebnisse des mehrfach verwundeten Sergeanten und Unterleutnants Giraudoux zu verarbeiten trachtete und daher den sinnigen Titel «Siegfried et le Limousin» trug. Erst mit dem dramatisierten «Siegfried» machte Louis Jouvet diesen Autor zu einem der wichtigsten Theaterpoëten des 20. Jahrhunderts.

Einer Szene aus diesem "Siegfried", gelesen von Ingrid Andree, Boy Gobert und Peter Striebeck, schlossen sich dann noch thematisch verwandte Lesungen an: aus den Giraudoux-Dramen "Amphitryon 38", "Judith" und "Ein Nachtrag zur Reise des Kapitäns Cook". Dann erst folgte als eigentlicher Höhepunkt dieser ganzen völkerversöhnlichen Giraudoux-Hommage eine Szene aus der "Irren von Chaillot". Paula Wessely und Peter (!) Striebeck als Aurélie und Pierre lasen, unterstützt von Boy Gobert und Ulrich Matschoss, nicht die Szene mit der Boa, sondern jene andere aus dem Ersten Akt, als die "Gräfin" den gescheiterten Selbstmörder Pierre mit ihrer verführerischen Beschreibung all der Schönheiten dieses Daseins zum Weiterleben bekehrt.

Wie Paula Wessely das las, klagte lauthals ihre Wiener Intendanz an, die diese Rolle weiland nicht mit ihr, sondern mit Alma Seidler besetzt hatte. Damals ist eine Sternstunde der Theatergeschichte verabsäumt worden, die dem Zenit ihrer großen Kollegin Hermine Körner wohl hätte das Wasser reichen können. Da ich das große Glück hatte, mit der unersättlich probenlustigen Paula Wessely selbst für diese Lesung nur einer einzelnen Szene mehrere Arbeitsproben an meinem Schreibtisch zu erleben, bin ich wohl der einzige Mensch, der zumindest diese Szene der Lebensverherrlichung aus dem Munde beider Ersten deutschsprachigen Schauspielerinnen ihres Jahrhunderts hören durfte.

Zwar ließ die Wessely dann auch eine tausendköpfige Festversammlung daran Anteil nehmen, aber nur durch den Filter einer doppelt ge-

nährten Unsicherheit. Denn einerseits fühlte sie sich durch das Able-
sen eines allzu selten wiederholten Textes unzulänglich gestärkt, andererseits riß gerade hierbei jene unvernarbte Wunde wieder auf, daß
diese Rolle, die ganz unverkennbar auch für eine wie sie geschrieben
war, ihr an ihrem Stammhause vorenthalten und verweigert, lieber einer konkurrenten Kollegin anvertraut worden war. Das war und blieb
unverzeihlich.

Aber bei unsern wenigen Proben war das ihr Leitmotiv: *"Das hat die
Seidler aber so gesprochen"*, *"Das hat die Seidler anders gespielt"*.
Die Wunde blutete noch immer. Ich versagte es mir, sie damit zu trö-
sten, daß die Körner, in dieser Rolle ungleich erfolgreicher als die
Seidler, das Meiste just so gesprochen hatte, wie es auch ihr nun in
den Sinn kam. Ich sparte überhaupt mein ganzes Körner-Erlebnis lieber aus. Aber der Wiener Erfolg der bevorzugten Seidler blockierte
sie heillos. Für mich war daran abzulesen, daß die Seidler vermutlich
eine märchenhaft verträumtere, eine sehr viel romantischere, süßli-
chere, "poetische" Aurélie Viennoise geboten hatte. Deutlich hatte die
Wessely Angst vor meinen Vorschlägen eines resolut zivilcouragier-
ten Wirklichkeitssinnes oder weltverändernden Kampfgeistes, wie er
ihr eigentlich auch selbst auf der Zunge lag. Nur manchmal brach dieser eigene, dieser untrügliche Rollen- und Textinstinkt unbehindert
durch und ließ ahnen, was für eine hinreißende Aurélie auch sie gewesen wäre und latent auch war.

Bei der Matinee dann verschmolz sie diese eigenen mutigen Wessely-
Lösungen leicht verwischt mit den scheinbar abgesicherteren der
Seidler. Aber so respektierte diese übergroße Schauspielerin auch
noch die konträre Leistung einer abwesenden Kollegin.

Diese ganze Matinee trug einen deutsch-französischen Titel, der als
Botschaft dieses großen Poëten und Diplomaten verstanden werden
sollte und aus jenem seinem allerersten Theaterstück stammte, das im
November 1930, vor 42 Jahren also, eben in unserm Hamburg vor
dem Theaterausschuß eines Philologenvereines als geschlossene Vor-

stellung die heikle Premiere seiner *Deutschen Erstaufführung* erlebte. Hier also wurde auch zum ersten Male auf deutschem Boden der verpflichtende und damals noch skandalöse letzte Satz dieses Stückes gesprochen: *«Siegfried, je t'aime»*.

Zweifellos ist es kein Zufall, daß die letzte Arbeit des 78jährigen Willi Schmidt ebendiesem *"Siegfried"* von Jean Giraudoux galt. In einer jener *Szenischen Lesungen* seines letzten Lebensjahrzehnts brachte er am 6. November 1988 mit Schauspielern des *Schiller-Theaters* und in eigens erstelltem Raume dieses selten gespielte Stück seines liebsten Autors im *Centre français* des Kunstamtes Wedding zur Aufführung. Mit Sicherheit wurde da auch auf diesen messianischen Schlußsatz nicht verzichtet: *«Siegfried, je t'aime»*.

Er erinnert mich jetzt auch daran, daß Hermine Körner am 31. Juli 1949 aus Krottenmühl am oberbayrischen Simssee ihren Freund Adolf Wohlbrück in London brieflich wissen ließ, daß sie *"schon mitten in der Arbeit"* an einem Drehbuch sei, das *"den Jean Christophe von Romain Rolland für den Film"* einrichte. Madame Rolland habe sie hierzu unter der Bedingung ermächtigt, *"daß dieser Film nur in einer deutsch-französischen Gemeinschaftsarbeit entstehen dürfte – denn dies allein [...] entspräche dem Sinn des Romans."* Dieses Drehbuch sei *"eine Sache, die mir ungemein am Herzen liegt und von der ich weiß, daß sie meiner ganzen Art und Einstellung entgegenkommt"*: ein anderes Cluny also oder auch *Jean-Christophe, ich liebe dich.* Es zerschlug sich leider.

Als ich für Paula Wessely aber anschließend an unsern Giraudoux noch den Text für eine Lesung über Eleonora Duse zusammenstellen oder schreiben durfte, wußte ich nicht, daß Hermine Körner schon bald nach der Premiere "unserer" *"Irren von Chaillot"* im selben *Schiller-Theater* zum 100. Geburtstag der Duse am 3. Oktober 1959 einen Vortrag über diese große Kollegin hielt. (Aber auch deren Geburtsjahr ist ja von Geheimnissen umweht.)

Paula Wessely las diesen Duse-Text mit Boy Gobert in der Spielzeit 1975/76 zuerst im Hamburger *Thalia Theater*, dann auch in Wien, in dessen *Burgtheater* Hermine Körners Laufbahn 1898 anfing. Damals war es erst sechs Jahre her, daß Eleonora Duse dort als erste ausländische Schauspielerin mit einem Gastspiel ihrer *"Kameliendame"* die Bühne dieses *Hofburgtheaters* hatte betreten dürfen. Ebenhier begann 1892 der eigentliche Welterfolg "der Duse". 1893 spielte sie in Berlin, aber auch im Hamburger *Thalia Theater*. Als Hermine Körner 1959 in Berlin ihr berühmtes *"Evviva Eleonora Duse!"* ausrief, tat sie das vor deren Rollenfoto als jene *Marguerite aux camélias*, die sie selbst vierzigjährig in Dresden und München verkörpert hatte.

So schließen sich manchmal Kreise oder lancieren sich Staffetten ...

75) Seite 107 – *"Arbeit am Musil-Stück"*:

Ich hatte im Frühherbst 1965 auf der Wiesbadener Studio-Bühne Robert Musils nur selten gespielte Komödie *"Vinzenz und die Freundin bedeutender Männer"* inszeniert. Daß Musil dieses feinsinnige Stück, das als Paraphrase seines Romans *"Der Mann ohne Eigenschaften"* gelten kann, selbst als *"Posse"* bezeichnet hat, wurde von Alfred Polgar damit erklärt, daß *"der Geist hier seinen Jokus mit der Realität treibt"*: also ähnlich wie jene Aurélie in Chaillot.

76) Seite 107 – *"mit dem 'Misanthropen' beschäftigt"*:

Ich stand damals in den Vorbereitungen zu meiner Inszenierung dieses Stückes von Molière und brachte es Ende 1965 unter dem Titel *"Der Menschenfeind"* und in deutschen Alexandrinern von Rudolf Alexander Schröder im *Kleinen Hause* des *Staatstheaters Wiesbaden* zur Premiere. Die beiden Hauptrollen spielten Karin Rasenack und Wolfgang Hinze, der damals mit Gisela Stein verheiratet war.

77) Seite 109 - *"Busoni's 'Arlecchino' und 'Turandot' inszenieren"*:

Wirklich fand in der *Städtischen Oper Berlin* unter der Intendanz von Gustav Rudolf Sellner am 1. Februar 1966 die Premiere zu Willi Schmidts Inszenierung der beiden selten gespielten Kurzopern *"Arlecchino oder Die Fenster"* und *"Turandot"* von Ferruccio Busoni statt. Die Musikalische Leitung hatte Giuseppe Patané, es sangen Ernst Haefliger, Donald Grobe, Patricia Johnson, Barry McDaniel, Sieglinde Wagner, Ernst Krukowski und andere.

78) Seite 109 – *"Laurence Oliviers Othello"*:

Sir Laurence Olivier (1907-1989) stand Jahrzehnte lang als Schauspieler, Regisseur und Intendant an der Spitze des englischen Theaters. Unter seinen rund 120 Bühnen-, 60 Film- und 15 Fernsehrollen war Shakespeare's Othello eine der meistgepriesenen.

79) Seite 110 - *"kein Geringerer als Swift"*:

Jonathan Swift (1667-1745), der geniale irische Satiriker und Autor von *"Gullivers Reisen"*, wurde in Dublin geboren, war dort Dekan an der St.-Patrick's-Kathedrale und starb auch in Dublin.

80) Seite 110 – *"hätte ich jetzt O'Casey oder O'Neill zu inszenieren"*:

Willi Schmidt hat nach dieser Reise keinen O'Casey inszeniert, aber jeweils zweimal O'Neill und den gleichfalls irischen James Joyce.

81) Seite 113 - *"läuft noch einmal 'Die Sanfte' im Fernsehen"*:

"Die Sanfte" war ein Fernsehspiel nach Dostojewskij, das Willi Schmidt mit Peter Mosbacher in der Hauptrolle 1964 für den *Sender Freies Berlin* inszenierte. Peter Mosbacher starb erst elf Jahre später: 1977, aber 65jährig.

82) Seite 114 - *"Ihre Enttäuschung, das Thalia-Theater betreffend"*:

Willi Schmidt hatte Prof. Raeck vergeblich empfohlen, mich ans Hamburger *Thalia Theater* zu engagieren.

83) Seite 115 – *"für die 'Möwe'-Premiere"*:

Willi Schmidt hatte an den *Münchner Kammerspielen* Tschechows *"Möwe"* inszeniert und sie mit Maria Nicklisch, Gertrud Kückelmann, Helmut Griem, Siegfried Lowitz und anderen am 24. Mai 1966 zur Premiere gebracht.

84) Seite 117 - *"Quant à M. Wohlbrück"*:

Ich hatte Adolf Wohlbrück eingeladen, in Wiesbaden Lessings *"Nathan der Weise"* zu spielen.

Darauf hatte er mir am 19. Mai 1966 aus London geantwortet:

"Bis gestern hab ich damit gerungen wie der Engel mit Tobias ... und das Resultat – ich trau mich nicht. ... Sie haben vollkommen recht, natuerlich koennte ich ihn spielen, und muesste ihn auch spielen – und hoffentlich werd ich es auch mal tun – aber ich brauche dazu einen Kerl wie Bill Schmidt der mich an der Hand nimmt und mir alle Bedenken ausredet und mir Mut macht.

Bedenken Sie, dass ich durch die Emigration einen schweren Bruch in meiner Entwicklung erlitt den auch alle sogenannte internationale Beruehmtheit nicht ausgleichen kann. Meinen Jahren nach muesste ich heute ohne Bedenken in derartige Rollen einsteigen. Philipp – Praesident u. wie sie alle heissen – es fehlt mir an Selbstvertraun ... vielleicht mach ich eine Dummheit abzusagen – es waere nicht die erste – aber ich kann nicht anders."

Immerhin machte er aber in diesem Brief auch eigene Rollen- und Terminvorschläge. Also versuchte ich in meiner Antwort, solch ein Kerl wie Bill Schmidt zu sein, ihm alle Bedenken auszureden und

Adolf Wohlbrück
als Shakespeare's Lord Jacques
in Willi Schmidts Inszenierung von *"Wie es euch gefällt"*
im *Thalia Theater Hamburg* 1964

Foto: Rosemarie Clausen

ihm Mut zu machen. Ich versuchte es auch mit einer andern Rolle: Dürrenmatts Romulus.

Prompt antwortete er mir am 15. Juni 1966:

"Ich habe das Stueck inzwischen wohl an die 5 mal gelesen und bin ueberzeugt, dass ich es spielen WILL – ob ich es kann – ist abzuwarten. ... Auch hab ich eine dramaturgische Einwendung zu machen. ... Ich wuerde Sie gern treffen und kennen lernen."

Er schlug mir vor, im August an den Starnberger See zu kommen, wo er im Hause von Hans Albers, der damals schon nicht mehr lebte, (dessen Frau aber, Hansi Burg, er wohl vom gemeinsamen englischen Exil her kannte,) Ferien auf deutschem Boden machen wollte.

"Ob Sie wohl Zeit finden rauszukommen (Badehose mitbringen)."

Also trafen wir uns im August 1966 in Garatshausen im verwaisten Hause Albers. Diese Begegnung mit Wohlbrück und dessen englischem Lebensgefährten wurde dadurch noch beflügelt, daß wir uns gegenseitig von Hermine Körner erzählten und vorschwärmten. Es bestätigte sich, daß sie seit den frühen zwanziger Jahren einer der wichtigsten Menschen in seinem Leben gewesen war. Er formulierte da, was er im selben Jahr auch ihrem Monografen Franz Michael Bilstein telefonisch und zum Nachlesen in dessen Dissertation diktierte: daß er auf den Proben mit Hermine Körner nämlich *"unendlich mehr gelernt als während meiner Ausbildungszeit und auch später im Zusammenwirken mit bekannten Regisseuren"*.

Das alles begünstigte natürlich auch unsere gegenseitigen beruflichen Annäherungsversuche. Im Oktober 1966 schrieb mir Wohlbrück, wieder aus London:

"Ich habe das Gefuehl, dass Ihnen nicht so sehr daran gelegen ist mich in Wiesbaden als Gast zu sehn, - Sie wollen mit mir ARBEITEN. Und, nachdem ich Sie kennen gelernt habe – wuerde mich das auch freun."

Aber inzwischen hatte er für den Romulus *"nicht mehr den Mumm"*. Er schlug stattdessen Shaw's *"Kaiser von Amerika"* oder einen Noël Coward vor, den er demnächst in Berlin spielen sollte, kehrte also sicherheitshalber doch wieder in die erprobteren Gefilde des Boulevards zurück. Gerade dafür hatte ich damals überhaupt kein Interesse. *"Ich will mich mit Bill Schmidt besprechen"*, beschloß er diesen letzten Brief, *"vielleicht hat er eine brainwave"*.

Damit endete dieser überaus sympathische und sehr bewegende, eigentlich erschütternde Kontakt. Auch eine so außergewöhnliche Begabung erwies sich noch am Ende ihrer Weltkarriere mit Filmen wie *"Maskerade"*, *"Viktor und Viktoria"*, *"Der Reigen"*, *"Die roten Schuhe"* und *"Lola Montez"* als von den Nazis gebrochen. Im August 1967, just ein Jahr nach unserer Begegnung, starb er 66jährig während der Vorstellungsserie des besagten Stückes von Noël Coward und beendete so in diesem selben Garatshausen auch unser eigenes *"Duett im Zwielicht"*.

85) Seite 117 - *"an Giraudoux' "Undine" keinen Gefallen finden"*:

Willi Schmidt bereitete mit Sabine Sinjen und Helmut Griem in den Hauptrollen eine Neuinszenierung dieses Stückes für das *Schiller-Theater* vor, wo es am 12. März 1967 zur Premiere gelangte.

86) Seite 118 – *"den Ossa auf den Pelion türmen"*:

Bezug auf Homers *"Odyssee"* (11. Gesang, Verse 315ff.) in der Übersetzung von Johann Heinrich Voß:

"Ossa mühten sie sich auf Olympos zu setzen, auf Ossa
Pelions Waldgebirg, um hinauf in den Himmel zu steigen."

Ossa und Pelion sind griechische Gebirge, Olympos ein griechischer Berg.

87) Seite 118 – *"den Tyrannen übertyrannen"*:

Zitat aus Shakespeare's *"Hamlet"*, der die Schauspieler (in der Übersetzung von Schlegel und Tieck) vor Übertreibung warnt, denn *"it out-herods Herod"* (3. Akt, 2. Szene).

88) Seite 119 – *"auf Artaud's 'Theatre of cruelty' berufen"*:

Antonin Artaud (1896-1948), französischer Schriftsteller, Regisseur und Schauspieler, gründete 1935 in Paris sein *«Theâtre de la cruauté»* (Theater der Grausamkeit), dessen extreme Kurzlebigkeit von den einflußreichen theoretischen Schriften seines Erfinders überdauert wurde.

89) Seite 120 – *"Im Schillertheater"*:

Das *Schiller-Theater* hat 1004 Plätze.

90) Seite 120 – *"Der Letzte, der das tat, war Gustaf Gründgens"*:

Willi Schmidt hatte unter der Intendanz von Gustaf Gründgens (1899-1964) im Berliner *Staatstheater*, im Düsseldorfer und im Hamburger *Schauspielhaus* gearbeitet.

91) Seite 120 – *"an dem deutschen Pavillon in Montreal mitgearbeitet"*:

Im kanadischen Montreal fand 1967 die Weltausstellung statt.

92) Seite 121 – *"eine Militär-Diktatur"*:

Seit 1964 herrschte in Griechenland die Militärdiktatur des Obersten Georgios Papadopoulos.

93) Seite 121 – *"seine Art zu existieren"*:

Stefan Schmidt, Willi Schmidts einziger Sohn, damals noch ein "Hippie", später Grafiker, Unternehmer, Zeitungsmacher und einfallsreicher Sammler, aber niemals angepaßt, lebt heute autark in Berlin.

94) Seite 121 – *"beginne ich mit den Vorbereitungen zu einem Fernsehfilm"*:

Willi Schmidts Fernsehspiel *"Romeo und Julia auf dem Dorfe"* nach Gottfried Keller wurde 1968 im ZDF gesendet.

95) Seite 122 – *"Büchner-Abend in Recklinghausen"*:

Am 6. Mai 1969 hatten Büchners *"Woyzeck und Leonce und Lena"* in einer verschränkenden Einrichtung und Inszenierung von Willi Schmidt bei den Ruhrfestspielen Recklinghausen ihre Premiere. Die Hauptrollen spielten Peter Brogle, Donata Höffer, Lina Carstens, Walter Schmidinger und Hans Hessling (mein Hamburger *Sosias* noch im selben Herbst).

96) Seite 122 – *"Erfahrung mit dem 'Geizigen' "*:

Sechs Jahre nach Klaus Kammers Tod trug dessen Anregung Früchte, und Boleslaw Barlog lud mich ein, im Berliner *Schloßpark-Theater* den *"Geizigen"* von Molière in der Bearbeitung von Carl Sternheim zu inszenieren. In seiner Originalfassung hatte ich dieses Stück 1959 schon als meinen Einstand auf die Pforzheimer Osterfeldbühne gebracht.

Barlogs jetziges Angebot war an die Besetzung der Titelrolle mit Bernhard Minetti gebunden. Da mir das plausibel erschien, ging ich darauf ein, bereitete mich entsprechend vor, traf mich auch zweimal zu verheißungsvollen Gesprächen mit Minetti und begann dann am 8. April 1969 mit den Proben.

Minetti, dessen Leben (1905-1998) im Rückblick wohl auch als eine Meisterleistung schauspielerischer oder opportunistischer Anpassungen an die jeweils Mächtigen oder Einflußreichen dasteht, hatte damals, 1969, noch nicht begriffen, daß die Zeiten sich auch im Theater gerade radikal zu ändern im Begriffe waren, und seine später so verblüffende Assimilation an Claus Peymann, Thomas Bernhard und andere Modernisten des Theaters noch nicht vollzogen.

Auf unseren Proben begegnete mir noch der halsstarrig verkrustete und egomanische Barde antiquierter Theatermittel, dem Inszenierung und alle Kollegen nur dazu dienen sollten, selbst in Bühnenmitte seinen Text frontal ins Publikum grimassieren zu können. Als alle Verständigungsversuche scheiterten, brach ich nach zehn Tagen diese vollkommen fruchtlosen Proben ab. Viele prominente Berliner Kollegen, die Minetti kannten und unter ihm gelitten haben mochten, beglückwünschten mich demonstrativ zu diesem mutigen Schritt.

Auch Willi Schmidt, der diese Komödie 1949 im Berliner *Deutschen Theater* mit Aribert Wäscher und 1958 im Hamburger *Schauspielhaus* mit Josef Offenbach inszeniert hatte, ist hier in solchem Sinne zu verstehen.

97) Seite 123 – *"Zu Ihrem erweiterten Arbeitsfeld in Hamburg"*:

Ich hatte damals einen Vertrag als Spielleiter und Chefdramaturg mit den *Bühnen der Stadt Köln* unter Claus Helmut Drese. Dieser Vertrag begann am 1. September 1968 und endete am 31. August 1971.

Aber zunächst als Gastregisseur für *"Amphitryon"* von Peter Hacks in der Spielzeit 1969/70, dann auch als Regisseur und Chefdramaturg ab 1. Mai 1970 schloß ich Verträge mit dem Hamburger *Thalia Theater* unter Boy Gobert ab.

Die Überschneidung mit meinen Kölner Verpflichtungen führten in einer Mischung aus Kulanz, Verstimmung und Gewaltakten auf beiden Seiten zu einer vorzeitigen Lösung meines dortigen Vertrages.

98) Seite 123 – " 'Eli' von Nelly Sachs im Studio der Akademie der Künste":

Diese Inszenierung von Willi Schmidt war am 7. Februar 1969 mit Heidemarie Theobald und Wilhelm Borchert als Co-Produktion von *Schiller-Theater* und *Akademie der Künste* zur Premiere gelangt.

99) Seite 125 – "Ihr damaliger Harpagon":

Harpagon ist der Name der Titelrolle in Molières "Der Geizige" und dient Willi Schmidt hier als Chiffre für den Namen Bernhard Minetti.

100) Seite 125 – "der 'Geizige' ist noch immer nicht herausgekommen":

Barlog hatte mir sofort auch sein schriftliches Bedauern ausgedrückt, *"daß die Arbeit so unfruchtbar wurde"* und er es daher für das Beste halten müsse, mich *"von dieser Aufgabe zu befreien"*, um mich *"mit einer anderen Aufgabe entschädigen"* zu können: *"Ich hätte ebenso gut Minetti umbesetzen können, habe aber niemanden frei, der das machen könnte"*.

Er übertrug daher die Regie einem jungen Dramaturgen oder Regieassistenten, von dem zu vermuten war, daß er sich Minetti fügen würde. Dieser Probenprozeß zog sich endlos hin. Als Barlog sich schließlich, nach vielen Monaten, eine Hauptprobe ansah, blies er die angekündigte Premiere ab und bat den Altmeister Hans Schweikart, diese verfahrene Produktion noch zu retten. Nach wenigen Probentagen erklärte Schweikart sie für unrettbar und reiste ab. Diese Aufführung erblickte nie das Licht der Bühne.

Vielleicht war ja sie dann für Minetti der Anlaß, sich nach dem neuen Winde zu drehen und alles im blinden Gehorsam eines zeitgemäßen Bannerträgers mitzumachen wie ehedem.

Den nächsten *"Geizigen"* im Schloßpark-Theater inszenierte just Willi Schmidt: aber weder in der Sternheim-Fassung noch mit Bernhard Minetti. Sein Harpagon war Erich Schellow, die Premiere fand planmäßig am 11. Februar 1978 statt und war die letzte Inszenierung des 68jährigen im ofterprobten *Schloßpark-Theater.*

101) Seite 126 – *"bevor neuer Vandalismus sich breitmacht"*:

Anspielung auf Minettis Verstrickungen im Nationalsozialismus, die vielfach kolportiert, niemals zugegeben, aber auch nie dementiert, nur gelegentlich beschönigt und verharmlost wurden. Ein Ohrenzeuge hatte mir schon lange vorher kolportiert, wie im *Staatstheater* der Nazijahre selbst Gründgens als Intendant sein Ensemble vor dem Denunzianten Minetti zu warnen pflegte.

102) Seite 126 – *"Der frühe Tod Theodor Adornos"*:

Theodor Wiesengrund Adorno, Philosoph, Soziologe und Musiktheoretiker von Weltrang, war am 6. August 1969 im Alter von 65 Jahren unverhofft einem Herzversagen erlegen, das man mit jenen Demütigungen, die Willi Schmidt hier schildert, in ursächlichen Zusammenhang brachte. Seine Auseinandersetzungen mit Studenten waren seit 1968 eskaliert und hatten 1969 im Januar zu einer Räumung seines besetzten Institutes durch die Polizei, im Sommersemester zu einer Sprengung seiner Vorlesung und im August dann zu seinem Herztod geführt.

103) Seite 126 – *"auf der experimenta 3 in Frankfurt zu bestaunen"*:

Unklar, ob Willi Schmidt hier dezent und indirekt mißbilligt, daß auch ich 1967, noch in Wiesbaden, eine Studioaufführung veranlaßt hatte, die als Co-Produktion mit der Frankfurter *experimenta 2* vier Stücke von Mauricio Kagel unter dem unverfänglichen Gesamttitel *"Musikalisches Theater"* kombiniert hatte: *"Kommentar + Extempore"*, *"Variaktionen"*, *"Phonophonie"* und *"Antithese"*. Dieser Abend war wiederholt auch auf jenem Frankfurter Festival formalistisch modernen Theaters gezeigt worden, das Willi Schmidt hier attackiert.

104) Seite 126 – *"wohl vom 'Living Theatre' inspiriert"*:

Das *Living Theatre* war eine amerikanische Experimentierbühne, die 1951 von Julian Beck und seiner Ehefrau Judith Malina in ihrer New Yorker Wohnung als eine asoziale Lebens- und Arbeitsgemeinschaft gegründet wurde und Artauds Theorien mit meditativen Praktiken, Exorzismen und experimenteller Selbstdarstellung verband. Durch ein Gastspiel beim *Theater der Nationen* in Paris gewann es 1961 eine internationale Popularität, die durch polizeiliche Schließung und Gefängnisstrafe der Becks wegen Steuerverweigerung noch gesteigert wurde. 1968 löste ihre Aufführung *"Paradise Now"* beim Festival in Avignon legendäre Skandale aus, weil das Publikum aufgefordert wurde, sich zu entkleiden und eine neue, repressionslos freie Gesellschaft auszurufen.

In den sechziger Jahren war das *Living Theatre* die amerikanisch und europäisch einflußreichste off-off-Broadway-Truppe, deren ideologische und ästhetische Radikalität vielfach imitiert wurde, aber dennoch folgenlos im Sektiererischen stecken blieb. Ableger überlebten noch in Italien.

105) Seite 126 – *"eine neue Art von Blut- und Boden-Romantik"*:

Die Worte *Blut* und *Boden* scheinen erstmals vom deutschnationalen Schriftsteller August Winnig (1878-1956) so kombiniert worden zu sein, wie sie eine fast sprichwörtliche Redewendung seither benutzt. Seine Publikationen *"Befreiung"* von 1926 und *"Das Reich als Repu-*

blik" von 1928 beginnen beide analog mit dem Satze *"Blut und Boden sind das Schicksal der Völker"*. Diese sentimentalchauvinistische Formulierung übernahm R.Walter Darré (1895-1953), der von 1931 bis 1938 Leiter des Rasse- und Siedlungshauptamtes der SS, von 1933 bis 1942 Reichsminister für Ernährung und Landwirtschaft, von 1934 bis 1942 auch noch Reichsbauernführer war. Schon 1930 hatte er selbst ein Buch veröffentlicht, das den Titel *"Neuadel aus Blut und Boden"* trug.

Seither war diese Wortkombination ein zentraler ideologischer Begriff des Nationalsozialismus. Er wurde so häufig verwendet, daß er sogar in seiner Abkürzung *"Blubo"* populär war.

106) Seite 129 – *"des Autors früher Tod"*:

Georg Büchner starb 1837 im Alter von 23 Jahren an Typhus.

107) Seite 133 – *"eines Tonio Kröger würdig"*:

Tonio Kröger ist die Titelfigur in einer gleichnamigen Novelle des 28jährigen Thomas Mann aus dem Jahre 1903.

108) Seite 133 – *"Sein Ehrgeiz ist es, die bunte Jacke des Narren zu tragen"*:

In Shakespeare's Komödie *"Wie es euch gefällt"* (wohl 1599) sagt Lord Jacques, nachdem er dem Narren Probstein begegnet ist:

" ... Oh, wär' ich doch ein Narr!
Mein Ehrgeiz geht auf eine bunte Jacke" (2. Akt, 7. Szene).

In Willi Schmidts Inszenierung dieser Komödie spielte 1964 im Hamburger *Thalia Theater* just Adolf Wohlbrück diesen Jacques.

Ich selbst sah mit dieser Rolle schon 1958 gleichfalls Adolf Wohlbrück unter der Regie von Karl Heinz Stroux in einer Aufführung des

Düsseldorfer *Schauspielhauses*, 1953 aber unter Heinz Hilpert in einer Aufführung des *Deutschen Theaters Göttingen* den ebenso unvergeßlichen Hubert von Meyerinck.

109) Seite 134 – *"Puppen sind wir [...] nichts wir selbst"*:

Danton sagt das in Büchners Drama *"Dantons Tod"* (1834/5) am Ende seiner Szene mit Julie im Zweiten Akt.

In Erwin Piscators Inszenierung dieses Stückes war 1956 im Berliner *Schiller-Theater* Caspar Neher der Bühnenbildner, Hans-Dieter Zeidler der Danton, Johanna Wichmann (später von den 68ern ähnlich in den Tod getrieben wie Adorno) die Julie, ich der Regieassistent und Hansgünther Heyme mein Amanuënsis.

110) Seite 134 – *"Die Unterschiede sind so groß nicht [...] als man sich einbildet"*:

Diesen Text spricht in der Conciergerie des Vierten Akts von *"Dantons Tod"* jener Camille Desmoulins, den in unserer Berliner Aufführung 1956 Klaus Kammer mit seinem Schlüsselerlebnis spielte (siehe hier Seite 22).

Aber auf jener selben Bühne im Recklinghäuser *Städtischen Saalbau*, wo ich diesen Klaus Kammer 1951 als *Pagen der Königin* Antje Weisgerber im *"Don Carlos"* erstmals gesehen, aber übersehen hatte, war mir nur gute zwei Wochen später, ebenfalls erstmalig, *"Dantons Tod"* begegnet: in einer Inszenierung von Hans Schweikart mit dem Ensemble der *Münchner Kammerspiele* und im Bühnenbild von Wolfgang Znamenacek. Den Camille Desmoulins spielte da mitsamt dem zitierten Texte der später fernsehpopuläre Peter Lühr (1908-1988), dessen mitgefangenen Zuhörer Hérault-Séchelles der filmisch noch viel erprobtere Charles Regnier (1915-2001).

Aber deren beider Danton war damals der Ehemann Antje Weisgerbers und ein Herzensschauspieler Willi Schmidts aus dessen ersten ei-

197

genen Inszenierungen: Host Caspar. Von all den Tausenden Schauspielern und Rollen, die ich in meinem Leben auf der Bühne gesehen habe, gehört er zu den wenigen absolut allerunvergeßlichsten. Das war mehr als eine Sternstunde. Es war die unbegreiflich hinreißende Begegnung mit einem gottbegnadeten Genius der Schauspielkunst.

Daß ich damals auch noch einem Bruder im Geiste begegnet war, schwante mir vielleicht erst, als Otto Burrmeister im Oktober 1952 seinen Vortrag über *"Die Gewerkschaften und das Theater"* in einen Film über die Ruhrfestspiele 1951 einmünden ließ. Da traf mich Georg Büchners geniale Rede, die er seinen Danton vor dem Revolutionstribunal halten läßt, aus dem Munde Horst Caspars abermals mitten ins Herz: *"Männer meines Schlages sind in Revolutionen unschätzbar, auf ihrer Stirne schwebt das Genie der Freiheit"*.

Aber ebenso unvergeßlich sagte er da auch: *"Meine Wohnung ist bald im Nichts und mein Name im Pantheon der Geschichte"*.

Schon kurze zwei Monate später war dieser Erzengel tot. Oder kehrte heim: *"heim zu deinen Brüdern Engeln, denen du entlaufen bist"* (Schiller). Nicht 35jährig wie Klaus Kammer, aber 39jährig und ebenso unbegreiflich an einer untherapierbar seltenen Drüsentuberkulose gestorben. Oder an ähnlicher Verausgabung.

Er starb völlig mittellos, nur neun Tage nach einem Autounfall, der seine Frau außer Stande setzte, das dingend benötigte Geld zu verdienen, und sieben Tage vor seinem Sohn, der achtjährig einem untherapierbar seltenen Mandelkarzinom erlag. Oder dem Nazi-Unstern über seiner Geburt? *"Über die Kulissen strich der Flügelschlag tragischer Schauer."*

Damit also lebte ich so hin, bis ich als Student 1954 in einem Göttinger Kino den Schiller-Film von Herbert Maisch aus dem Jahre 1940 sah. Da traf mich dieser Horst Caspar in der Rolle Schillers abermals mitten und tief ins Herz. Als ich später irgendwann las, was Willi

Schmidt bei der Trauerfeier des *Schiller-Theaters* am 4. Januar 1953 über diesen Horst Caspar sagte, ahnte ich auch, warum das geschah:

"War uns sein reines, lauteres Wesen, das sich dem plumpen Zugriff auf scheue Weise entzog, nicht von Anbeginn nur geliehen, damit wir erkennen sollten, was die Schöpfung mit dem Menschenbild gemeint hatte?"

Vergleichbare Gefühle brachte Jürgen Fehling, mit dem Horst Caspar nur 1940, im Jahre des Schiller-Films, in "unserm" *Schiller-Theater "Der Prinz von Homburg"* und Max Halbes *"Strom"* erarbeitet hatte, ungleich maßloser und hingerissener zum Ausdruck. Zunächst schrieb er Caspar 1940, schon während Hitlers Krieg, auf denkbar höchstem Niveau, was zuallertiefst ein hingebungsvoller Liebesbrief war. Da nannte er ihn seinen *"lieben Freund in der Kunst"* und seinen *"mir am verwandtesten erscheinenden jungen Musenbruder"*. Denn sie beide *"schmeißen, Sie wie ich, alle Truppen unseres uns greifbaren Talentes an die Front, wo um die Gottähnlichkeit des Menschen gekämpft wird"*, um *"im Theater nichts anderes letzten Endes zu suchen als die Vergebung der Sünden in der Gnade unseres Talentes. Talent ist Frömmigkeit vor dem unausweichlich Eigenen"*. Er endete mit dem Geständnis: *"Mein Trachten ist zärtlich Ihnen zugeneigt"*.

Damals war Fehling 55, Horst Caspar 27 Jahre alt. Als der tot war, schrieb der fast 68jährige Fehling ihm *"am Morgen des Tages, der dem Todestag von HORST CASPAR folgte"*, einen ekstatischen Nachruf unter dem Titel *"Ode auf den Tod des großen Schauspielers"*. Hier fand er Sätze wie diese:

"Die Schönheit der Erde verlor einen Zauber",

"Es ist kälter geworden auf der Erde" ohne

"den Jüngling, den die Götter liebten, so, daß sie ihn hinwegnahmen, ehe seine Köstlichkeit Schaden nahm". Denn

"auf dem Ball unseres Totentanzes, im schwarzen Pfingsten, im Mummenschanz des bitteren Lebens – da war, da spielte Horst Caspar den Heiland",

"Gott, der Herr über Sein und Schein, hat ihn uns gegeben { ...], lieh ihn uns eine Weile". Aber

"er kehrte heim, der bestrickende Träger des ewigen Reizes",

"Torhüter des Himmels, Freudebringer, Dunkel- und Todbezwinger, [...] der die Schönheit schuf, damit wir nicht ganz irregehn zwischen so viel Dreck und Unzulänglichkeit",

"Fata Morgana aus dem Paradies".

Das steigerte sich noch und noch in gigantische Exaltation und ließ mich nur umso mehr ganze fünfzig Jahre lang vergeblich nach einem Wiedersehen zumindest mit jenem Schiller-Film suchen.

Als schüchterner Student in Köln sah ich zwar oft dessen Regisseur, Herbert Maisch, bei Theaterproben seiner *Städtischen Bühnen*, denen ich selbst erst angehörte, als er da schon lange nicht mehr Intendant war, lange nicht mehr befragt oder auch nur belobigt werden konnte. Daß er selbst später *vice versa* meinen Braunschweiger *"Hamlet"* pries, erfuhr ich leider erst *post festum*.

So blieb es bei einem klassischen Beinahe: fast.

Wirklich erst das Schillerjahr 2005 bescherte mir die ersehnte Wiederbegegnung mit Horst Caspar in seinem Schillerfilm und wühlte mein Innerstes abermals ganz unbegreiflich auf. Unter steten Tränen begann ich da zu ahnen, daß ich mit diesem Gottesgeschöpf auch schon erste Teile meines eigenen Selbst, einen Geisteszwilling verloren hatte und seither immer mehr und mehr aus einem Paradiese vertrieben zu werden begann, das erstmalig er mich hierorts hatte ahnen lassen.

111) Seite 136 – *"ich las nämlich Ihre Strindberg-Dissertation"*:

Meine Dissertation *"Strindbergs Dramenstruktur"* lag seit 1962 unter dem eingängigeren Titel *"Strindbergs Dramen"* in einer Buchausgabe des Verlages Lechte vor.

112) Seite 136 – *"Interpretationshilfe für 'Gespenstersonate' "*:

"Gespenstersonate" (*"Spök-Sonaten"*) ist das dritte der sobezeichneten *"Kammerspiele"*, die der 58jährige August Strindberg im Jahre 1907 schrieb. Es wurde 1908 im Stockholmer *Intimen Theater* uraufgeführt und 1915 in den *Münchner Kammerspielen* erstmals in Deutschland gespielt.

113) Seite 136 – *"der ins Böcklin-Tableau mündet"*:

Der dritte und letzte Akt der *"Gespenstersonate"* spielt nach Strindbergs Anweisung in einem *"Zimmer in etwas bizarrem Stil"*. Aber am Stückschluß verfügt er: *"Das Zimmer verschwindet; Böcklins Toteninsel wird Hintergrund"*. Damit meint er die gleichnamige Landschaft, die der Schweizer Arnold Böcklin (1827-1901), Repräsentant des deutschen Idealismus, in den Jahren 1880 bis 1883 gemalt hatte.

114) Seite 136 – *"wenn der Kafka-Abend zustandekäme"*:

Offensichtlich plante ich damals einen solchen Abend in Hamburg oder schon in Wuppertal: ich hatte meinen Hamburger Vertrag, der noch bis zum 31. Juli 1976 gelten sollte, vorzeitig gelöst und war seit dem 14. Oktober 1974 offiziell mit Vorarbeiten für meine Generalintendanz an den *Wuppertaler Bühnen* beschäftigt. Dort trat ich meine Tätigkeit am 16. August 1975 an: ohne zu wissen, daß ich da im Geburtsort von Hermine Körners Vater war, der 1840 als Wilhelm Stader im damals autarken Stadtteil Elberfeld geboren wurde; dort steht heute das *Schauspielhaus,* dem ich nunmehr gleichfalls vorstand.

Wo ich Anfang 1974 Willi Schmidts und Klaus Kammers Kafka-Abend placieren wollte, ist mir nach dreißig Jahren nicht mehr geläufig. Es hat auch gar nicht geklappt.

115) Seite 137 – *"Hans Kwiet, Sender Freies Berlin"*:

Hans Kwiet, nunmehr offenbar Redakteur für Fernsehspiele des *Senders Freies Berlin*, war ursprünglich Schauspieler und hatte 1959 bei der Uraufführung meines dramatischen Erstlings *"Der Paternoster"* im Berliner *Theater am Kurfürstendamm*, wo Willi Schmidt und ich uns erstmals begegneten, die Rolle des *Voigt III* gespielt.

116) Seite 137 – *"hat das Thalia-Theater die Fühler, die es nach mir ausstreckte"*:

Als Intendant des Hamburger *Thalia Theaters* hatte sich Boy Gobert (1925-1986), der in Berlin und Wien als Schauspieler wiederholt unter der Regie von Willi Schmidt gearbeitet hatte, schon seit 1968 ohne Angabe von Gründen an dessen Einladung an sein Theater wenig interessiert gezeigt. Gerhard Blasche, sein damals engster Mitarbeiter und inzwischen Jahrzehnte lang *Künstlerischer Generalsekretär* des Wiener *Burgtheaters*, fragte anläßlich dieses Buches, dem er dankenswerter Weise das Foto von Paula Wessely zugänglich machte, warum bloß Willi Schmidt damals nicht als Regisseur ans Hamburger *Thalia Theater* gebeten wurde: auch ihm war kein Grund mehr erinnerlich.

Aber so konnte ich, erstmals an einer Bühne, die auch für Willi Schmidt in Frage kam, die oft erträumte Zusammenarbeit hier nicht zuwege bringen. Mir war auch nicht klar, daß durch den Intendantenwechsel von 1972 im Berliner *Schiller-Theater* die Angebote für ihn fast auszubleiben begannen und gerade jetzt eine ungewohnt große Arbeitslücke entstanden war. Seine jüngste Inszenierung hatte zwar einer solchen Kostbarkeit wie Tschechows *"Drei Schwestern"* gegolten, aber schon am *Stadttheater Bern* (Premiere am 29. Januar 1972).

117) Seite 138 – *"nicht in Wuppertal tätig zu sein"*:

Ich hatte Willi Schmidt eingeladen, die erste Schauspielaufführung meiner Wuppertaler Intendanz zu inszenieren, und es für besonders sinnig erachtet, ihm hierfür die Komödie *"Amphitryon"* von Peter Hacks anzubieten. Denn bereits 1959 hatte er, in unmittelbarem Anschluß an "unsere" Berliner *"Irre von Chaillot"*, hier an den *Wuppertaler Bühnen* unter der Intendanz damals noch von Grischa Barfuß die Spielzeit 1959/60 mit einer Inszenierung des *"Amphitryon 38"* von Jean Giraudoux eröffnet. Damals hatten ihm da immerhin Schauspieler wie Luitgard Im, Harald Leipnitz und Paula Denk zur Verfügung gestanden.

Mit einem langen Gespräch in seiner Wohnung am Berliner Breitenbachplatz hatte er mir erläutert, warum er inmitten einer Lebens- und Arbeitsermüdung oder –krise meiner Einladung nicht folgen könne.

Ausdrücklich höflichst stieg er mit mir dann tief in der Nacht sechs Etagen treppab (also später allein wieder liftlos treppauf) hinunter zum Taxistand vor seinem Hause. Dort sehe ich uns noch heute Abschied für immer nehmen. Als sei es ebendeshalb, beschwört Rudolf Fernau in seinem *"Lebenstagebuch eines Schauspielers"* auch diesen *"mitternächtlichen, in gespenstischer Düsternis daliegenden schicksalsträchtigen Breitenbachplatz"*.

Willi Schmidts hiesiger Brief vom 5. Januar 1975 war nur noch ein höfliches *post scriptum*. Aber seine ungewöhnlich flackernde Interpunktion deutet doch auf erhebliche psychische Irritationen hin. Darum blieb sie hier unkorrigiert ...

Heute schließe ich auch nicht mehr aus, daß er mir zweierlei höflich und freundschaftlich verhehlen wollte:

wie sehr ihn die unterbliebene Einladung ans *Thalia Theater* der Ära Gobert betroffen hatte

und wie unwohl er sich seinerzeit in jenem Wuppertal gefühlt hatte, das ich nun ein paar Jahre lang zu meinem Lebenssinn machen muß-te.

II

ANMERKUNGEN ZUM BRIEFSTELLER

118) Seite 143 – *"am 19. Januar 1910 in Dresden"*:

Zur Zeit von Willi Schmidts Geburt war dort bereits am *Königlichen Schauspielhaus* unter der Ägide des Grafen Nikolaus von Seebach (1854-1930) und seines literarisch ambitionierten Dramaturgen Karl Zeiß die 32jährige Schauspielerin Hermine Körner tätig. Von 1909 bis 1915 in Dresden engagiert, spielte sie dort in Willi Schmidts erstem Lebensjahr neben diversen Lustspielrollen immerhin auch die Lady Milford in Schillers *"Kabale und Liebe"*. Als sie am 20. November 1913 mit der Eliza Doolittle in Shaw's *"Pygmalion"* zur *"Attraktion des Dresdener Theaterlebens"* wurde (Bilstein), sah auch besagter Kritikus Herbert Ihering sie, zog sie der Berliner Besetzung mit Tilla Durieux deutlich vor und fand es unbegreiflich, *"daß Reinhardt diese Schauspielerin, in der er endlich eine eindringliche Charakterdarstellerin gewinnen würde, sich nicht holt"*.

Als sie schon 1915 unter Umständen, die unvergleichlich in die Theater- und Skandalgeschichte eingingen, von Dresden nach Berlin zu Max Reinhardt wechselte, stand Willi Schmidt immerhin schon in seinem sechsten Dresdener Lebensjahr.

119) Seite 143 – *"Philosophie, Germanistik, Kunstgeschichte und Theaterwissenschaft"*:

Ein knappes Vierteljahrhundert später studierte ich just dieselben Fächer an der Universität Göttingen, später in Köln.

120) Seite 143 – *"bei Max Dessoir"*:

Max Dessoir (1867-1947) war Sohn des Schauspielers Ludwig Dessoir (*recte*: Dessauer) am *Königlichen Schauspielhaus* in Berlin und Bruder des Schauspielers Ferdinand Dessoir, der 1892 just in Dresden gestorben war.

Bruder Max war von 1897 bis 1933 Professor der Philosophie und Psychologie in Berlin und gilt als Begründer der *"Allgemeinen Kunstwissenschaft"*. Er systematisierte die psychologische Forschung und archivierte okkulte Phänomene, für die er den Begriff der *"Parapsychologie"* einführte.

121) Seite 143 – *"Nicolai Hartmann"* (1882-1950):

Die Tochter dieses bedeutenden Ontologen und Erkenntnisphilosophen, der ebenso aus Riga stammte wie auch mein eigener Vater und in Göttingen gestorben war, saß 1953/54 in den dortigen Hörsälen und Seminaren der Philosphischen Fakultät als meine Kommilitonin oft in meinem Umfeld oder neben mir.

122) Seite 143 – *"Assistent des Regisseurs Jürgen Fehling"*:

Jürgen Fehling (1885-1968), Enkel des Lyrikers Emanuel Geibel und Schwipp-Vetter Thomas und Heinrich Manns, war einer der bedeutendsten deutschen Theaterregisseure in den zwanziger bis vierziger Jahren. Seine Inszenierungen halfen entscheidend, den Weltruhm des Berliner Theaters begründen.

Wie Willi Schmidt war auch ich am Anfang meines Weges noch Assistent bei diesem Giganten. Er hatte mich im Frühherbst 1955 durch Zufall kennengelernt, mich manisch an sich gekettet und für eine *"Woyzeck"*-Tournee in die Türkei engagiert. Aber nur eine Woche später brach seine chronisch gefährdete Psyche endgültig zusammen und führte ihn zuerst in die Berliner, dann unheilbar in die Hamburger Psychiatrie.

123) Seite 143 – *"des namhaften Bühnenbildners Rochus Gliese"*:

Rochus Gliese (1891-1978), als führender deutscher Bühnenbildner in die Theatergeschichte eingegangen, war ein unvorstellbar vielseitiges Multitalent. Er war auch Filmausstatter ("Der Golem", 1914) und Kostümbildner, Drehbuchautor, Regisseur und Darsteller zahlloser Stummfilme, 1919 Regieassistent beim Klassiker *"Das Kabinett des Dr. Caligari"*. Seinem Filmpartner F. W. Murnau folgte er in die USA und wurde dort 1927 mit seinen legendären Bauten zu ihrem legendären *"Sunrise"* für den Oscar nominiert. Nach Deutschland zurückgekehrt, stattete er hier noch die Erfolgsfilme *"Amphitryon"* und *"Der Tanz auf dem Vulkan"* aus, arbeitete aber mehr und mehr am Berliner Theater, wo er als Bühnenbildner zum wesentlichen Partner der Regisseure Jürgen Fehling und Gustaf Gründgens wurde. Nach 1945 war er auch am Theater vorwiegend als Regisseur tätig.

Gustaf Gründgens schrieb 1947 in einem Brief an Major Domschytz, den sowjetischen Theateroffizier in Berlin: *"Der Mangel an guten Bühnenbildnern in Berlin ist groß, nachdem Willi Schmidt und Rochus Gliese, die bisher unsere ersten waren, Regisseure geworden sind"*.

Ich selbst habe von Rochus Gliese noch 1953 jene Inszenierung von Shaw's *"Frau Warren's Gewerbe"* mit Hermine Körner gesehen.

Aber im Herbst 1963 traf ich in meinem Braunschweiger Intendanzbüro ein unscheinbares altes Männlein mit dick verbrilltem Gesicht und eingeschüchterter Körperhaltung. Niemand sprach mit ihm, niemand bot ihm einen Platz an, niemand beachtete ihn. Später hörte ich, daß das Rochus Gliese war, den unser Berliner Gastregisseur Wolf Völker als Bühnenbildner für seinen Braunschweiger *"Parsifal"* mitgebracht hatte. In Braunschweig wußte schon damals niemand, wer Rochus Gliese war, und es dürfte ihm zu dumm oder zu anstrengend gewesen sein, das hier nach all den Jahrzehnten an der Theaterspitze noch selbst zu erklären oder in Szene zu setzen.

Aber diese meine einzige Begegnung mit Rochus Gliese habe ich in ewig peinlicher Erinnerung behalten.

124) Seite 144 – *"mit Grete Mosheim in der Hauptrolle"*:

Grete Mosheim (1905-1986) aus Berlin wurde dort 17jährig von Max
Reinhardt ans *Deutsche Theater* engagiert und blieb da neun Spielzeiten lang bis 1931, spielte dann, ein "Liebling der Berliner", an mehreren anderen Bühnen und in zahlreichen Filmen. 1934 emigrierte sie:
zuerst nach Österreich, dann nach England, schließlich in die USA,
wo sie auch am Broadway spielte und das deutschsprachige Ensemble
"The Players From Abroad" mitbegründete. Erst 1952 kehrte sie nach
Deutschland zurück und brillierte hier zuerst im *Schloßpark-Theater*
bei Barlog, der sie eine *"bezaubernde berlinische Görendame"* nannte, dann in diversen andern Theatern.

Willi Schmidt, an dessen beruflichem Anfang sie 28jährig und *"mit
allem Berlinischen Charme"* gestanden hatte, arbeitete erst 1974 wieder mit ihr, als die fast Siebzigjährige im Berliner *Renaissance-Theater* unter seiner Regie und neben Gerd Böckmann die filmerprobte
Komödie *"Harold und Maude"* von Colin Higgins spielte.

Ich selbst habe sie da noch bewundern können, sonst aber nur ein sehr
langes und ungemein charmantes, sehr komisches Telefongespräch in
Erinnerung, das ich mit Grete Mosheim führte, als ich im Hamburger
Thalia Theater 1971 für die *Deutsche Erstaufführung* der *"Englischen
Geliebten"* von Marguerite Duras eine virtuose Hauptdarstellerin
suchte. Grete Mosheim wäre sie gewesen, aber sie konnte oder wollte
nicht. Unser Telefonat jedoch ist mir heute noch unvergessen ...

125) Seite 144 – *"stattete er sechzehn Hilpert-Inszenierungen aus"*:

Heinz Hilpert (1890-1967) war Schauspieler, Regisseur und Intendant
zuerst in der Berliner *Volksbühne*, ab 1934 im *Deutschen Theater*, ab
1938 auch des Wiener *Theaters in der Josefstadt*. Nach 1945 Intendant in Frankfurt am Main und Konstanz, von 1950 bis 1966 am
Deutschen Theater Göttingen.

Für Willi Schmidt als Bühnenbildner war Hilpert in den ersten Jahren nicht nur Chef, sondern auch jener maßgebliche Mentor oder Partner, *"dem ich mein Debut auf dem Theater verdanke"* und *"der mir ersparte, in der sogenannten Provinz meine Kinderschuhe auszutreten"*. Dabei dürfte für sein ganzes Berufsleben eine Basis gelegt worden sein, die sich als stabil und seriös erwies. Denn *"der Prinzipal Heinz Hilpert"*, schrieb Willi Schmidt noch 1990 zu Hilperts 100. Geburtstag, *"hat mich mit Maßstäben konfrontiert, die unverlierbar sind"*.

Auch meine eigenen beruflichen Anfänge wurden von Hilpert beeinflußt. Als Student in Göttingen hatte ich das Glück, an einem akademischen Seminar teilzunehmen, das er als *Lehrbeauftragter für Praktische Theaterkunde* abhielt. Er führte uns in konkrete Theaterarbeit ein, indem er einen von uns Thornton Wilder's *"Unsere kleine Stadt"* nicht inszenieren, aber proben ließ und diese Proben zum Anlaß nahm, selbst einzugreifen und Grundsätzliches über Theaterpraxis zu erläutern.

Das erwies sich für mich nur umso pragmatischer, als ich in all meiner blutjungen Anfängerhaftigkeit bereits den Zeitungsjungen *Joe Crowell jun.* spielen durfte. Ich weiß noch unvergeßbar, wie ich mein Szenchen mit einer Begrüßung anfing, für die er mich meine imaginäre Mütze abnehmen ließ. Als ich dann beim Weiterspielen mit den Händen fuchtelte, erntete ich weder Lob noch Tadel, sondern nur seine knurrige Frage: *"Wo ist die Mütze?"* Das sitzt noch bis heute. Ich begriff es als A und O seriösen Handwerks und spielte nur sieben Jahre später die Hauptrolle dieses selben Stückes ohne solche Patzer.

Aber in Göttingen lauerte ich Hilpert dann auf der Theatertreppe auf, bat ihn da zunächst um eine kurze Audienz, die er mir tatsächlich gewährte, und hierbei um die Erlaubnis, bei seinen Proben zu hospitieren. Er gewährte auch sie, und staunenden Auges saß ich ab jetzt jeden Morgen statt im Hörsaal auf seinen Proben zu *"Nathan der Weise"* mit dem eleganten Filmschurken Siegfried Breuer in der Titelrolle. Das öffnete mir schlagartig die Augen, wie man beim Besetzen einer Rolle Klischees durchbrechen und nach inneren Kriterien verfahren sollte.

Als Breuer jählings verstarb, ersetzte Hilpert den *"Nathan"* durch Grillparzers *"Des Meeres und der Liebe Wellen"*. Da sah ich unter seinen versierten Meisterhänden blitzschnell ein ganzes Stück entstehen und begriff: man sollte wissen, was man anstrebt.

Später sah ich, solange ich in Göttingen studierte, die Generalprobe jeder der vielen Hilpert-Inszenierungen, meist Komödien von Shakespeare, Zuckmayer oder sonstwem, und lauschte bei sonntäglichen Matineen seinen souveränen Kleist- und Heine-Lesungen. Alles, was Hilpert machte, sah ich, hatte Hand und Fuß, war niemals langweilig, sondern handfest und unterhaltsam: es stimmte in sich und war dadurch vergnüglich.

Von Breuers *"Nathan"* aber und seinem plötzlichen Tode erzählte ich ein reichliches Vierteljahrhundert später bei Dreharbeiten in Spanien seinem Enkel Pascal, der diesen Großvater und dessen unzählbare Filme nie gesehen hatte, ihm aber mit manchen Linien an Kinn und Nase deutlich ähnelte. Niemand außer mir bemerkte das noch. Dieser vierzehnjährige Pascal war da gar nicht der Enkel von Siegfried Breuer, sondern dieser nur noch der Opa von Pascal Breuer. Nur wer jetzt dreht, zählt.

126) Seite 144 – *"ans Schauspielhaus der Preußischen Staatstheater engagierte"*:

Gustaf Gründgens (1899-1963), Schauspieler und Regisseur zunächst in Halberstadt, Kiel und Hamburg, seit 1928 in Berlin am *Deutschen Theater*, seit 1931 am *Staatstheater*, wo er 1934 Intendant wurde und es bis 1944 blieb. Hier verstand er es geschickt, der nationalsozialistischen Instrumentalisierung des Theaters entgegenzuwirken und für Spielplan wie Mitarbeiter Freiräume zu bewahren. So war auch sein Engagement Willi Schmidts im ersten Kriegsjahre als die Rettung eines Hochbegabten gemeint, aus dem kein Kanonenfutter werden sollte.

Nach 1945 spielte und inszenierte er zunächst wieder am Berliner *Deutschen Theater*, schloß aber 1947 als Intendant der *Städtischen Bühnen*, später des *Schauspielhauses Düsseldorf* ab, wo er bis 1955 blieb. Von 1955 bis 1962 war er Intendant des Hamburger *Schauspielhauses*.

Als Regisseur hat Gründgens mit dem Bühnenbildner Willi Schmidt auch 1951 wieder bei den Düsseldorfer *"Räubern"*, als Schauspieler mit dem Regisseur Schmidt bei *"Kirschen für Rom"* von Hans Hömberg zusammengearbeitet, das am 31. Januar 1954 zum 70. Geburtstag des Bundespräsidenten Theodor Heuss in Bad Godesberg zur Premiere gelangte.

Über meiner ganzen eigenen Jugend strahlte Gründgens als ein so unvergleichlich heller und unantastbarer Fixstern, daß ich mich als Gymnasiast wahrhaftig erdreistete, brieflich bei ihm persönlich anzufragen, wie man es eigentlich anstellen müsse, zum Theater zu gelangen. Er hat es mich tatsächlich auch mit einem Antwortschreiben seines Adlatus und späteren Adoptivsohnes Peter Gorski wissen lassen. Es funktionierte dann zwar ein wenig anders, aber trotzdem stand sein Ratschlag wie ein Leuchtturm über zumindest meinen Anfängen.

Als leibhaftigen Bühnenschauspieler habe ich ihn erstmals auf derselben alten Recklinghäuser *Saalbau*-Bühne gesehen wie später auch Klaus Kammer und Horst Caspar: Gründgens aber schon ein Jahr vorher, am 6. Juli 1950, im Bühnenbilde von Rochus Gliese und als Josef K. in einer eigenen Inszenierung von Kafkas Roman *"Der Prozeß"*, für das Theater eingerichtet von André Gide und Jean-Louis Barrault. Diese erste Begegnung mit Kafka verschreckte, aber faszinierte zugleich meine halbgare Kinderseele. Von Gründgens und Gliese weiß ich heute noch, daß sie da den ersten Steg meines Lebens von der Bühne bis weit in den Zuschauerraum hinein gebaut hatten und daß Gründgens den meines Erinnerns nur ein einziges Mal betrat, um so inmitten all seiner Zuschauer oder Ankläger jenen einen zentralen Satz sagen zu können:

"Ich werde mich selbst verteidigen".

Was ich damals nicht wissen konnte: daß nur drei Wochen vorher, am 16. Juni 1950, Willi Schmidt im Berliner *Schloßpark-Theater* dasselbe Stück mit Horst Caspar in der Hauptrolle zur *Deutschen Erstaufführung* gebracht hatte. Als Gründgens im Frühjahr 1962 daran dachte, es auch noch in seinen letzten Hamburger Spielplan, 1962/63, aufzunehmen, nannte er es in einem Brief an Willi Schmidt *"besonders glücklich, gerade Sie für diese Inszenierung zu gewinnen, und ich würde vieles dazu tun, um sie zu ermöglichen"*. Dieser Kotau eines eher selbstgewissen Titanen über mehr als ein Jahrzehnt hinweg ließ sich dann aber trotzdem nicht realisieren.

Ich selbst hatte da den Schauspieler Gründgens noch in Düsseldorf mit *"Wallensteins Tod"* und *"Marschlied"* von John Whiting bewundern können, als Regisseur dort mit Eliot's *"Privatsekretär"*, Hildesheimers *"Drachenthron"* und Verdis *"Macbeth"*, in Hamburg mit *"Faust I"*, *"Die heilige Johanna der Schlachthöfe"* von Brecht und 1959 *"Maria Stuart"* von Schiller. Alles das war für den Nachwuchs damals ein *sine qua non*.

127) Seite 144 – *"beim latenten Widerstand der legendären Zigeuner- 'Preziosa' von Pius Alexander Wolff"*:

Pius Alexander Wolff (1782-1828) war Schauspieler am Hoftheater Weimar und dort Goethes *"Rekrut"* und Favorit. Er spielte da Rollen wie Clavigo, Posa, Leicester und Pylades, dann sogar Hamlet und Tasso. Er inszenierte auch. 1816 ging er nach Berlin zu Iffland, starb aber 46jährig an Luftröhrenschwindsucht in Weimar. Jetzt noch sprach Goethe mit Eckermann *"von Wolffs Verdiensten, und wie viel Gutes von diesem trefflichen Künstler ausgegangen"*. Unter all seinen Schauspielern *"kann ich doch nur Wolff meinen Schüler nennen"*.

Wolff schrieb auch Dramen und Opernlibretti für Carl Maria von Weber und Konradin Kreutzer. Seine *"Preziosa"* ist eine harmlos biedermeierliche Zigeunerromanze, die Hermine Körner, 25jährig, just an meinem Geburtstag *anno* 1903 im Wiener *Kaiserjubiläums-Stadttheater* dargeboten hatte.

Aber am 1. März 1941 im Berliner *Schauspielhaus* am Gendarmenmarkt barg dieses Stück ein Skandalon und war hochgefährlich. Denn Sinti und Roma waren damals bereits zur NS-"Endlösung" "frei"-gegeben und durften daher keineswegs im *Staatstheater* als freiheitliche Anarchisten verherrlicht werden, wie Fehling und Willi Schmidt das hier im Schutze ihres Intendanten Gründgens und in einem breughelhaft verfremdeten Raum zum fulminanten Entzücken ihres verängstigten und drangsalierten Weltkriegs-Publikums taten. Käthe Gold als Zigeuner-Preziose war eine *"Fee, die über die Erde schwebt und alles, was ihr begegnet, zum Guten wendet"*, Maria Koppenhöfer als ihre Mutter *"von jener prangenden Weiblichkeit, die zu der Unverwüstlichkeit des alten Wandervolkes gehört"* (Alfred Mühr). Ein anderer Tanz auf dem Vulkan!

128) Seite 144 – *"Für den jungen Karl Heinz Stroux"*:

Karl Heinz Stroux (1908-1985) war nach Lehrjahren in Aachen, Erfurt und Wuppertal während des Krieges Regisseur am Wiener *Burgtheater* und an den Berliner *Staatstheatern* unter Gründgens. Nach 1945 wurde er Intendant in Darmstadt und Wiesbaden, dann Oberspielleiter in Berlin am *Hebbel-*, dann am *Schiller-Theater*. 1955 übernahm er von Gründgens die Intendanz des *Schauspielhauses Düsseldorf*, das er bis 1972 leitete.

"Die Irre von Chaillot" inszenierte er mit Hermine Körner in Berlin, Hamburg und Düsseldorf, hier 1964 auch noch mit Elisabeth Bergner. Mit Hermine Körner arbeitete er auch an Lorcas *"Bluthochzeit"* im Berliner *Schloßpark-Theater* und am *"Besuch der alten Dame"* in Düsseldorf.

Mit Horst Caspar drehte er 1948 einen *"Werther"*-Film.

Mir selbst sind von den zahllosen Stroux-Inszenierungen, die ich in Recklinghausen, Berlin und Düsseldorf sehen durfte, zwei Aufführungen bis in Einzelheiten und Töne unvergeßlich geblieben: Schillers *"Don Carlos"* und Thornton Wilder's *"Wir sind noch einmal davongekommen"* bei den Ruhrfestspielen 1951 und 1952.

129) Seite 144 – *"im Bombenhagel schließlich noch 'Die Räuber' "*:

Diese "Räuber" hatten am 24. Juni 1944 im bombengeschädigten *Schauspielhaus* am Gendarmenmarkt Premiere und waren dort die letzte Produktion der *Staatstheater* in der Spielzeit 1943/44. Eigentlich sollte Jürgen Fehling an dieser Position Luigi Pirandellos Trauerspiel *"Heinrich der Vierte"* inszenieren. *"Da aber damals die letzte Einziehungswelle einsetzte"*, berichtete Gründgens noch 1952 in einem Brief an Otto Burrmeister, *"habe ich rasch die 'Räuber' gewählt, weil darin alle meine Schauspieler beschäftigt waren und ich mit Berechtigung und mit Erfolg ihre UK-Stellung erwirken konnte"*: UK war damals das magische, Leben rettende Kürzel für *unabkömmlich*.

So also wurden diese *"Räuber"*, mit vielen Probenunterbrechungen durch Bombenangriffe, im kriegskargen Bühnenbild von Willi Schmidt, mit Paul Wegener, Hannsgeorg Laubenthal und einem *"Trupp junger Schauspieler, meist aus verwundeten, auf Genesungsurlaub befindlichen oder in Berliner Garnison abkommandierten Bühnenkünstlern"* (Alfred Mühr) sowie mit dem zwangsbeurlaubten kriegsfreiwilligen Gefreiten Gustaf Gründgens als Franz Moor zur leibhaftigen Bewahrung vieler Schauspieler vor dem "Heldentod".

Diese *"Räuber"* wurden aber auch zur letzten Premiere des *Schauspielhauses* vor Schließung aller Theater zugunsten des *"Totalen Krieges"*.

Sofort nach Kriegsende, schon im Juni 1945, trafen sich in der Berliner Wohnung eines Kollegen, dann im Harnack-Haus oder Friedrich-

Wilhelm-Institut überlebende Schauspieler, um unter der Regie von Gründgens wieder die *"Räuber"* zu probieren und über alle äußeren Zusammenbrüche hinweg die Kontinuität des klassischen deutschen Humanismus zu betonen, der eine Stunde Null nicht kennen könne.

130) Seite 144 – *"im 'Totalen Krieg' geschlossen"*:

Der Begriff des *"Totalen Krieges"* wurde 1935 von Erich Ludendorff geprägt, im Februar 1943 von Joseph Goebbels für ganz Deutschland verkündet und ab Sommer 1944 praktiziert. Er bezeichnet einen finalen Vernichtungskampf, der *"mit allen Mitteln und unter Mißachtung aller Konventionen"* (Bertelsmann-Lexikon 1992) geführt wird, auch die Zivilbevölkerung einbezieht und deren Leben erheblich einschränkt. Daher wurden kurzfristig am 1. September 1944 auch alle deutschen Theater geschlossen.

Schon am 6. September 1944 versammelte Gründgens, inzwischen Wachtmeister bei der Flak, die gesamte Belegschaft des *Schauspielhauses* am Gendarmenmarkt und bilanzierte die Situation:

"Gefolgschaftsmitglieder der Staatlichen Schauspiele! – Durch den Euch bekannten Führerbefehl sind die deutschen Theater mit Wirkung vom 1. September vorläufig geschlossen. Die gesamte Gefolgschaft wird ohne Ausnahme im Rahmen des totalen Krieges dienstverpflichtet.

Wir werden in näherer Zukunft nicht mehr auf unserem ureigensten Gebiet tätig sein dürfen.

Wir werden

1. in der Wehrmacht Dienst tun,

2. in der Rüstungs-Industrie Dienst tun,

3. in der Film-Industrie Dienst tun. [...]

Die Gefolgschaft der gesamten Preußischen Staatstheater

215

besteht aus 1450 Menschen.

Davon sind bereits 225 zur Wehrmacht eingezogen. Im Rahmen der neuen Totalisierung des Krieges stehen weitere 375 Kameraden unseres Betriebes der Wehrmacht zur Verfügung.

Das sind also insgesamt 600 Menschen.

Der Rüstungs-Industrie werden 600 Mitglieder der gesamten Preußischen Staatstheater zugeführt.

Die Zahl der vom Film in Anspruch genommenen Gefolgschaftsmitglieder spielt diesen Zahlen gegenüber keine nennenswerte Rolle."

Hiernach betonte er: *"Für alle Gefolgschaftsmitglieder, Arbeiter und Angestellte der Staatlichen Schauspiele ist der Vertrag mit diesem Institut die einzige effektive Bindung, die sie haben. Dieser Vertrag bleibt in vollem Umfang aufrechterhalten [...] , die Staatlichen Schauspiele bleiben der Brotherr für a l l e Gefolgschaftsmitglieder. [...] Wenn Euch jemand fragt, wo seid Ihr angestellt, dann sagt, wie Ihr es ein Leben lang getan habt:*

Im Schauspielhaus am Gendarmenmarkt. [...]

Bleiben wir, was wir sind:

Mitglieder der Staatlichen Schauspiele."

Kurz danach schickte ihm sein oberster Dienstherr Hermann Göring als Zeichen seiner Huld ein kleines Etui mit zwei Gift-Dragées.

131) Seite 144 – *"im 'Kriegseinsatz' bei der Firma Siemens"*:

Was Gustaf Gründgens am 6. September 1944 seiner ganzen Belegschaft sagte, betraf auch Willi Schmidt:

"Ich wende mich jetzt dem Teil der Belegschaft zu, der zur Arbeit in der Rüstung eingezogen wird. Dieser Arbeitseinsatz wird gemeinsam erfolgen.

216

Der Arbeitsplatz wird bei der Firma Siemens-Werner-Werk, Siemens-stadt, Schwiebertweg sein.

Der Einsatz und die Einweisung in die neue Arbeit erfolgt gruppen-weise. Die erste Gruppe wird am Freitag, den 8. September, ihre Arbeit aufnehmen."

132) Seite 145 – *"Sein Protagonist war damals mit Vorliebe Horst Caspar"*:

Horst Caspar (1913-1952) hatte am 20. Januar Geburtstag: nur einen Tag nach Willi Schmidt.

Trotzdem trennte sie eine astrologische Grenze, die just zwischen ihren beiden Geburtsdaten verläuft. Schmidt war da noch Steinbock (wie auch Klaus Kammer, geboren am 9. Januar), Caspar schon Wassermann. Aber beide mochten jeweils Grenzgänger sein. Ihrer aller Sternennähe war denkbar groß.

Ihre erste Begegnung in Caspars Schule, dem Berliner Treitschke-Reform-Realgymnasium in der Wilmersdorfer Prinzregentenstraße, mag etwa 1930/31 stattgefunden haben. Dort gab es ein Schultheater, in dem Horst Caspar schon Hauptrollen spielte und ebenso Regie führte wie als externer Gast auch der Student Willi Schmidt. Der inszenierte da Gerhart Hauptmanns *"Friedensfest"*, als Caspar Goethes *"Egmont"* spielte: ohne berufliche Berührung also, aber noch runde dreißig Jahre später erinnerte sich Willi Schmidt, daß Caspar *"damals schon fertig"* war.

Es sollte dann noch ganze fünfzehn Jahre dauern, bevor sie endlich zusammen arbeiten konnten. Caspar war, ein Schüler jener großen Lucie Höflich, mit deren *Frau des Narses* in der *"Elektra"* von Jean Giraudoux ich noch gemeinsam auf der Bühne stand, zunächst zwanzigjährig (ab 1. September 1933) ans *Stadttheater Bochum* gegangen. Knappe drei Wochen später betrat er dort mit der winzigen Rolle des *Römischen Herolds* in Shakespeare's *"Coriolan"* zum ersten Male die

Bühne eines professionellen Theaters: just an einem 19. September, meinem künftigen Geburtstag.

Später hatte er dann in München und Wien, in Berlin aber nur im *Schiller-Theater* gearbeitet, als Willi Schmidt dort noch exklusiv an den *Staatstheatern* engagiert war. So gab es auch da noch keine Berührungspunkte.

Hinzu kam, daß der ahnungslose Caspar im Frühjahr 1934, also erst in Bochum, erfuhr, daß seine Abstammung nicht vorschriftsmäßig "arisch" war: väterlicherseits waren seine Urgroßeltern zwar Rittergutsbesitzer und getaufte Christen, aber geborene Juden gewesen. Auch ihr Urenkel galt daher jetzt noch als "Mischling zweiten Grades" und insofern als "nicht arisch". Nach neuester Gesetzeslage bedeutete das für ihn, seinen Beruf in Deutschland nicht ausüben zu dürfen.

Sein prompter Versuch, an ein schweizerisches Theater engagiert zu werden, scheiterte an den *"Schweizer Kontingentierungs"*-Vorschriften. Auch sein Hilferuf an den schweizerisch-jüdischen Kollegen Leopold Lindtberg (1902-1984), der gute zwanzig Jahre später in Berlin mein erster Lehrmeister der Regie war, blieb nicht ohne Resonanz, aber ohne Wirkung. Sein Bochumer Intendant Saladin Schmitt (1883-1951) jedoch erwirkte bei der Reichstheaterkammer für dieses junge Genie eine Sondergenehmigung, die freilich auf Bochum begrenzt blieb.

Ein gleichgeschalteter Fragebogen der Schauspielergenossenschaft hatte dann aber zur Folge, daß Caspar ab 1935 trotz seiner Sondererlaubnis für Bochum alle drei Monate eine Arbeitsgenehmigung beantragen mußte.

Mit diesem "Makel" also trat Caspar seine außergewöhnliche Karriere an. Als Prototyp des deutschen und "germanischen" Schauspielers war er eine Rarität, wie sie von den Mächtigen damals dringend benötigt wurde. Als genuïn ekstatisches Naturell lieferte er ihnen überdies einen Schauspielstil, den der Nationalsozialismus begierig aufgriff und zum Merkmal seines eigenen Theaters machte. *"Was bei Caspar aus genialer schauspielerischer Begabung entstanden war"*, definierte noch 1966 die Berliner Doktorandin Karla-Ludwiga Vortisch, *"wurde - in eine allgemeingültige Form gepreßt - im nationalsozialistischen Regime zum Schauspielstil dieser Ära"*.

Wohl nur deshalb wurde er auch nach Kriegsbeginn 1939 vom Wehrdienst freigestellt. Seine beiden Brüder, rassische "Mischlinge" wie er, wurden beide bedenkenlos zur arisch deutschen Wehrmacht eingezogen; Theodor Caspar starb schon "unarisch" im Mai 1940 den arischen *"Heldentod für Deutschland"*.

Über Bruder Horst schwebte andererseits von Anfang an und zwölf Jahre lang auch in all den einsam exponierten Spitzenpositionen, die er im deutschen Theater- und Filmleben einnahm, das Damoklesschwert einer möglichen Nichtverlängerung seiner Arbeitsgenehmigung. Alle drei Monate hätte das faktisch seine Deportation bedeuten können.

Mit dieser Hypothek spielte er von 1933 bis 1944 insgesamt 84 Rollen, von denen die meisten unverkennbar Hauptrollen in den Stücken deutscher Klassiker waren. Er war Deutschlands unschlagbar unvergleichlicher Ferdinand, Karl Moor, Tellheim, Mortimer, Prinz von Homburg, Jupiter, Gyges, Tasso, Beaumarchais, Wetter vom Strahl und Urfaust, aber auch Hamlet, Antonius, Orsino und mehrfach auch Prinz Louis Ferdinand, jene musische Ikone oder Ausrede Preußens. Aber nicht zuletzt war er 1938 in Hebbels *"Nibelungen"* das Idol des damals manisch germanischen Deutschland: Siegfried.

Das alles gab es in Deutschland nicht besser. Jeder wußte das.

In Berlin hatte er das Glück, am Schillertheater unter Leitung von Heinrich George zu spielen, der auch andere Schauspieler mit jüdischem "Makel" möglichst zu halten und zu beschäftigen versuchte.

Aber sein oberster Dienstherr war dort Propagandaminister Dr. Goebbels. Der nannte dieses Theater gern *"Georges Judenstall"*. Also nötigte er dort nur umso lieber den insofern erpreßbaren Parade-Deutschen dieses Ensembles, auch in NS-deutschen Filmen mitzuwirken. Horst Caspar aber wollte da nicht auftreten. Sogar den Schiller-Film, der dem 27jährigen schon bei seinem ersten Auftauchen in Berlin angetragen wurde, wollte er lieber ablehnen.

Aber dieser Film, begriff Siegfried Melchinger schon damals, hätte *"ohne ihn nicht sein können"*, und er spielte ihn: *"hoch, schmal, gerade, mit einer Cherub-Stirn und brennenden Augen, die aus fahlen, fast hohlen Wangen blicken"*. So ging er in die Filmgeschichte ein.

Heute ist nicht mehr nachprüfbar, inwiefern Herbert Maisch, der Regisseur dieses Films, ihn im Vorhinein informierte, daß dieser Schiller-Film unterschwellig und verkappt dem Widerstand gegen die Nazis dienen sollte. Beim Wiedersehen im Schillerjahre 2005 trat das jählings und überraschend zutage. Caspar und George spielten da Schiller und Göring, Minetti mit seinem *Franz Moor* sogar Hitler. Das muß auch damals schon für Hellhörige so zu verstehen gewesen, den Mitwirkenden aber tunlichst wohl eher verschwiegen worden sein.

Nur ein Jahr später verschlimmerte sich Caspars Situation noch erheblich, weil er schon am Abend ihres Münchner Kennenlernens mit der "arischen" Antje Weisgeber zusammenzog. Diese ostpreußische Schauspielerin, die von Goebbels wegen "negroïder Gesichtszüge" für den deutschen Film gesperrt worden war, belastete sich nun durch ihre Verbindung mit einem "nicht arischen" Mann noch zusätzlich. Sie zu heiraten, wurde Caspar verboten. Als sie aber von diesem "Mischling" 1943 gar schwanger wurde, wäre ihr uneheliches "Mischlings"-Kind hochgradig gefährdet gewesen. Mit dieser Verantwortung mußte Caspar zurecht zu kommen trachten.

Nur durch eine Intervention ihrer selbst "nichtarischen" Schauspiellehrerin Herma Clement, die ich noch in den fünfziger Jahren als geselligen Mittelpunkt aller Berliner Premieren erlebte, wurde über deren frühere Kollegin Emmy Sonnemann-Göring erreicht, daß Antje Weisgerber noch im fünften Monat ihrer Schwangerschaft den Vater ihres Kindes heiraten durfte. Sie tat das am 20. Januar 1944, Horst Caspars 31. Geburtstage, in Wien und wurde dadurch vollends, was damals eigentlich als *"Judenhure"* bezeichnet und schwer bestraft zu werden pflegte.

Trotzdem durfte sie unter Umgehung der Nürnberger Rassegesetze noch weiterspielen. Inzwischen durfte sie auch nicht nur, sie mußte sogar deutsche Filme drehen und tat das auch, obwohl ihr Ehemann strikt dagegen war.

Er selbst jedoch wurde noch im selben Kriegsjahr 1944 vollends gezwungen, in *"Kolberg"*, jenem verzweifelten Durchhaltefilm in letzter Stunde, den Gneisenau zu spielen und sich damit später die Vorwürfe der nachgeborenen Moralisten und Klugscheißer einzuhandeln. Sie alle ahnten nicht, wie der Vater eines heillos gebrandmarkten Säuglings diese Rolle abgelehnt hatte und prompt aus dem Propagandaministerium massiv bedroht und erpreßt worden war. Damals schon sagte er zu seiner Frau: *"Dafür hängen sie mich dann nach Kriegsende auf!"*.

Vorher jedoch, am 1. November 1944, wurde er nach Schließung aller Theater in Wien zum "Kriegseinsatz" verpflichtet und mußte da arische Hemden trennen und rassisch unbedenkliche Leuchtzifferblätter bepinseln.

Als dieser ganze Alptraum dann 1945 tatsächlich vorüber war, blieben diesem genialen Jahrhundertschauspieler nur noch sechs Jahre, um sich endlich und erstmals in Freiheit entfalten zu können. Daher gehörte er gleich zu den ersten Schauspielern, die schon in den rauchenden Trümmern Berlins mit Lesungen auftraten, dann auch wieder Theater spielten. Aber nur sein Nazi-Attest, "nicht arisch" zu sein, bewahrte den ein Meter neunzig großen Germanen auch jetzt noch vor einer Erschießung durch ahnungslose Rotarmisten.

Nach ersten Bühnenauftritten mit je einer Rolle des Juden Arthur Schnitzler 1945 im *Renaissance-Theater* und des Kommunisten Friedrich Wolf 1946 im *Deutschen Theater* nahm sich Horst Caspar dann nach einer langwierigen Lungenentzündung, die ihn von chronisch unterdrückter Atemnot befreien mochte, im Frühsommer 1946 die wiedergewonnene Freiheit, einen Probenprozeß zu Schillers *"Kabale und Liebe"*, dessen Ferdinand er schon wiederholt auf Nazi-Weise hatte spielen müssen, nunmehr platzen zu lassen, weil er sich der Regie des Kommunisten Gustav von Wangenheim schon zuvor beim *"Hamlet"* nur aus Disziplin, aber zähneknirschend und durchaus zu seinem künstlerischen Schaden gefügt hatte. Jetzt riskierte er es endlich, einen falsch erachteten Entstehungsprozeß zivilcouragiert zu sprengen. Zuerst legte er seinen Ferdinand, dann auch Antje Weisgerber ihre Luise nieder.

Stattdessen spielten sie dann seit dem 7. September 1946 im selben *Deutschen Theater* neben Aribert Wäscher, Paul Bildt und Paula Denk in den Hauptrollen zwei eher unbedeutende und berüchtigt wirkungslose Randfiguren in Molières *"Tartuffe"*: das unbeliebte Liebespaar Valère und Mariane. Aber sie spielten das erstmals unter der Regie von Willi Schmidt.

Das alles zusammen war wie ein Befreiungsrundumschlag und machte wohl ebendaher auch für die Kritiker *"das charmante Zankduett"* dieses Paares zum *"liebenswürdigen Höhepunkt der Inszenierung"* (Vortisch). Sogar die kommunistische *"Tägliche Rundschau"* jubelte: *"Als Valère ist Horst Caspar endlich wieder das, was er früher war – der herrliche jugendliche Held der deutschen Bühnen"*.

Die nächste gemeinsame Arbeit war dann Goethes *"Iphigenie"*. Willi Schmidt inszenierte sie mit Horst Caspar als Orest zur Premiere am 7. Februar 1947 im *Deutschen Theater* - aber in dessen intimeren Kammerspielen. Denn er begriff das Stück als den hochaktuellen Versuch, eine schwer heimgesuchte Menschheit vom Tantalidenfluch zu erlösen, alles schmerzlich erfahrene Inhumane auch der letzten zwölf Jahre tunlichst zu bannen. Ich selbst habe diese Aktualität der *"Iphigenie"* und Weimar überhaupt als ewige Partnerstadt Buchenwalds zu begreifen versucht, als ich noch 1992 meinem Essay für die *Stiftung Weimarer Klassik* ein Zitat aus der *"Iphigenie"* zum Titel gab: *"Nicht vorüber ist dir das Vergangne"*.

Diese Einsicht auf die Bühne zu übertragen, mußte gerade damals ohne alles Klassikerpathos, es mußte unrhetorisch und möglichst hautnah geschehen.

Entsprechend begann damals Willi Schmidt hier, Caspars explosive und hochemotionale Ekstatik um die leisen Mittel einer gesammelten, konzentrierten Gedankenführung anzureichern. Das scheint schon hier hochkarätig gelungen zu sein. Denn kein Geringerer als Walter Karsch, Jahrzehnte lang notorischer Nörgler des *"Tagesspiegel"*, bezeugte damals: *"Diese Erlösung aus dem Tantaliden-Fluch war mehr als eine schauspielerische Leistung – sie war in Caspars Gestaltung ein Stück aus unserem Dasein"*.

Damit dürfte wohl in Caspars Leben und Arbeit auch jener Stilwandel eingeleitet worden sein, zu dem das großdeutsch überlieferte Pathos durch die zugänglich gewordenen westlichen Dramatiker der damaligen Moderne aufgefordert, wenn nicht gar gezwungen wurde. Paul Rilla begriff nach diesem Orest: *"Horst Caspar ist der moderne Darsteller, der das klassische Maß hat"*. Wolfgang Harich attestierte: *"Das ist unvergleichlich"*, und selbst der ideologisch fixierte Fritz Erpenbeck räumte ein, daß Caspar *"eine schöpferische Krise glücklich überwunden"* habe, und bewunderte eine jetzt *"elektrisch geladene Verhaltenheit"*.

Unzweifelhaft hatte Willi Schmidt dazu beigetragen.

Noch im selben Jahr griffen die beiden nach dem nächsten heißen Eisen: *"Romeo und Julia"*. Auch hier war Willi Schmidt bemüht, Shakespeare's Partitur genauer zu lesen und authentischer zu präsentieren, als das damals üblich sein mochte. Friedrich Luft (1911-1990),

Jahrzehnte lang Kommentator des Berliner Theaterlebens, notierte denn auch, daß man hier *"eigentlich zum ersten Male und mit einigem Schrecken innewurde, um welch blutrünstiges, abstruses, tief er-schreckliches Drama es sich eigentlich handelt"*.

Entsprechend versuchte Willi Schmidt auch, der emotionalen Exalta-tion des Romeo wie auch dessen Darstellers mit neuen Mitteln hin-länglich gerecht zu werden. Diesen Prozeß bezeugt eine Anekdote, die er mir bei einer unserer Begegnungen in seinem Breitenbach-Turm erzählte.

Sie handelt von jener Ersten Szene im Fünften Akt, als Romeo auf einer Straße in Mantua von seinem Diener Balthasar erfährt, daß Ju-lia, seine Geliebte, tot sei. Seine ersten Worte sind *"Ist es denn so? Ich biet' euch Trotz, ihr Sterne!"* Hierauf organisiert er. Sachlich or-dert er Pferde, Papier und Tinte, schickt Balthasar gefaßt, sie besor-gen. Erst als dieser weg ist, sagt er:

"Well, Juliet, I will lie with thee to-night",

im Deutsch von Schlegel und Tieck:

"Wohl, Julia! heut Nacht ruh' ich bei dir".

Schmidt und Caspar hatten sich bei den Proben zu dieser schweren Szene darauf geeinigt, daß Romeos Entschluß, seiner Julia in den Tod zu folgen, nur wahrhaftig vermittelt und von Zuschauern mitvollzo-gen werden kann, wenn diese Worte so verinnerlicht wie möglich ge-sprochen werden: also leise, introvertiert und ruhig, eben als glaub-lich ernsthafter Wunsch zu sterben – ohne jedwede Theatralik oder Rhetorik, die alles nur unglaubwürdig machen würden. Darin waren sie sich einig, und Caspar spielte das, Schmidt bewunderte es so. Daß Ehefrau Antje Weisgerber damals seine Julia war, mag da noch för-derlich mitgeholfen haben.

Aber als es in der Generalprobe zu dieser Szene kam, sagte Caspar noch ruhig und wie immer *"Wohl, Julia!"* Aber dann brach es aus ihm heraus, und wie mit einem Urschrei explodierte Romeos ganzer

224

Horst Caspar als Romeo
in Willis Schmidts Inszenierung und Kostüm
des *Deutschen Theaters Berlin* 1947

Schmerz um Julia, der zugleich Weltschmerz war und Verzweiflung über alles menschliche Schicksal, aber auch der angekündigte Sternentrotz und Todesüberwindung und Jenseitsglaube von sehnsuchtsseliger Inbrunst:

"Heut Nacht ruh' ich bei dir!"

Dann ging die Probe weiter wie vereinbart. Anschließend sagte Caspar: *"Entschuldigung, aber einmal mußte ich das rauslassen! War es nicht gut?"* Nein, gar nicht. *"Dann tue ich es nie wieder"*. Und tat es auch nie wieder. Rezensent Paul Rilla bestätigte: *"Groß die Augenblicke der dunklen, erstarrten, schon jenseitigen Todessehnsucht am Schluß ... "*.

Aber nicht nur ein früheres Mittel hatte ihn da noch einmal überwältigt. Auch die unselige politische Brandmarkung jener andern Ära holte ihn während dieser Proben zum Romeo plötzlich angsterregend ein. Horst Caspar war im August 1932, neunzehnjährig, von einem entfernten Verwandten dazu überredet worden, Mitglied der NSDAP zu werden. Das gelang auch, weil niemand damals wußte, daß er "rassischer Mischling" war. Aber ihm mißfiel diese Partei, und schon im Dezember 1932 trat er nach höchstens vier- oder gar nur dreimonatiger Mitgliedschaft wieder aus: also noch bevor Adolf Hitler an die Macht kam.

Wegen dieser vier Monate noch *ante festum* wurde nun 1947 ein Entnazifizierungsverfahren gegen ihn in die Wege geleitet. Der zwölf Jahre lang Gebeutelte und Bedrohte mußte sich gnadenlos vor einer Entnazifizierungskammer zu rechtfertigen versuchen und wieder einmal um seine Arbeitserlaubnis kämpfen. Das belastete und demütigte ihn sehr und überschattete auch den Probenprozeß zu seinem Romeo. Erst eine Woche vor dieser Generalprobe und Premiere wurde er am 5. Dezember 1947 von der *"Kommission für Kunstschaffende beim Magistrat von Groß-Berlin"* für entnazifiziert erklärt. Diese Entlastung mag in jenen probenwidrigen Verzweiflungsschrei mit eingeflossen sein.

Aber wie zur Entschädigung oder als Entschuldigung hatte ihm schon just vier andere Monate vorher am 5. August 1947 die *Deutsche Shakespeare-Gesellschaft* demonstrativ gehuldigt. Als deren Ehrenmitglied nämlich spielte er ohne jenen Aufschrei nun am 13. Dezember 1947 die Premiere seines Romeo und 1948 alle andern Vorstellungen.

Dieses Jahr 1948 stand im übrigen ganz im Zeichen seiner Dreharbeiten zum *"Werther"*-Film unter Karl Heinz Stroux und seines Debuts bei den Salzburger Festspielen mit dem Leander in *"Des Meeres und der Liebe Wellen"* von Grillparzer. Er spielte ihn neben Paula Wessely, die am selben 20. Januar Geburtstag hatte wie auch er: *"Die Liebesszene und Heros Schluß, wenn sie den toten Leander findet"*, schrieb Caspar einer Verehrerin, *"das macht die Wessely mit aller Maßlosigkeit des Schmerzes auch zutiefst erschütternd. Sie ist eine unerhört fleißige Schauspielerin, unermüdlich, und läßt sich selbst nichts durchgehen, spricht einen Satz wieder und wieder bis sie ihn 'hat'. Ich habe sie sehr bewundert"*.

Das Goethejahr 1949 begann mit der letzten Klappe zum *"Werther"*-Film und löste dann auch einen der verwickeltsten Knoten seines beruflichen und privaten Lebens.

Horst Caspar war schon all die Jahre vor 1945 künstlerische Konkurrenz von Gustaf Gründgens gewesen. Denn er spielte nie an dessen *Staatstheatern*, immer nur am *Schiller-Theater* bei Heinrich George. 1941 machte Gründgens, vermutlich auf Drängen seines Regisseurs Jürgen Fehling, der mit Caspar am Schiller-Theater so entzückt zusammengearbeitet hatte, ein Angebot an die *Staatstheater*.

Daß es zu diesem Wechsel nicht kam, mag nicht zuletzt auch private Gründe gehabt haben. Denn Mitte April 1941 war Horst Caspar mit Antje Weisgerber zusammengezogen und ein Paar geworden. Diese Schauspielerin, damals erst achtzehn Jahre alt, hielt Gründgens zurecht für seine Entdeckung. Sie war seine Schülerin, schon 17jährig die Lucile Desmoulins in seinem *"Danton"*, seither sein Geschöpf, seine *création*, seine Freundin und auch Geliebte. Noch 1987 gestand die 65jährige der deutschen Fernsehöffentlichkeit, sie sei in Gründgens ebenso verliebt gewesen wie er in sie und sie in Horst Caspar, der damals die persönliche und erotische Eifersucht jenes *Staatstheater*-Titanen und homosexuellen Ehemanns von Marianne Hoppe durchaus erregt habe. Gründgens habe daher ihre Heirat mit Caspar energisch zu hintertreiben versucht.

Erst in jenem Juni 1945, als ohnehin alles kaputt war, taten die drei sich erstmals über alle Trümmer und früheren Hindernisse oder Hemmungen hinweg zusammen und versuchten, in Schillers *"Räubern"* die verfeindeten Brüder Moor und deren beider Amalia zu sein.

Aber als Gründgens bei einer dieser Proben sowjetisch verhaftet wurde, war gerade Horst Caspar als "jüdisch Versippter" jetzt einer der Ersten und Resolutesten, die sich für die Freilassung des verdächtigten Nazi-Günstlings einsetzten.

Schon am 9. Juni 1945 unterzeichnete er mit fünf anderen Schauspielern und im Sinne *"aller unserer Kollegen"* eine Petition für Gründgens, den sie *"als Antifaschisten in schwierigsten Situationen kennengelernt haben. Er hat sich z. B. nicht gescheut, gegen das Regime Schauspieler in seinem Ensemble zu halten und zu schützen, die nach den sogenannten Nürnberger Rassegesetzen schwer belastet waren. Wir könnten viele Fälle dafür anführen"*.

Später, noch im Juni 1946, signierte er mit andern Kollegen ein ähnliches Gnadengesuch auch für Heinrich George im Lager Sachsenhausen. Gemeinsam mit seinen Schicksalsgenossen Kurt Raeck, Eduard von Winterstein, Robert Müller, Walter Felsenstein und anderen bestätigte er hier, daß George *"kein Parteigenosse war, nicht einmal förderndes Mitglied irgendeiner Formation"* und es *"aus Überzeugung verstanden hatte, alle seine Mitglieder davor zu bewahren, daß sie an den Fronten der nazistischen Eroberungskriege hingeopfert wurden"*.

George half das nichts mehr. Aber noch in einem seiner letzten Briefe aus der Lagerhaft gipfelte eine Liste seiner später einmal möglichen Rollen im Wunschtraum: *"Am liebsten spiele ich König Phillipp mit Horst Caspar"*.

Gründgens kam frei, aber spielte dann mehrere Berufsjahre lang wohl mit seiner Antje, aber wiederum nicht mit deren Horst.

Erst als ihm 1949 zu Goethes 200. Geburtstag sein eigener Tasso in Düsseldorf nicht wunschgemäß gelungen schien, war er generös oder eitel genug, diese Rolle an Horst Caspar abzutreten, der damals unumstritten als der beste Tasso auf deutschen Bühnen galt.

Auch in seiner *"Faust"*-Aufführung zum selben Goethejahr hatte er neben seinem eigenen Mephisto und Antje Weisgerbers Gretchen den Faust zunächst lieber mit dem 60jährigen Paul Hartmann als mit dem 36jährigen Horst Caspar besetzt, dessen letzte Berliner Rolle im bereits zerbombten *Schiller-Theater* am 11. März 1944 immerhin schon ein sehr erfolgreicher Urfaust gewesen war.

Als jedoch das Düsseldorfer Schauspielhaus im September 1949 mit acht *"Faust"*-Vorstellungen zum Festival in Edinburgh eingeladen wurde und dort das belastete Deutschland also im Ausland repräsentieren sollte, bat Gründgens endlich Horst Caspar, hier den Faust zu spielen. *"Es ist sehr schön"*, gestand oder heuchelte er im Aril 1949 dem alten Rivalen, *"daß wir nun unsere erste richtige Zusammenarbeit mit dem 'Faust' haben werden ... "*. Vom Ergebnis stammelte Gründgens, Caspar sei bei der Düsseldorfer Generalprobe von einer Intensität gewesen, *"wie sie vor und nach ihm nie ein Faustdarsteller erreicht hat"*. Aber vor der Premiere in Edinburgh kam es zwischen den beiden Konkurrenten wieder zu einer so verletzenden privaten Auseinandersetzung, daß Caspars dortiger Faust beträchtlich darunter gelitten haben mag.

Trotzdem spielte er diese Rolle dann auch in Düsseldorf weiter und wurde von der deutschen Presse als *"Gewinn für die Aufführung"* begrüßt: *"Wo ist heute schon ein Faust, der Goethes Verse so mit Inbrunst füllen kann und so viel Adel besitzt wie Horst Caspar?"*

Der damalige *Nordwestdeutsche Rundfunk* entschloß sich daher, beide Teile der *"Faust"*-Tragödie in Köln als Hörspiel zu produzieren und sie mit Horst Caspar und Antje Weisgerber, den Mephisto aber nicht mit Gründgens zu besetzen. Diese Aufnahme ist 1999, ein halbes Jahrhundert später, unter einer ISBN-Nummer als fünfteiliges Hörbuch erschienen.

Erst nach seinem Düsseldorfer Goethe kehrte Caspar wieder nach Berlin und dort zu Willi Schmidt zurück. Unter dessen Regie spielte er am 16. Juni 1950 die sehr konträre *Deutsche Erstaufführung* von Kafkas Roman *"Der Prozeß"* in derselben Dramatisierung von André Gide und Jean-Louis Barrault wie auch Gründgens drei Wochen später in Recklinghausen, dann in Düsseldorf, Barrault selbst schon vorher in Paris. Ich selbst hatte erst viele Jahre später in Köln und Paris Gelegenheit, mit Barrault zu sprechen. Da aber war ihrer aller Kafka schon längst gar kein Thema mehr, sondern vielgerühmte, legendäre Theatergeschichte.

Für Horst Caspar wurde Kafkas Josef K. unter dem moderierenden Einfluß Willi Schmidts insofern ein Meilenstein seiner künstlerischen Entwicklung, als er die maßlose Ekstatik seiner Frühzeit hier zu läutern und durchgehend zu verinnerlichen lernte. Das war nicht ohne Zweifel und Probenkrisen zu erreichen. Bei deren Bewältigung war ihm nicht nur *"die geistige und menschliche Übereinstimmung"* mit Willi Schmidt behilflich, den Caspars Monografin Karla-Ludwiga Vortisch noch 1966 als den *"Regisseur mit dem stärksten Einfühlungsvermögen"* gerade in diesen Schauspieler bezeichnete. Willi Schmidt selbst hat ihr hierbei *"eine gewisse 'Magie der Freundschaft' "* eingestanden, *"die Intuition und rationales Denken des einen auf den andern überspringen ließ"*.

Ihr gemeinsamer Kafka-Abend endete 1950 mit minutenlangem Schweigen eines zutiefst betroffenen Publikums und dürfte sich für

Willi Schmidt noch zwölf Jahre später in seinem Kafka-Abend mit Klaus Kammer fortgesetzt haben.

Für Caspar folgte damals ein Jahr mit fünf Rollen unter anderen Regisseuren, an anderen Theatern, teils auch in anderen Städten und mit einem warnenden Blutsturz, bevor er am 5. Juli 1951 in den *Münchner Kammerspielen* unter der Regie von Hans Schweikart ebenjenen Danton präsentierte, der von den Besserwissern als arger Verstoß gegen alte Besetzungskonventionen geahndet wurde, mich aber schon zehn Tage später in Recklinghausen dahinschmelzen ließ. Sein Autogramm im Programmheft hüte ich noch heute wie eine Reliquie. Einzig Siegfried Melchinger begriff die außergewöhnliche Qualität dieser ungewöhnlichen Besetzung und pries sie damals so: *"Zweierlei spielte er, wie ich es nie gesehen habe und wohl nie wieder sehen werde: die einsame Einsicht in den 'Fatalismus der Geschichte' und das 'Genie der Freiheit'."*

Was sonst wohl sollte ein Danton vermitteln, wenn nicht eben das?

Im März 1952 spielte er noch einmal mit Antje Weisgerber und noch einmal bei Gründgens: seinen Düsseldorfer Sigismund in Calderóns bestürzendem Turm- und Traumstück *"La vida es sueño"* (von 1635), an dem ich mir selbst 1961 in Pforzheim die Zähne auszubeißen versuchte. Hier war es Caspars Schwanengesang. Denn die Berliner Proben zum *"Seidenen Schuh"* von Claudel mußten im April unterbrochen werden, weil er erkrankte. Im Mai ging er ins Krankenhaus und wußte, daß es keine Rettung mehr gab. Im September brachte Willi Schmidt ihren *"Seidenen Schuh"* mit Erich Schellow zur Premiere.

Zu Weihnachten 1952 schickten ihm 56 Kollegen des *Schiller-* und *Schloßpark-Theaters* ihren handschriftlichen Wunsch, wieder mit ihm arbeiten zu können.

Auch Willi Schmidt unterschrieb diese rare Adresse.

232

Lieber Horst Caspar!

Wir denken an Dich und wünschen uns zu Weihnachten,

bald wieder mit Dir auf der Bühne zu stehen :

Paul Bildt   Werner Schott   Aribert Wäscher

Karl Heinz Stroux   Sebastian Fischer

Walter Bluhm Clemens Hasse Erich Schellow Walter Franck

Franz Weber   Elsa Wagner   Franz Stein

Franz Nicklisch   Arthur Schröder

Hans Hessling   Herbert Stass

Herbert Hübner   Joana Maria Gorvin   Paul Esser

Arthur Wiesner   Ernst Schröder

Martin Held   Walther Süssenguth   Tilly Lauenstein

Kurt Eggers-Kestner   Otto Graf   Friedrich Maurer

Theodor Vogeler   Ernst Sattler

Walter Tarrach   Wolfgang Kühne   Boleslaw Barlog

Reinhold Bernt   Gudrun Genest   Herta Barlog

Karl Hannemann   Karin Evans   Klaus Schwarzkopf

Siegmar Schneider   Robert Taube   Willi Schmidt

Gerd Martienzen   Hugo Gau-Hamm

Kurt Bethge   Heidemarie Hatheyer

Friedel Schuster   Eduard Wenck   Söhnker

Wilhelm Borchert   Käthe Braun   Berta Drews

Alfred Schieske   Paul Wagner

Mathias Wieman

Otto Matthies

Ursula Diestel

Ludwig Körner

233

Am Zweiten Weihnachtsfeiertage sagten die Ärzte, daß die Lebensgefahr nun vorüber sei und die Rekonvaleszenz beginne.

Andern Tages starb Horst Caspar.

Von den Nachrufen seiner Kollegen sind zwei besonders eindrucksvoll.

Rudolf Fernau, mit dem ich achtzehn Jahre später im *Schloßpark-Theater* aufs Allersympathischste zusammenarbeiten durfte, notierte sich damals in seinem *"Lebenstagebuch eines Schauspielers"*:

"Horst Caspar (20. 1. 1913 – 27. 12. 1952).

Die glühend lodernde Flamme seines Herzens ist nun flackernd erloschen. Sein Auge sah den Himmel morgendlich offen, und die Gedanken wetterleuchteten in seinem Antlitz. Seine Gebärden waren adelig und weltumarmend brüderlich. Zutiefst erschüttert neigt man sich vor dem Prankenhieb des Schicksals, und die Stimme dieses Hölderlinjünglings wird in unseren Ohren nie verklingen. Er trug das Zeichen der Auserwähltheit auf der makellosen Stirne. Wir werden seinesgleichen nie mehr sehen."

Aber Käthe Dorsch, die dem Verarmten das Krankenhaus und dem Verstorbenen seine Bestattung ermöglichte, sagte bei jener Trauerfeier, mit der das wiedererstandene *Schiller-Theater* am 4. Januar 1953 erstmals einen seiner Toten ehrte:

"Du warst mein Oswald in 'Gespenster'. An manchen Abenden war es einfach so, daß ich stand und schauen mußte, immer nur schauen, denn in meinen Armen hielt ich ein Wesen, das nicht von dieser Welt war."

Dann jedoch sprach da einer, der oft sein Regisseur und immer sein Freund war: Willi Schmidt.

234

Willi Schmidt

Gedenkrede für Horst Caspar
bei der Trauerfeier des Schiller-Theaters
am 4. Januar 1953

Es ist schwer, standhaft zu bleiben in dieser Stunde des Abschieds und hinter dem Schleier von Tränen das Bild dieses geliebten Menschen heraufzurufen, der mein Freund war und unser Gefährte.

Wir begegneten uns zum ersten Male, als er auf der Schulbühne seines Berliner Gymnasiums den Egmont spielte, und ich sah ihn zum letzten Male vor wenigen Wochen auf seinem Krankenlager, als wir für kurze Zeit die Hoffnung hegten, wir könnten wieder gemeinsam unsere Träume verwirklichen. Er war gelassen und heiter, und in seinen Augen leuchtete der Widerschein jener Flamme, die ihn verzehrte, wenn er die großen Jünglingsgestalten unserer dramatischen Dichtung in sein eigen Fleisch und Blut verwandelte.

Zwischen jenem frühen Egmont und dem letzten, unwiderruflichen Lebewohl liegen zwanzig Jahre der Verbundenheit, die durch keine räumliche Trennung je aufgehoben werden konnte. Unsere zerrissene, verstörte Welt gewährt uns nur wenige Begegnungen, die von Anbeginn das Siegel der Dauer und der innersten Verbundenheit tragen.

Wie also sollte ich dem Schicksal nicht dankbar sein, das mir vergönnt hat, Horst Caspars Freund zu sein, und wie könnte diese Freundschaft je aufhören zu bestehen, da sie nun allen Fährnissen unserer flüchtigen Tage entrückt und rein und unantastbar bewahrt ist in meinem, in unserem Hindenken zu ihm, der von der Bühne des Lebens abtrat, um dorthin zu kehren, woher er kam. – Dort aber gelten unsere armen Begriffe von Zeit und Raum nicht, und nichts wird uns hindern können, ihm ganz nahe zu sein.

War uns sein reines, lauteres Wesen, das sich dem plumpen Zugriff auf scheue Weise entzog, nicht von Anbeginn nur geliehen, damit wir erkennen sollten, was die Schöpfung mit dem Menschenbild gemeint hatte? Und gehörte er nicht g a n z nur zu uns, wenn er durch das Medium der Dichtung an der Unsterblichkeit teilhatte, die den Dichtern vergönnt ist?

Auf uns alle, die wir gemeinsam mit Horst Caspar auf der Bühne standen, fiel ein Abglanz jener magischen Kraft, die sich ihn ausersehen hatte, um der zerrissenen, verwirrten Welt unseres alltäglichen Daseins die Unvergänglichkeit der Kunst entgegenzustellen.

Seinen Ernst und seine Heiterkeit, sein Aufbegehren und seine Demut hat er für immer der langen Reihe jener unvergeßlichen Gestalten aufgeprägt, den großen Liebenden und den großen Rebellen, die uns verzaubert und berückt haben. Und weil von seinem Wesen so viel Ermutigung ausging, das Leben von neuem zu wagen, darum ist er von allen, die ihn je sahen, geliebt und verehrt worden, wie kein Schauspieler seiner Generation. Solange er unter uns war, hatten wir teil an der Tröstung, die von einem Menschen ausgeht, der das Zeichen der Auserwähltheit auf der Stirn trägt.

Er hat sein Leben erfüllt und uns als Vermächtnis sein Beispiel hinterlassen, das Beispiel eines Menschen und Künstlers, der von sich absah und der Erfüllung eines Auftrags diente, dem er von Anbeginn geweiht war. – Wie könnten wir uns je diesem Vermächtnis entziehen? Wo immer die Kunst der Bühne ihre hohen Feste feiert und ihren edelsten Klang vernehmen läßt, wird der Genius Horst Caspars mit uns verbunden sein.

Jenseits aller Trauer bleibt uns dies als tröstliche, unverlierbare Gewißheit.

Horst Caspar als Goethes Orest
1947 in Willi Schmidts Inszenierung von *"Iphigenie auf Tauris"*
für das *Deutsche Theater Berlin*
und hier 1950 in Lothar Müthels Inszenierung
für das *Deutsche Schauspielhaus Hamburg*

Foto: Rosemarie Clausen

133) Seite 145 – *"im westlichen Schiller- und Schloßpark-Theater unter Boleslaw Barlog"*:

Boleslaw Barlog (1906-1999) gehörte wie Horst Caspar und Willi Schmidt zur Generation jener Berufsanfänger, denen Hitlers Machterschleichung 1933 den ganzen Lebenslauf gefährdete. Wie Willi Schmidt war auch Barlog damals an der Berliner *Volksbühne* zunächst Statist, dann von 1930 bis 1933 unter Karl Heinz Martin und Heinz Hilpert Regieassistent. Gastregisseur Robert A. Stemmle (1903 -1974) rettete den vorlauten Hitler-Gegner in den weniger observierten Freiraum eines Filmassistenten. Für TERRA und UFA inszenierte er schließlich von 1939 bis 1948 auch selbst acht eigene Filme meist des damals unverfänglich unterhaltenden Genres. Auf der Bühne des Berliner *Rose-Theaters* absolvierte er im Kriegsjahr 1941 mit Ernst von Wildenbruchs Lustspiel *"Der Junge von Hennersdorf"* seine erste Theaterregie.

Die zweite war *"Hokuspokus"* von Curt Goetz und hatte am 3. November 1945 bereits im Berliner *Schloßpark-Theater* Premiere, das Barlogs eigene Erfindung und Gründung war. Es folgten bis 1981 insgesamt 143 weitere Inszenierungen, davon 17 in der Oper, aber 99 unter eigener Intendanz. Denn von 1945 bis 1972 war er in Berlin Intendant des *Schloßpark-Theaters*, von 1951 bis 1972 auch des *Schiller-Theaters* und von 1959 bis 1972 zusätzlich der *Werkstatt des Schiller-Theaters*.

Ich selbst habe zahllose Barlog-Inszenierungen gesehen und besonders *"Nora"*, *"Die Meuterei auf der Caine"* und *"Unter dem Milchwald"* sehr bewundert. Aber mit *"Blick zurück im Zorn"* und dem *"Tagebuch der Anne Frank"*, mit *"Schau heimwärts, Engel"* und *"Michael Kramer"* war er auch mehrmals und besonders erfolgreich der Regisseur Klaus Kammers.

Barlogs Assistent war ich 1956 beim *"Regenmacher"* (mit Hans Söhnker und Klaus Kammer) im *Schloßpark-Theater*. Da konnte ich von ihm lernen, wie Liebenswürdigkeit und Heiterkeit Schauspieler

238

stimulieren können und warum wir *"Theater spielen"* sagen. In so lockerer Leichtigkeit war Barlog ein wirklich unübertrefflicher Virtuose, unter dessen scheinbar linker Hand eine Aufführung wie von selbst entstand: meisterhaft!

Zu solchem Charme gehörte wohl nicht zuletzt auch sein *"kleines Dankeszeichen für Ihre 'Regenmacher'-Hilfe"* in Gestalt eines Buches, *"nach welchem ich einmal einen guten Film drehen durfte"*: *"Der Flachsacker"* von Stijn Streuvels. (Als Film mit Paul Wegener, Maria Koppenhöfer und Bruni Löbel hatte es den optimistischeren Titel *"Wenn die Sonne wieder scheint"* und beruhte auf einem Drehbuch, an dem auch jener Carl Dietrich Carls mitgearbeitet hatte, den ich im Gefolge von Hans Lietzau noch 1959 als Fernsehdramaturgen in seiner Hamburger Wohnung besuchte, um die NWDR-Produktion der *"Verlorenen Gesichter"* von Walter Jens zu besprechen, bei der ich als Assistent erste Fernseherfahrungen sammeln und Hermine Körner mit Tilla Durieux so vergleichen durfte wie weiland Herbert Ihering. So schließen oder berühren sich immer wieder Kreise oder auch Ellipsen.)

Aber dieses Buchgeschenk von Barlog wurde damals von seiner brieflichen Bekundung begleitet, daß er *"selten auf den Proben jemand neben mir gehabt habe, der so sympathisch, fleißig und geistig beweglich war wie Sie"*.

Freilich war Barlog ein berühmt bezaubernder und manischer Briefeschreiber. Jeder Berliner, hieß es, hatte schon schmeichelhafte Post von Barlog. Ich jedenfalls habe insgesamt 55 Briefe, Karten oder Billets von ihm gesammelt, von denen etwa die Hälfte handgeschrieben sein dürfte. Auch sie überwältigen mit ihrer Höflichkeit und immer sehr persönlichen Liebenswürdigkeit, die meinen ganzen Berufsweg weithin begleitet haben. Gar zum Tode meiner Mutter, den er in einer Zeitung gelesen hatte, kondolierte er 1971 herzbewegend aus dem griechischen Ägina, und die letze Karte schrieb mir noch im Mai 1998 mit kaum geschmälert schöner Kalligraphie der 92jährige.

134) Seite 146 – *"Renaissance-Theater unter Kurt Raeck"*:

siehe Anmerkung 36) zu Seite 72 !

135) Seite 146 – *"die Deutsche Oper unter Sellner"*:

Gustav Rudolf Sellner (1905-1990) war Regisseur in Kiel, Essen, Hamburg und anderwärts, Intendant in Oldenburg, Göttingen, Hannover und Darmstadt, 1960-72 an der *Deutschen Oper Berlin*.

136) Seite 146 – *"einen peripheren Diener ohne Text"*:

Selbst Henning Rischbieter beschrieb das später so:

"Willi Schmidt und Kammer fanden am Rande dieser gloriosen Leistung eine zarte und rührende Form, ihre gemeinsame Arbeit daran auszudrücken: Schmidt, in galoniertem Frack und Kniehosen, stellte den Akademiediener dar, der den Affen ans hohe, metallene Vortragspult mit der Glasplatte geleitet."

137) Seite 146 – *"in Kortners Berliner 'Kabale und Liebe' "*:

Fritz Kortner (1892-1970), eigentlich Nathan Kohn, expressionistischer deutscher Schauspieler aus Österreich, emigrierte 1933 nach London, 1938 nach Hollywood, wo er Filmrollen spielte. 1949 nach Deutschland zurückgekehrt, wurde er hier zu einem der wegweisendsten Theater-Regisseure. Sein Berliner *"Don Carlos"* im *Hebbel-Theater* war am 3. Dezember 1950 mit Horst Caspars erstem und einzigem *Marquis Posa* ein historischer Skandal, der Caspars Blutsturz auslöste und Kortner seine eigene Rolle (des *König Philipp*) niederlegen ließ: wegen vermeintlich antisemitischer Proteste.

Besonders erfolgreich inszenierte Kortner später im selben Berlin mit Klaus Kammer den *"Hamlet"* und *"Andorra"*. Als er dort im Frühjahr 1964 mit seinem Ferdinand an Schillers *"Kabale und Liebe"* arbeitete, wurden die Proben zuerst durch eine eigene Erkrankung unterbrochen, nach Klaus Kammers Tod dann abgebrochen.

Friedrich Luft und Walter Karsch, zwei notorische Berliner Feuilletonisten, verglichen Klaus Kammer in ihren Nekrologen mit Horst Caspar.

138) Seite 146 – *"mit Helmut Griem"*:

Helmut Griem (1932-2004): führender deutscher Bühnen- und Filmschauspieler. Willi Schmidt arbeitete mit ihm 1963 in Recklinghausen, dann auch noch (von 1964 bis 1967) in Hamburg, Wien, München und Berlin: bei *"Wie es euch gefällt"*, *"Glasmenagerie"*, *Möwe"* und *"Undine"* von Giraudoux.

139) Seite 148 – *"im Hamburger Thalia Theater unter Peter Striebeck"*:

Peter Striebeck war führender Schauspieler zumal am Hamburger *Thalia Theater*, wo er dann auch inszenierte, und am Wiener *Burgtheater*, von 1980 bis 1985 Intendant des *Thalia Theaters*, zugleich auch Professor an der Hamburger *Hochschule für Musik und Darstellende Kunst*, hiernach überwiegend als Fernseh- und Tourneeschauspieler tätig.

Ich selbst habe leider nur zweimal mit ihm gearbeitet: 1971 am *"Zerbrochnen Krug"* und 1973 an *"Adam und Eva"* von Peter Hacks, je im Hamburger *Thalia Theater*, dort freilich auch noch an seinem Pierre bei jener morgendlichen Lesung aus der *"Irren von Chaillot"* mit Paula Wessely *anno* 1972. Aber in Wuppertal war er noch 1976 mein Gastregisseur für *"Kabale und Liebe"*.

140) Seite 148 – *"'Fast ein Poet' von O'Neill"*:

"Fast ein Poet", original *"A Touch of the Poet"*, ist ein Schauspiel aus dem Nachlaß des irisch-amerikanischen Dramatikers Eugene O'Neill (1888-1953). Willi Schmidt brachte es am 25. August 1984 mit Ullrich Haupt und Joana Maria Gorvin auf die Bühne des Hamburger *Thalia Theaters*, wo auch ich von 1969 bis 1973 acht meiner wichtigsten Inszenierungen hatte präsentieren dürfen, eine davon ebenfalls mit Ullrich Haupt aus dem alten Gründgens-Ensemble. Joana Maria Gorvin kannte ich noch gut aus Assistentenzeiten in Berlin und von gemeinsamen Gastspielreisen nach Paris und Schweinfurt, aber auch von Regie-Verhandlungen für Wuppertal. Auch sie war ein so hochkarätig geschliffenes Kleinod, wie es das heute nicht mehr gibt.

Meine eigene Inszenierung von *"Fast ein Poet"* lag damals *circa* 25 Jahre zurück und hatte, relativ uninspiriert und rechtens unbeachtet, am *Stadttheater Pforzheim* stattgefunden. Wie es Willi Schmidt nun mit diesem Stück, seinen irischen Erfahrungen und dem komplizierten Ullrich Haupt in Hamburg ergangen sein mag, steht dahin. Ich hoffe, besonders gut.

Denn es war die letzte all jener vielen Theaterarbeiten eines Mannes, der selbst fast ein Poet war. Nein, er war es nicht fast, sondern ganz. Seine Briefe können das bezeugen. Seine hundert Inszenierungen konnten das erst recht. Seine 180 Bühnenräume nicht minder. Seine unzählbar vielen Kostüme nur umso viel mehr.

NACH DEN BRIEFEN

Hanno Lunin

NACHWORT DES ADRESSATEN

Wer nicht selbst einmal Intendant eines kommunalen Drei-Sparten-Theaters und für mehr als fünfhundert Mitarbeiter, 25 Neuinszenierungen und *circa* 35 Begleitveranstaltungen pro Spielzeit auf drei voneinander weit entfernt liegenden Spielstätten einschließlich einer externen Stadtteilbespielung verantwortlich war, kann wohl kaum nachvollziehen, daß sich da auch bei bestem Willen keine freien Minuten mehr für private Korrespondenz erübrigen lassen.

So mag auch ich vielleicht erst allzu spät registriert haben, daß ich aus Wuppertal sogar an Willi Schmidt keine Briefe mehr schrieb.

Aber auch er schrieb mir keine mehr.

Freilich wußte ich, daß Willi Schmidt all die fünfzehn Jahre unseres Briefwechsels hindurch immer nur geantwortet und nie geschrieben hatte. Ich sah darin damals Rudimente eines hierarchischen Denkens und hielt das seiner Generation zugute. Tatsächlich war ja er der Arrivierte, ich der sehr viel jüngere Neuling. Dem hatte er dann allerdings immer sofort, unverzüglich und allerhöflichst geantwortet: selbst bei größter Zeitnot.

Aber diesmal war ja unser letzter Kontakt mein Angebot und seine Absage gewesen, und ein Theatermann wie er könnte den Alltag eines Intendanten, meinte ich, zumindest erahnen.

Aber 1977 wurde das Theater, dem ich vorstand, zweifach nach Berlin eingeladen:

im Januar mit seiner experimentellen Uraufführung eines Dialoges unter dem Titel *"Hans Eppendorfer der Ledermann spricht mit Hubert Fichte"* an die *Freie Volksbühne* unter Kurt Hübner, also nicht ins Gebäude, wohl aber in ebenjenes Institut meines oder unseres *"Paternoster"* vor nunmehr achtzehn Jahren,

245

und im September mit drei Choreographien von Pina Bausch zu den *Berliner Festwochen* ins *Theater des Westens*.

Da hätte Willi Schmidt, meinte wiederum ich, eine dieser Vorstellungen besuchen oder mir wenigstens ein schriftliches Daumendrücken zum Bühnenpförtner legen können.

Aber nichts dergleichen geschah.

Oder jedoch er sah diese Beispiele eines sehr veränderten Theaters durchaus und war zu enttäuscht, um sich zu melden.

Auch als ich diese Intendanz später unter ziemlich spektakulären Umständen niederlegte und alle Medien davon berichteten, kam keinerlei Resonanz von diesem Freunde.

Ich realisierte betrübt, daß er an einer Fortsetzung unseres Kontaktes offenkundig nicht mehr interessiert war, und versuchte, das zu akzeptieren.

Was ich erst jetzt, bei der Lektüre einer Liste mit all seinen hundert Inszenierungen, wahrnehme, ist der berufliche Engpaß, in den ein Regisseur seiner Generation und seines Kalibers in jenen post-68er Jahren des deutschen Theaters geraten sein mußte. Ich begreife jetzt, daß er, inzwischen fast siebzigjährig, von den jungen Theatermachern landauf-landab rüde übersehen und kaum noch beschäftigt wurde.

Ich begreife aber auch, daß ein Mann mit seiner Erfahrung und Kultur, mit seinem Wissen und seinen Ansprüchen an Stücke und Mitarbeiter viele Moden des neuen Theaters verwarf und die grassierende Hybris nachwachsender Regisseure und Intendanten eher bekämpft als aufgegriffen hätte.

So kam es, daß er im ganzen Jahrzehnt von seinem letzten Brief an mich bis zu seiner letzten Inszenierung 1984 ausgerechnet im Hamburger *Thalia Theater* nur noch zehnmal Regie führte: also durchschnittlich einmal pro Jahr.

Das mußte einen so empfindsamen, aber wach gebliebenen Geist, der immer zurecht ein Glückskind gewesen war, zutiefst empören. So mochte er sich wohl auch lieber einigeln als korrespondieren: dabei hätte er nur viel von den Problemen eines aktiven Theatermannes inmitten der modischen Irrwege lesen und erörtern, gar teilen müssen.

Was ich überdies erst mit eigenem Älterwerden nachvollziehe, ist die Wahrheit hinter jenem vermeintlich hierarchischen Gefälle unseres Briefwechsels. Heute weiß ich nur allzugenau, daß ein Älterer lieber der Anrede durch den Jüngeren jeden Vortritt läßt, weil er keinesfalls aufdringlich, keinesfalls der lästige Alte sein will, der den Jungen behelligt. Er benötigt den stetigen Nachweis, daß dieser Junge wirklich immer noch mit ihm kommunizieren will.

Aus solcher Vermischung also von Streß, Empfindlichkeit, Depressionen und Mißverständnissen zog ich schließlich nach langen Jahren einer schmerzlichen Abstinenz die Bilanz, daß wahrscheinlich jeder von uns auf ein Signal des andern wartete.

Als ich im Februar 1994 in Berlin einen Freund besuchte, beschloß ich eines Nachts, endlich über meinen Schatten zu springen und Willi Schmidt zumindest anzurufen. Aber noch bevor ich das andern Morgens tun konnte, schlug ich den *"Tagesspiegel"* auf und las da eine knappe Notiz über seinen plötzlichen Tod.

Heute denke ich, die Idee, ihn endlich wieder anzurufen, wurde mir von seiner eigenen Erinnerung an unsere Freundschaft eingegeben.

Er war an einem 20. Februar, also jenem Tage gestorben, der vermutlich der Geburtstag meines asiatischen Lieblingsmenschen war. Zusammenhänge? Stigmatisierte Daten wie auch all die Januar-Geburtstage seiner Favoriten? Aber selbst das ging mir erst sehr viel später auf.

Um Verschuldetes wenigstens nachträglich auszugleichen, beschloß ich, diese Serie seiner so erlesenen und aufschlußreichen Briefe an mich zu veröffentlichen. Sie können diesem kostbaren Menschen und seinem Lebenswerk einen Gedenkstein setzen und neuen Theatergenerationen Unglaubliches vermitteln. Lore Schmidt, seine Witwe, war einverstanden und sehr hilfsbereit: ohne ihre Lizenzen, freundlichen Leihgaben und dankenswerten Auskünfte hätte dieses Buch nicht entstehen können.

Aber selbst spezifische Theaterverlage winkten da nur höhnisch ab.

Darum erscheinen diese Briefe so spät.

Zu spät kann das freilich niemals sein.

Ihren Titel *"Die Kinderrassel"* beziehen sie schlüssig aus der Gedenkrede Willi Schmidts für seinen Freund und Partner Klaus Kammer. Dort jedoch zitierte er mit diesem Spielzeug bereits Georg Büchners *"Leonce und Lena"*, in dessen Zweitem Akt der Prinz Leonce zu Valerio, seinem Freunde und Partner, sagt: *" Ich werde doch noch eine Kinderrassel finden, die mir erst aus der Hand fällt, wenn ich Flokken lese und an der Decke zupfe. Ich habe noch eine gewisse Dosis Enthusiasmus zu verbrauchen ... "*.

Diesen Text sprach Klaus Kammer zuletzt in der Hörspielfassung dieses Stückes, die seine letzte Zusammenarbeit mit Willi Schmidt, seinem Freunde und Partner, war.

Für mich selbst war dieses Stück mitsamt seinem Satz von der Kinderrassel in meiner ersten eigenen Inszenierung der eigentliche Einstieg in diesen Beruf eines wohldosierten Enthusiasmus. Mein Valerio war damals Alfred Feussner, der wichtigste Freund und Partner meiner Jugendjahre. Wie Klaus Kammer ließ auch er 35jährig unser aller Kinderrassel unter den Abgasen seines Autos fallen.

ANHANG

I und II

Foto: Alfred Feussner

*«La rue Jean Giraudoux
est faite pour des sentiments qui auraient peur du bruit.»*
André Beucler

I

Hanno Lunin

EIN PROVOKANTES MÄRCHEN
Zur *"Irren von Chaillot"* von Jean Giraudoux

(1962)

"Sie ist verrückt, aber verrückt, weil sie sieht, wie die Menschen ihr Leben zerstören und verderben. Sie hat jedoch Verbündete, ihr Ergebene. Ohne Zweifel ist sie unbesiegbar. Sie hat eine Leidenschaft: sie ist die geschworene Feindin der namenlosen, spekulativen Masse, die überall obskure Gesellschaften aus dem Boden stampft. Sie ist eine lebendige Anklage, eine Rache, die sich ankündigt, die Inkarnation der Verachtung. Sie kennt die Wege der Weisheit, und ihr Auge ist eine einzige Verschwörung, aber auch eine Verheißung ... Sie kennt ohne Zweifel Zauberworte, Beschwörungsformeln, die das Unheil bannen ... "

So, berichtet André Beucler in seinen «*Instants de Giraudoux*», habe der Dichter die Umrisse seiner königlich verrückten Aurélie skizziert, als er auf der Terrasse eines Cafés am Boulevard de Clichy eine "Irre" am Nebentisch thronen sah, wie sie seinen Vorstellungen nicht exakter entsprechen konnte: eine unnahbar-hoheitsvolle Heroïne jenseits der Zeiten, eine theatralisch aufgeputzte Fürstin der Einsamkeit, eine pompös dekorierte Herrscherin der Freiheit mit der *"Souveränität einer Löwin"*.

Paris verfügt über ein ganzes köstliches Sortiment solcher "Irren", die in gespenstisch-fantastischer Majestät über die Avenuen schreiten und insgeheim ihre jeweiligen *Quartiers* "regieren". Beucler erwähnt die *"Irre von der Butte"* und die *"Irre von Clichy"*, bei Giraudoux finden wir außer der *"Irren von Chaillot"* auch die *"Irre von Passy"*, die

251

"Irre von La Concorde" und die *"Irre von Saint-Sulpice"*. Relikte einer vergangenen Zeit, wandeln sie aufrecht und herrscherlich im bombastisch überhöhten Kostüm des vorigen Jahrhunderts durch die konträren Lebensäußerungen der modernen Metropole.

Auch das entscheidende zweite Symptom seiner Märchenkomödie fand Giraudoux im zeitgenössischen Paris. Sieben von insgesamt zwanzig Stadtbezirken sowie 39 Vorortgemeinden sind hier über Hohlräumen, über einstigen Kalk- und Steinbrüchen und heutigen Champignonzüchtungen gebaut. Dreihundert Kilometer lange Gänge und Kammern bilden ein insgesamt 835 Hektar umfassendes Territorium unterirdischer Dimensionen, das die Probleme und Aktualitäten der vielschichtigen Millionenstadt an der Seine punktiert und unheimlich relativiert.

Dieses Motiv der "unterirdischen Dimensionen" verwendet Giraudoux in variïerter Gestalt als Gegenwelt der "Irren". Es dient als Beuteziel sowohl wie als Massengrab jener feindlichen *"Bankvereinigung der Pariser Unterwelt"*, die in den Kloaken versinkt, während Aurélie *"nach oben"* geht, um sich mit jenen Wesen zu befassen, *"die es wert sind"*.

Paris also hat Giraudoux die beiden Pole geliefert, zwischen denen er sein nachgelassenes (um nicht zu sagen: testamentarisches) Drama um «La Folle de Chaillot» spielen läßt. Für den Franzosen aber bedeutet nicht nur Paris Frankreich, sondern auch Frankreich die Welt. Hüten wir uns also, in dieser romantischen Fabel aus einem Pariser Stadtteil nur das Märchen eines charmanten Originals zu erblicken, das Kinder, Taubstumme und Lumpensammler um sich schart! Vergessen wir über dem pariserischen Zauber dieses Stückes nicht, daß von Paris erzählen hier von der Welt erzählen heißt!

*

Die Gefährdung, die Giraudoux hier Chaillot widerfahren läßt, ist ja heute tatsächlich global. Die Invasion der Aufpasser, der Börsengangster und skrupellosen Geschäftsmanager, der gesichtslosen *"Schürfer"* und kriminellen Makler bedroht inzwischen den gesamten Erdball. (*"Schürfer: Wenn wir eines Tages unseren Planeten von allem entleert haben, was ihn im Gleichgewicht hält, was sein inneres Mengenverhältnis bestimmt, dann läuft er Gefahr, aus der Himmelsbahn zu geraten."*)

Das Bestürzende an dieser drohenden Invasion ist ihre Unmerklichkeit. Was hier verderbenbringend über die Menschheit hereinbricht, hat nichts vom Überfallhaften, Außergewöhnlich-Fremdartigen sonstiger Invasionen. Die Gefährdung liegt vielmehr mit ihrer ganzen Tödlichkeit in der Selbstverständlichkeit der modernen Alltagsrealität. Was Präsident, Schürfer, Makler und Baron hier in Gestalt einer episodenartigen Gesellschaftsgründung mit mörderischer Radikalität exerzieren, ist lediglich ein kleines Musterbeispiel des geschäftlich orientierten Zeitgeistes unserer Tage. Die Gründung ihrer *"Bankvereinigung"* hat an sich keinerlei Berechtigung, bereits Anlaß zu einer dramatischen Darstellung zu sein. Sie ist ein Vorgang, der sich, zumal in unserer westlich-kapitalistischen Hemisphäre, allerorts und täglich ohne Aufsehen und als Selbstverständlichkeit unausgesetzt wiederholt. Giraudoux spitzt ihn lediglich zu, indem er die Verhandlungspartner als potenzierte Gangster, Versicherungsschwindler, Totschläger und Zuhälter extrem pointiert. Ihre Methode ist zwar noch nicht ganz gesellschaftsfähig; ihr Ziel jedoch ist heute absolut *gentlemanlike* und zeugt für realistische Lebenshaltung *à la mode*: Geld machen um jeden Preis und ohne jeglichen Skrupel!

Dieser neuzeitliche Tanz ums Goldene Kalb liefert heute die entscheidenden moralischen Maßstäbe großer Bevölkerungsschichten und ist *"die Straße, die zum Erfolg, zum Verbrechen, ins Zuchthaus und zur Macht führt"* (Präsident) – *"weil Geld zu haben eine Tugend und kein Laster ist"*.

*

Dieses unser modernes Alltagsleben im Zeichen des Mammon verfremdet Giraudoux schockartig und provokativ durch die Konfrontation mit der Gegenwelt und ihrer ungekrönten Königin, der Irren von Chaillot.

Dem zweckverhafteten Nützlichkeitsdenken der Jobber stellt er entlarvend den bedürfnislosen Schönheitssinn Aurélies entgegen. Er kontrapunktiert horizontales Tagesdenken mit uhrenloser Überzeitlichkeit, kaufmännischen Zahlengeist mit geheimniskundigem Aberglauben, versicherungsängstliche Verdunklungstaktiken mit couragiertem Humor, radikalen Uniformismus mit schrankenlosem Individualismus und das Verhandlungsmittel der Erpressung mit den willkürlichen Geschenken der Güte. Gierige Kalkulation trifft auf reine Naïvität, Brutalität auf Stil, ärmlich nüchterne Ratio auf üppig blühende Fantasie, spekulierender Spezialismus auf gläubigen Dilettantismus und materielle Versklavung auf die Unabhängigkeit eines frei fingierenden Geistes.

Vor dergestalt konträrem Hintergrund, den Giraudoux mit einem guten Dutzend lebensseliger und verschrobener Außenseiter der modernen Gesellschaft zu beschwören weiß, wird schockartig die Fratze der unmerklich grassierenden *"Aufpasser"*-Gesellschaft sichtbar. Durch den unversöhnlichen Kontrast zur Welt der "Irren" und "Unwichtigen" wird die rationalisierte und vernünftige Welt unserer heute selbstverständlichen Lebensformen relativiert und auf so unwiderlegliche Weise in Frage gestellt, daß sich jegliche Diskussion hierüber fast von selbst verbietet.

Eine Umkehrung unserer konventionellen Wertskala findet statt. Die am Goldenen Kalb orientierten Normen werden so blamabel bloßgestellt, daß sie ihrer eben noch so überzeugenden Nützlichkeit, Rentabilität und Vernunft verlustig gehen und sich angesichts der bislang verspotteten Gegenwelt der "Asozialen" als höchst unvernünftig, kurzsichtig, verrannt und einem unheilbaren Wahnsinn verfallen erweisen. Umgekehrt gewinnen die "Irre" und ihr scheinbar so konfuser

Kreis die überwältigende Vernunft und Hellsicht elementarer Wahrheit.

Giraudoux verfremdet sein Thema also durch provokative Perversion der Werte. Die Vernunft der Klugen enthüllt sich erst in ihrer *«follie»*, der Irrsinn der Verblendeten in ihrer *cleverness*. Und als wahrhaft asozial stehen plötzlich die Herren im schwarzen Anzug vor dem Plädoyer des Lumpensammlers.

Die "moraldramatischen" Methoden so konträrer nachfolgender Theaterdichter wie Brecht und Ionesco schimmern hier bereits, noch ungespalten, auf, hier freilich noch mit dem Charme der Lösbarkeit und des Rettungswillens gütig und hoffnungsfreudig übergossen. Was bei Brecht angesagt, vorweg- oder hinterhergesungen, bei Ionesco penetrant pointiert ausgespart wird, spricht sich hier noch in den Figuren und ihrer heilkräftigen Substanz dichterisch aus, so daß sie uns mit ihrer mozartisch erlösungsfreudigen Heiterkeit auch angesichts der absurdesten Bedrohung und "Invasion" Hoffnung schöpfen lassen.

*

Giraudoux' Thema in diesem Stück scheint auf den ersten Blick eine einseitig parteiisch strukturierte Gegenüberstellung von Vergangenheit und Gegenwart, richtiger: von 19. und 20. Jahrhundert zu sein. Mit einer impulsiven und außerordentlich chevalresken Liebeserklärung an skurrile alte Damen aus der Epoche der Fischbeinstäbe scheint er sich eindeutig ins Lager des 19. Jahrhunderts zu schlagen und von dort aus, also aus subjektiv verzeichnender Perspektive, die neue Zeit böswillig und unbelehrbar zu diffamieren.

Dieser erste Eindruck ist aber irrig. Denn nicht nur relativiert Giraudoux den Wert der Vergangenheit durch die Absonderlichkeit seiner Irren und den Unwert der Gegenwart durch die fast karikaturistische Überspitzung der Gangster. Er geht noch weiter, indem er den Bezug von Gegenwart und Vergangenheit auf die Zukunft, eine postulierte, halb utopische Zukunft, ausdehnt. Er spielt also Gegenwart und Vergangenheit nicht ungerecht gegeneinander aus, sondern konfrontiert ihrer beider Kollision mit einer erhofften Zukunft. Aurélie nämlich bleibt angesichts der widrigen Invasion der "Gegenwärtigen" nicht grollend, ängstlich oder resignativ stehen. Sie geht zur Attacke über, um die scheinbar gestrigen Werte zu den Grundsteinen eines glücklichen Lebens von morgen zu machen. Sie schreibt die Verteidigung des Lebens sowie die schonungs- und erbarmungslose Vernichtung der Aktiengangster und ihrer ganzen Kumpanei aggressiv auf ihre Fahne und kündet ihnen unversöhnlich Urfehde. Von der Kraft jener Werte überzeugt, die Aurélie in ihrer königlichen Persönlichkeit vereinigt, läßt Giraudoux, voreilig und durchaus utopisch, die Gesellschaft der Mammonhörigen rettungslos und endgültig untergehen. Als der letzte dieser Bösewichter im Kellergewölbe der Irren verschwunden ist, triumphiert die siegreiche Aurélie: *"Verschwunden. Sie waren schlecht. Die Schlechten verschwinden. Der Hochmut, die Besitzgier und die Selbstsucht treiben sie bis zur Weißglut. Wenn sie dann an eine Stelle kommen, an der die Erde ihre Güte und ihr Erbarmen ins Treffen führt, dann gehen sie zugrunde. ... Wir werden alle diese Banditen nie mehr sehen. Die Welt ist gerettet"*.

Diese Lösung wird pointiert als Märchen gestaltet. Die Heilandstat der *"Irren von Chaillot"* kann, beim Worte genommen, für den heutigen Menschen nur noch den Charakter eines Wunschtraumes haben. Das visionäre Auftauchen von Tier- und Pflanzenrettern am Ende des Stückes bestätigt, daß die Märchenhaftigkeit dieser Lösung dem Dichter bewußt war.

Eines der dringlichsten Gegenwartsprobleme, die Unterwanderung des Lebens durch mörderischen Geschäftsgeist, in ein märchenhaftes Finale münden zu sehen, kann freilich nicht im herkömmlichen Theater-Sinn "zufriedenstellen". Das Problem bleibt praktisch ungelöst und provoziert den Versuch einer gedanklichen und aktiven Bewältigung durch die Angesprochenen. Das Stück macht auf Gefahren aufmerksam, denunziert ihre Urheber und projiziert heroïsch einen geistigen, also "unverhältnismäßigen" Lösungsweg auf den Horizont unserer nächsten Zukunft. Ihn den Verhältnissen anzupassen, bleibt unsere Aufgabe.

So erweist sich der "gallische Romantiker" Giraudoux als provokanter Moralist wie seine jüngeren Zeitgenossen Brecht und Ionesco. Ihm freilich ist noch der liebens- und lebenswerte Glaube an die Rettung aus dem Geiste abendländischer Humanität gegeben. Er singt ein Hohelied auf die freie Einbildungskraft und schöpferische Fantasie des menschlichen Geistes, dem er so die Retterfunktion in den Gefährdungen unserer Zeit zutraut und zuerteilt.

*

Wohl nicht zufällig empfand eine so bedeutende Darstellerin wie Hermine Körner, eine der künstlerisch und menschlich reichsten und reifsten Schauspielerinnen unseres Jahrhunderts, die Rolle der Aurélie als das Vermächtnis ihres Lebens. Sie spielte sie, in hohem Alter, verkündigungsartig, über dreihundert Male in Hamburg, Düsseldorf und Berlin. An ihrer Bahre formulierte Professor Willi Schmidt, der vollendende Inszenator der berühmten Berliner Aufführung, den Sinn und das Wesen dieser dichterischen Figur, *"in der sich alles Gegensätzliche vereinigt, was eines Menschen Dasein zum Gleichnis macht: die Trauer über den Verfall der Welt und die lächelnde Ironie am Rande von Abgründen, die Klage über die Vergänglichkeit und das zärtliche Bekenntnis zu allen Unvollkommenheiten unserer menschlichen Existenz, das Gewahrwerden von unserem Bedrohtsein und das Wissen von der Grazie des Geistes, welche dieser Bedrohung Herr zu werden vermag"*.

Und ebenfalls nicht zufällig erstellte das bedrohte Berlin ein besonders verständnisvolles Publikum für das Gleichnis dieses Stückes. Von der Hochflut des Materialismus am stärksten gefährdet, wußte es spontan, daß hier mehr als nur eine liebenswürdig romantische Märchenkomödie stattfand, wenn der Lumpensammler von den *"letzten Freien"* und der Karriere des Müllkastenaufpassers sprach, die *"dann das Ende"* bezeichne.

Beim Abschied von Hermine Körner aber, die die Rolle der Aurélie für Deutschland recht eigentlich kreïert hat, resümierte dann Willi Schmidt noch einmal die aktuelle *"Botschaft dieses Stückes"*:

"Gestehe der Realität des Bösen keine Macht über dich zu, und sie wird gezwungen sein, von dir abzulassen."

Erstmals erschienen im Programmheft Nr. 9 der *Städtischen Bühnen Augsburg* in der Spielzeit 1961/62.

II

Willi Schmidt

NACHWORT

(1969)

In der Geschichte des Theaters gibt es Epochen, die unter einem Glück verheißenden Stern zu stehen scheinen: in denen sich dem Genie des Autors die Begabung eines Theaterleiters auf wahlverwandte Art verbindet.

Anton Tschechows Ruhm scheint mit dem Namen Konstantin Sergejewitsch Stanislawski unlöslich verbunden. Henrik Ibsens ein Zeitalter kennzeichnender Erfolg ist ohne Otto Brahms fortdauernde Bemühung um des Norwegers Werk nicht denkbar, Hugo von Hofmannsthals Bühnenstücke fanden erst in Max Reinhardts Interpretation ihre Erfüllung.

Im zweiten Drittel unseres Jahrhunderts finden in Paris ein Autor und ein Theatermann zusammen, die einander auf das glücklichste ergänzen: Jean Giraudoux und Louis Jouvet.

Das Jahr ihrer Begegnung, 1928, markiert die genaue Mitte zwischen dem Waffenstillstand von 1918 und der neuen Kriegserklärung von 1939; das Stück, das sie zusammenführt, heißt *»Siegfried«* und handelt vom Schicksal eines Mannes, der im Krieg sein Gedächtnis und damit seine Identität verlor und vor sich selbst im Zweifel bleibt, ob er Franzose oder Deutscher sei.

Ein symbolisches Datum bezeichnet dieses Jahr 1928, eine Wendemarke im Verhältnis der beiden Völker, das auf "Verständigung" hinzielt, wenn auch in einer kurz zu bemessenen Frist, da die Drohungen usurpatorischer Machtpolitik diese Bereitschaft wechselseitigen Verstehens jäh ersticken.

259

Wert und Bedeutung von Giraudoux' dramatischem Œuvre sind in diesem historischen Augenblick fixiert: es beginnt mit der Verheissung einer besseren, sich verstehenden, keine nationalen Grenzen anerkennenden Welt.

"Frankreich zur Poesie zu bekehren, Deutschland zur Vernunft, - ist das nicht fast die gleiche Aufgabe?" läßt Giraudoux im *»Siegfried«* fragen.

In dieser Frage klingt das große Thema an, das in allen seinen dramatischen Dichtungen in immer neuen Varianten gestellt ist: der Ausgleich von Spannungen, die Harmonisierung der Welt und des Lebens.

Giraudoux hat Antike und Romantik, Mythos und Märchen miteinander verbunden. Aus diesen nur ihm eigenen Mischungen sind neue Aggregatzustände des Poetischen hervorgegangen. Er kann das Raffinierte mit dem Simplen paaren, das Lyrische dem Banalen verschwistern, die Trauer mit Witz mischen, das Pathos versetzen mit Ironie; er kann die Einfachheit der Fabel einschließen in eine rhetorische Beredsamkeit, die, sich schmückend mit wuchernden Metaphern und Wortguirlanden, bisweilen von Manierismen nicht frei ist.

Des Autors Lust am advokatorischen Argumentieren hindert ihn nicht, dem Monolog, jener "altmodischen" Form der Mitteilung an den Zuschauer, wichtige Botschaften anzuvertrauen; die Handlung stagniert dann, die Fabel des Stücks wird unterbrochen, um einem Kommentar Platz zu machen, der vor Weitschweifigkeit nicht zurückscheut, ja, es ist geradezu ein Charakteristikum dieses Dramatikers, daß er einen epischen Unterstrom im Fluß der Handlung niemals verleugnet, es sei denn, er vertausche ihn gegen ein lyrisches Timbre, das ihm zur Deutung gewisser psychischer Konstellationen und Konflikte unerläßlich scheint.

Zur Kennzeichnung, ja Bloßstellung weiblicher Seelenverfassungen eignet sich diese Mischung aus dialektischen, epischen und lyrischen

Stilelementen in vorzüglichem Maße, derart, daß die Faszination, die von Giraudoux' Theaterstücken ausgeht, nicht zuletzt in der Fähigkeit ihres Autors besteht, sich auf ebenso zärtliche wie ironische Weise in die amüsanten, befremdlichen, manchmal genialen, manchmal unglaubhaften Äußerungen und Erscheinungsformen femininer Psyche einzufühlen. – Ich bin sicher, daß sein Werk ein gut Teil seiner Wirkung diesem Reichtum an "Weiblichkeit" verdankt. Wie viele eigensinnige, gescheite, sich ihrer Schönheit bewußte, wie viele verträumte, leidenschaftlich liebende, ihrer Passion sich preisgebende, bis zur Unerbittlichkeit fordernde weibliche Charaktere hat Giraudoux zu seinen "Heldinnen" gemacht; Geschöpfe des 20. Jahrhunderts, emanzipiert, auch wenn sie in antikischem Gewand auftreten wie Alkmene, Elektra oder Andromache, aber auch divinatorisch begabt wie die kleine Hilfslehrerin Isabelle in »Intermezzo«, die hellseherisch zu Hause ist in dem Zwischenreich zwischen den Lebenden und den Abgeschiedenen. – Gibt es in zeitgenössischer Dramatik eine anrührendere Figur als Undine, das Elementarwesen, das sich freiwillig der Unverläßlichkeit, dem Treubruch der Menschen aussetzt, da anders die Liebe nicht zu erfahren ist, und Leiden auf sich nehmen muß, wer das schmerzliche Dasein vergänglicher Existenz dem Unsterblichkeitsgleichmut der Natur vorzieht?

Wer auch hat der Weisheit des Alters, der Phantasie, der Lebenserfahrung, der zweiten Kindheit des Hochbetagtseins ein gültigeres Zeugnis ausgestellt als Giraudoux, da er mit der "Gräfin" Aurélie eine Greisin schuf, die den Beinamen der *"Irren von Chaillot"* wie einen Adels- oder Ehrentitel trägt?

Wäre ich aufgefordert, das Werk Jean Giraudoux' mit einem Wort zu bezeichnen – eine Aufforderung, der schwer zu genügen ist, die aber zu Konzentration und Sammlung zwingt - , so fiele mir keine treffendere Vokabel als *"geistreich"* ein.

Reich an Geist zu sein, bedeutet, sofern man französisch schreibt, zugleich der Leidenschaft des Denkens ergeben, und dem Esprit, der

Grazie, der Lust am Formulieren, an der Wortfindung ausgeliefert zu sein.

Geistreich zu sein, heißt im Falle Giraudoux' aber auch, einer plumpen, dumpfen, brutalen, in primitiven Antagonismen verharrenden, ja versteinerten Welt die Überlegenheit dichterischer Intuition entgegenzuhalten.

Die "schrecklichen Vereinfacher" sind am Werk und verpönen zur Zeit den Begriff des Poetischen, aber ihnen zum Trotz bleibt dennoch wahr, daß es, aller engagierten Literatur ungeachtet, einem Dramatiker erlaubt bleiben muß, sein eigenes Universum zu entwickeln, ein Bild des Menschen zu entwerfen, das unverwechselbar nur ihm gehört.

Für Giraudoux offenbaren sich die Geheimnisse der Welt und des Lebens in der Heiterkeit, die aus der Überwindung des Bewußtseins von der Hinfälligkeit unserer Existenz herrührt. Alles, was unser Dasein an Bedrohung, an Ängsten, an Trostlosigkeit enthält, ist im Werk Giraudoux' als Stoff verwendet, als Materie, daraus dieser Magier und Zauberer durch "chymische Prozesse" das Arkanum seiner Liebe zum Menschen gewinnt.

Ich habe angedeutet, daß dieses Werk in "finsteren Zeiten" entstanden ist, in nicht mehr als anderthalb Jahrzehnten (von 1928 bis 1944), da Europa von Barbarei unterjocht war; der immerwährende trojanische Krieg hatte abermals stattgefunden. Niemand kann Giraudoux zu Recht vorwerfen, er halte sich in einem Arkadien auf, das die grausame Realität seiner Epoche verleugne: sein Werk ist im Widerstand konzipiert, im Widerstand gegen jede Form des Antihumanismus, der engherzigen Programmatik von Diktaturen, ja gegen allen Zwang pragmatischer Zweckverbände, die falsche Heilsbotschaften verkünden.

Zu prüfen bleibt, ob sein Aufruf, die Freiheit des Menschen in seiner Überlegenheit über alle Konventionen gesellschaftlicher und politi-

scher Absprachen zu sehen und seine Würde im beständigen Infrage-
stellen aller von ihm selbst geschaffenen Institutionen, die sich so
vorzüglich zu jeder Art von Unterdrückung eignen, zu fragen bleibt,
ob sein lächelndes Beharren auf Unabhängigkeit veralten kann.

Giraudoux' Botschaft von der heiteren Souveränität des Menschen
über seine zwanghaft an seinesgleichen verübte Gewalt wird so lange
"poetisch" bleiben, solange wir uns nicht dem Beispiel Aurélies, der
Irren von Chaillot, folgend, entschlossen haben, unser Dasein in Ein-
klang zu bringen *"mit den Millionen Wesen, die, auf der Suche nach
Unterhaltung oder Freundschaft, an unserer Gesellschaft Gefallen
finden wollen, - mögen sie nun Einbildung sein oder sonstwas"*.

Erstmals erschienen als Nachwort der *Meisterdramen* von Jean Giraudoux
im G. B. Fischer Verlag 1969.

QUELLENNACHWEISE

Badenhausen, Rolf / Gründgens-Gorski, Peter (Hg.): Gustaf Gründgens. Briefe Aufsätze Reden. Hamburg 1967

Badenhausen, Rolf (Hg.): Gustaf Gründgens – "Laß mich ausschlafen". Neue Quellen zur Wirklichkeit und Legende des großen Theatermannes. Frankfurt/Main – Berlin 1982

Barlog, Boleslaw: Theater lebenslänglich. München 1981

Beucler, André: Instants de Giraudoux. 1995

Bilstein, Franz Michael: Hermine Körner (1878-1960). Eine Schauspielerin im Wandel der Stilepochen. Diss. phil. Berlin 1970

Braun, Mattias: Die Schauspielerin Hermine Körner. Hannover 1964

Dillmann, Michael: Heinz Hilpert. Leben und Werk. Mit einem Gedenktext von Willi Schmidt. Berlin 1990

Fechter, Paul: Horst Caspar. Berlin 1955

Fernau, Rudolf: Als Lied begann's. Lebenstagebuch eines Schauspielers. München 1975

Giraudoux, Jean: Meisterdramen. Mit einem Nachwort von Willi Schmidt. Frankfurt am Main 1969

Gronius, Jörg W. / Wille, Franz: Willi Schmidt. Das Bühnenwerk. Berlin 1990

Gründgens, Gustaf: Wirklichkeit des Theaters. Frankfurt am Main 1953

Heiderscheidt, Maria: Im Gespräch mit Antje Weisgerber. Reihe FRAUEN im Fernsehprogramm N III der ARD, 1987

Ihering, Herbert: Von Josef Kainz bis Paula Wessely. Berlin 1941

Lewin, Andreas: Er spielte seinen Schatten mit. Klaus Kammer (1929-1964). Ein Film im Rundfunk Berlin-Brandenburg (RBB) der ARD o. J.

Marker, Chris: Jean Giraudoux in Selbstzeugnissen und Bilddokumenten. Reinbek 1962

Maser, Werner: Heinrich George. Mensch aus Erde gemacht. Die politische Biographie. Mit 127 Fotos und Dokumenten. Berlin 1998

Melchinger, Siegfried / Clausen, Rosemarie: Schauspieler. 36 Porträts. Frankfurt am Main Wien Zürich 1966

Mühr, Alfred: Großes Theater. Begegnungen mit Gustaf Gründgens. Berlin 1950

Mühr, Alfred: Mephisto ohne Maske. Gustaf Gründgens – Legende und Wahrheit. München · Wien 1981

Rischbieter, Henning: Der Schauspieler Klaus Kammer. Hannover 1964

Schiller-Theater (Hg.), Theater in Berlin. Zehn Jahre Schiller-Theater, Schloßpark-Theater, Schiller-Theater Werkstatt. Berlin 1962

Schmidt, Willi: Nachwort (zu den *Meisterdramen* von Jean Giraudoux). Frankfurt am Main 1969

Schmidt, Willi: Heinz Hilpert zum Gedächtnis. In: Dillmann, Michael: Heinz Hilpert. Leben und Werk. Berlin 1990

Schmidt, Willi: Zufällige Notizen. In: Gronius, Jörg W. / Wille, Franz: Willi Schmidt. Das Bühnenwerk. Berlin 1990

Senat von Berlin (Hg.): 25 Jahre Theater in Berlin. Theaterpremieren 1945-1970. Bearbeitet durch Hans J. Reichhardt und andere. Berlin 1972

Smith, Amy: Hermine Körner. Berlin 1970

Vortisch, Karla-Ludwiga: Horst Caspar (1913-1952). Ein Schauspieler im Wandel einer Epoche. Berlin 1966

Weinschenk, H. E.: Schauspieler erzählen. Berlin 1938

FOTONACHWEISE

Die Fotos von Ilse Buhs und Heinz Köster, © alle beim *Deutschen Theatermuseum München*, sowie das Bild mit Horst Caspar auf Seite 225 (ohne Fotografenangabe) sind eine Leihgabe der *Stiftung Archiv der Akademie der Künste, Berlin, Willi-Schmidt-Archiv* (Nrn. 166, 181, 210) und *Hermine-Körner-Archiv*.

Die Fotos von Rosemarie Clausen gehören der *Universität Hamburg, Hamburger Theatersammlung, © Rosemarie Clausen*.

Das Rollenporträt von Paula Wessely auf Seite 105 (Foto: Hausmann) wurde freundlicher Weise aus dem Archiv des *Burgtheaters Wien* zur Verfügung gestellt.

Die übrigen Fotos stammen aus dem Privatbesitz von Lore Schmidt und Hanno Lunin.

Personenregister

*(Kursivsatz verweist auf indirekte Erwähnung ohne Namensnennung, **Fettsatz auf Fotos**).*

Adamov, Arthur - kaukasisch-französischer Dramatiker: 21
Adorno, Theodor Wiesengrund - deutscher Philosoph: 126 – 194
Ahlsen, Leopold - deutscher Dramatiker: 50 – 94 – 154
Aißchýlos - griechischer Dramatiker: *62* – 158
Albers, Hans - deutscher Schauspieler: 188
Andree, Ingrid - deutsche Schauspielerin: 181
Anouilh, Jean - französischer Dramatiker: 13
Aquin, Thomas von → Thomas
Aristoteles - griechischer Philosoph: 30 – 50 – 136 – 174
Arntzen, Helmut - deutscher Literaturwissenschaftler: *78* – 168
Arps, Wolfgang - deutscher Schauspieler: 36
Artaud, Antonin - französischer Theatermann: 119 – 190 – 195
Augustinus, Aurelius - algerischer Bischof und Kirchenvater: 30
Bahn, Roma - deutsche Schauspielerin: 20 – 158
Barfuß, Grischa - deutscher Intendant: 202
Barlog, Boleslaw - deutscher Regisseur und Intendant: 13 – 16 – 38 – 39 – 145 –
164 – 166 – 170 bis 172 – 191 – 193 – 208 – 232 – 233 – 238 – 239
Barlog, Herta - Intendanzassistentin: 232 – 233
Barrault, Jean-Louis - französischer Schauspieler, Regisseur und Intendant: 211 –
230
Bausch, Pina - deutsche Choreografin: 175 – 176 – 245
Beck, Julian - amerikanischer Schauspieler und Regisseur: *126* – 195
Benrath, Martin - deutscher Schauspieler: 34 – 36 – 167 – 173
Bergner, Elisabeth - österreichische Schauspielerin: 213
Bernd, Fred - deutscher Bühnenbildner: 148
Bernhardt, Thomas - österreichischer Dramatiker: 192
Bernt, Reinhold - deutscher Schauspieler: 232 – 233
Bethge, Kurt - deutscher Regie-Assistent: 232 – 233
Beucler, André - französischer Publizist: 249 – 250
Bilabel, Barbara - deutsche Bühnenbildnerin: 148
Bildt, Paul - deutscher Schauspieler und Regisseur: 145 – 222 – 232 – 233
Blasche, Gerhard – Künstlerischer Generalsekretär des Burgtheaters Wien: 202
Bluhm, Walter - deutscher Schauspieler: 20 – 232 – 233
Bochmann, Werner - deutscher Komponist: *171*

Bodisco, Dirk von - deutscher Bühnenbildner: 148
Böcklin, Arnold - schweizerischer Maler: 136 – 201
Böckmann, Gerd - deutscher Schauspieler: 208
Bois, Curt - deutscher Schauspieler: 17
Boone, Rawlings Stuart - amerikanischer Dramatiker: 21
Borchert, (Ernst) Wilhelm - deutscher Schauspieler: 172 – 193 – 232 – 233
Bosch, Hieronymus - niederländischer Maler: 67
Bouhler, Philipp - NS-deutscher Politiker: 157
Bourdet, Edouard - französischer Dramatiker: 17
Brahm, Otto - deutscher Intendant: 259
Braun, Käthe - deutsche Schauspielerin: 232 – 233
Braun, Mattias - deutscher Dramatiker: 18 – 62 – 155 – 158
Braun, Sigismund Freiherr von - deutscher Diplomat: 180
Braun, Wernher Freiherr von - deutscher Raketenforscher: *180*
Brecht, Bertolt - deutscher Schriftsteller und Regisseur: 53 – 54 – 64 – 156 – 159 –
212 – 255 – 257
Bresser, Klaus - deutscher Fernsehjournalist: 174
Breuer, Pascal - deutscher Schauspieler: 210
Breuer, Siegfried - österreichischer Schauspieler: 209 – 210
Breughel → Bruegel
Brogle, Peter: schweizerischer Schauspieler: 191
Bruegel d. Ä., Pieter - niederländischer Maler: 213
Büchner, Georg - deutscher Schriftsteller: 22 – 77 – *88* – 96 – *97* – 122 – 127 – 128
bis 135 – 173 – 174 – 191 – 196 – 187 – 198 – *227 – 231*
Burg, Hansi - deutsche Schauspielerin: 188
Burrmeister, Otto - deutscher Gewerkschaftsfunktionär: 160 – 161 – 198 – 214
Busoni, Ferruccio - italienischer Komponist: 109 – 111 – 112 – 184f. – 185
Camus, Albert - französischer Schriftsteller: 63 – 158f. – *159*
Calderón de la Barca, Pedro - spanischer Dramatiker: 169 – 231
Carls, Carl Dietrich - deutscher Fernsehdramaturg: 239
Carstens, Lina - deutsche Schauspielerin: 191
Caspar, Frank - Horst Caspars Sohn: *198 – 220 – 221*
Caspar, Horst - deutscher Schauspieler: 145 – 198 bis 200 – 211 – 212 – 214 – 217
bis 219 – 220 bis **225** – 226 bis 230 – 232 – 233 – 234 – 235 – 236 – **237** – 238 –
240 – 241
Caspar, Theodor - Horst Caspars Bruder: 219
Cézanne, Paul - französischer Maler: 76
Chapeaurouge, Alfred de - deutscher Notar und Politiker: 180
Claudel, Paul - französischer Dramatiker und Diplomat: 73 – 101 – 145 – 176 – 231
Clement, Herma - deutsche Schauspielerin und Schauspiellehrerin: 220f.
Collande, Gisela von - deutsche Schauspielerin: 173
Cooper, Giles - englischer Schriftsteller: 161
Corti, Axel - österreichischer Regisseur: 166
Coward, Noël - englischer Dramatiker und Schauspieler: 189
Cramer, Heinz von - deutscher Schriftsteller und Regisseur: 161

Croft-Cooke, Rupert - englischer Schriftsteller: 161
Darré, R. Walter - NS-deutscher Politiker: 196
de Kowa → Kowa
Denk, Paula - deutsche Schauspielerin: 203 – 222
Dessauer → Dessoir
Dessoir, Ferdinand - deutscher Schauspieler: 206
Dessoir, Ludwig - deutscher Schauspieler: 206
Dessoir, Max - deutscher Philosoph und Psychologe: 34 – 143 – 205f. – 206
Deutsch, Ernst - österreichischer Schauspieler: 162
Diestel, Ursula - deutsche Schauspielerin: 232 – 233
Döpke, Oswald - deutscher Regisseur: 161
Domschytz, Major - sowjetrussischer Theateroffizier: 207
Dorsch, Käthe - deutsche Schauspielerin: 234
Dostojewskij, Fjodor Michailowitsch - russischer Schriftsteller: 50 – 94 – 113 – 146 – 154 – 185
Drese, Claus Helmut - deutscher Intendant: 168 – 192
Drews, Berta - deutsche Schauspielerin: 232 – 233
Dürer, Albrecht - deutscher Maler: 97
Düringer, Annemarie - schweizerische Schauspielerin: 178
Dürrenmatt, Friedrich - schweizerischer Schriftsteller: 15 – 36 – 188 – *189 – 213*
Dumas, Alexandre - französischer Schriftsteller: *184*
Dumont, Louise - deutsche Schauspielerin und Intendantin: 41
Duras, Marguerite - französische Schriftstellerin: 208
Durieux, Tilla - österreichische Schauspielerin: 205 – 239
Duse, Eleonore - italienische Schauspielerin: 183 – 184
Eckermann, Johann Peter - deutscher Schriftsteller: 212
Eggers-Kestner, Kurt - deutscher Schauspieler: 232 – 233
Eliot, Thomas Stearns - amerikanisch-englischer Schriftsteller: 212
Eppendorfer, Hans - deutscher Schriftsteller: 245
Erfurth, Ulrich - deutscher Regisseur: 144
Erpenbeck, Fritz - deutscher Journalist: 223
Esser, Heribert - deutscher Dirigent: 165
Esser, Paul - deutscher Schauspieler und Intendant: 232 – 233
Evans, Karin - deutsche Schauspielerin: 232 – 233
Faulkner, William - amerikanischer Schriftsteller: 21
Fehling, Jürgen - deutscher Regisseur: 14 – 16 – 143 – 144 – 198 – 199 – 206 – 207 – 213 – 214 – 227
Felsenstein, Walter - österreichischer Regisseur und Intendant: 145 – 228
Fernau, Rudolf - deutscher Schauspieler: 153 – 172 – 203 – 234
Fichte, Hubert - deutscher Schriftsteller: 245
Fink, Agnes - deutsche Schauspielerin: 159
Firmans, Georg - deutscher Maler: 11
Fischer, Sebastian - deutscher Schauspieler: 232 – 233
Flaccus, Quintus Horatius - römischer Satiriker: 30
Flaubert, Gustave - französischer Schriftsteller: 100

Fontane, Theodor - deutscher Schriftsteller: 104
Forst, Willy - österreichischer Schauspieler und Regisseur: 180
Forster, Friedrich - deutscher Dramatiker: *219*
Franck, Walter - deutscher Schauspieler: 154 – 232 – 233
Frank, Anne - niederländische Autorin: 22 – 238
Fricke, Peter - deutscher Schauspieler: 36
Friedl, Loni von - österreichische Schauspielerin: 169
Friedrichs, Oberbürgermeister von Potsdam: 157
Frisch, Max - schweizerischer Schriftsteller: *240*
García Lorca, Federico - spanischer Schriftsteller: 213
Gau-Hamm, Hugo - deutscher Schauspieler: 232 – 233
Gaze, Heino - deutscher Komponist: 161
Geibel, Emanuel - deutscher Schriftsteller: 206
Genest, Gudrun - deutsche Schauspielerin: 232 – 233
Genscher, Hans-Dietrich - deutscher Politiker: 176
George, Heinrich - deutscher Schauspieler und Intendant: 167 – 219 – 220 – 227 – 228
Gide, André - französischer Schriftsteller: 41 – 42 – *43* – 211 – 230
Giraudoux, Jean - französischer Dramatiker und Diplomat: 13 – *17* bis *21* – *23 bis 25* – 29 – 31 bis *37* – *39 bis* 45 – 49 -- 51 – 53 – *57 bis 59* – 64 – 71 – 77 – 93 – 97 – *99* – 101 – *103* – *104* – 108 – 117 – *119* – 148 – *155* – 156 – 159 – 160 – 166 – 167 – 176 bis *184* – 189 – 202 – *213* – 217 – 241 – 249 – 251 bis 257 – 259 bis 263
Giraudoux, Jean-Pierre - französischer Politiker und Schriftsteller: 18 – 33
Gliese, Rochus - deutscher Bühnenbildner und Regisseur: 14 – 15 – 143 – 206 – 207 – 211
Gneisenau, August-Wilhelm Graf Neidhardt von - preußischer General: 221
Gobert, Boy - deutscher Schauspieler, Regisseur und Intendant: 13 – 159 – 175 – 181 – 184 – 192 – 202 – 204
Goebbels, Joseph - NS-deutscher Politiker: 177 – 215 – 220
Göring, Emmy → Sonnemann
Göring, Hermann - NS-deutscher Politiker: 216 – 220
Goethe, Johann Wolfgang - deutscher Schriftsteller: 30 – *51* – *55* – 68 – *71* – 79 – *95* – *96* – 101 – *145* – *146* – 156 – 165 – 169 – 212 – *214* – 217 – *219* – 222 – *223* – 227 – 229 – 230 – *235* – 237
Goetz, Curt - deutscher Schauspieler und Dramatiker: 238
Götz, Peter - deutscher Gebirgsjäger: 26 – 28 – 29 – 32 – 33 – 35 – *155*
Goetzke, Bernhard - deutscher Schauspieler: 20
Götz-Körner, Anneliese → Reppel, Anneliese
Gogh, Vincent van - niederländischer Maler: 100
Gold, Käthe - österreichische Schauspielerin: 213
Goldoni, Carlo - italienischer Dramatiker: 75
Gorski, Peter - deutscher Regisseur: 211
Gorvin, Joana Maria - siebenbürgische Schauspielerin: 21 – 232 – 233 – 242
Gozzi, Carlo - italienischer Schriftsteller: 175
Graf, Otto - deutscher Schauspieler. 232 – 233

Griem, Helmut - deutscher Schauspieler: 146 – 166 – 169 – 178 – 186 – 189 – 241
Grillparzer, Franz - österreichischer Dramatiker: 210 – 227
Grobe, Donald - amerikanischer Opernsänger: 185
Groß, Felix - deutscher Romanist: 30
Gründgens, Gustaf - deutscher Schauspieler, Regisseur und Intendant: 15 – 27 – 33 – 120 – 144 – 146 – 190 – 194 – 207 – 210 bis 216 – 227 – 228 bis 231 – 242
Gründgens-Gorski, Peter → Gorski, Peter
Haack, Käte - deutsche Schauspielerin: 20
Hacks, Peter - deutscher Schriftsteller: *36* – 192 – 203 – 241
Haefliger, Ernst - schweizerischer Opernsänger: 185
Hagelstange, Rudolf - deutscher Schriftsteller: 146
Halbe, Max - deutscher Schriftsteller: 198
Hannemann, Karl - deutscher Schauspieler: 232 – 233
Hardenberg, Friedrich Freiherr von → Novalis
Harich, Wolfgang - deutscher Philosoph und Publizist: 223
Hartmann, Nicolai - deutscher Philosoph: 143 – 206
Hartmann, Paul - deutscher Schauspieler: 229
Hasse, Clemens - deutscher Schauspieler: *194* – 232 – 233
Hasse, O. E. - deutscher Schauspieler: 13
Hatheyer, Heidemarie - österreichische Schauspielerin: 21 – 232 – 233
Haupt, Ullrich - deutsch-amerikanischer Schauspieler: 242
Hauptmann, Gerhart - deutscher Schriftsteller: *13 – 94* – 145 – 173 – 217 – *238*
Hausenstein, Wilhelm - deutscher Kunsthistoriker und Diplomat: 101 – 177
Hausmeister, Ruth - deutsche Schauspielerin: 21
Hebbel, Friedrich - deutscher Dramatiker: 69 – 71 – *72 – 73* – 166 – 219
Heerdegen, Edith - deutsche Schauspielerin: 161
Heesters, Nicole - österreichische Schauspielerin: 159
Heine, Heinrich - deutscher Schriftsteller: 210
Held, Martin - deutscher Schauspieler: 20 – 51 – 93 – 166 – 232 – 233
Henniger, Rolf - deutscher Schauspieler: 20 – 23 – 36
Herm, Klaus - deutscher Schauspieler: 20
Herrmann, Karl Ernst - deutscher Bühnenbildner: 148
Hessling, Hans - deutscher Schauspieler: 191 – 232 – 233
Heuss, Theodor - deutscher Politiker: 211
Heyme, Hansgünther - deutscher Regisseur: 176 - 197
Higgins, Colin - englischer Schriftsteller: 208
Hildesheimer, Wolfgang - deutscher Schriftsteller: 212
Hilpert, Heinz - deutscher Schauspieler, Regisseur und Intendant: 143 – 144 – 169 – 170 – 197 – 208 bis 210 – 238
Hinze, Wolfgang - deutscher Schauspieler: 184
Hirthe, Martin - deutscher Schauspieler: 178
Hitler, Adolf - NS-österreichischer Politiker: 26 – 33 – 145 – 157 – 177 – 198 – *215* – 220 – 226 – 238
Höffer, Donata - deutsche Schauspielerin: 191
Höflich, Lucie - deutsche Schauspielerin: 217

Hölderlin, Friedrich - deutscher Lyriker: 67 – 234
Hömberg, Hans - deutscher Schriftsteller: 211
Hörbiger, Attila - österreichischer Schauspieler: 153
Hofer, Claus - deutscher Schauspieler: 20
Hofmannsthal, Hugo von - österreichischer Schriftsteller: 17 – 100 – 169 – 259
Homer(os) - griechischer Schriftsteller: *118* – 189
Hoppe, Marianne - deutsche Schauspielerin: 13 – 158 – 228
Horaz → Flaccus, Quintus Horatius
Horeschovsky, Melanie - österreichische Schauspielerin: 173
Hübner, Herbert - deutscher Schauspieler: 232 – 233
Hübner, Kurt - deutscher Schauspieler, Regisseur und Intendant: 245
Ibsen, Henrik - norwegischer Dramatiker: 15 – 27 – *29* – 180 – *234* – *238* – 259
Iffland, August Wilhelm - deutscher Schauspieler, Regisseur und Intendant: 85 – 171f. – *172* – 212
Ihering, Herbert - deutscher Journalist: 27 – 205
Im, Luitgard - deutsche Schauspielerin: 160 – 166 – 203
Ionesco, Eugène - rumänisch-französischer Dramatiker: 255 – 257
Jahnn, Hans Henny - deutscher Schriftsteller: 22 – 88 – 89 – *90* – *92* – 172
Jens, Walter - deutscher Publizist: 238
Johnson, Patricia - amerikanische Opernsängerin: 185
Jouvet, Louis - französischer Schauspieler und Regisseur: 20 – 166 – 181 – 259
Joyce, James - irischer Schriftsteller: 146 - 185
Jürgens, Curd - deutscher Schauspieler : 146
Kästner, Erich - deutscher Schriftsteller: 171
Käutner, Helmut - deutscher Regisseur: 144
Kafka, Franz - deutscher Schriftsteller: 12 – 65 – 66 – 68 – 90 bis 92 – 94 – 136 – 145 – 146 – 162 – 163 – 202 – 211 – 230 – 231
Kagel, Mauricio - argentinischer Komponist: 195
Kaiser, Georg - deutscher Dramatiker: 145
Kammer, Klaus - deutscher Schauspieler: 21 bis 26 – 29 bis 31 – 34 bis **37** bis 39 – **44** – 50 – 79 – 82 – 87 bis **89** bis *97* – 99 – 100 – 146 – 154 – 155 – 161 bis **163** bis 165 – 168 – 170 bis173 – 178 – 191 – 197 – 198 – 202 – 211 – 217 – 231 – 238 – 240 – 241
Kant, Immanuel - deutscher Philosoph: 126
Karsch, Walther - deutscher Journalist: 223 – 241
Keller, Gottfried - schweizerischer Schriftsteller: 121 – 146 – 191
Keller, Krista - deutsche Schauspielerin: 167
Kleist, Heinrich von - deutscher Schriftsteller: 54 – 155 – *198* – 210 – *219* – *241*
Klöpfer, Eugen - deutscher Schauspieler: 144
Knauf, Erich - deutscher Journalist: 170f. – 171
Knauf, Erna - deutsche Theatersekretärin: 82 – 170f. – 171
Koch, Heinrich - deutscher Regisseur: 16
Körner, Hermine - deutsche Schauspielerin: 13 bis 21 – 23 bis **37** bis **44** – 45 – 50 – 53 – 57 bis **59** bis 61 – 93 – 102 – 153 – 155 bis 158 – 178 – 181 bis 183 – 188 – 201 – 205 – 207 – 213 – 238 – 257

Körner, Ludwig - deutscher Schauspieler: 232 – 233
Kokoschka, Oskar - deutscher Maler: 157
Kopp, Mila - deutsche Schauspielerin: 161
Koppenhöfer, Maria - deutsche Schauspielerin: 213 – 239
Kortner, Fritz - österreichischer Schauspieler und Regisseur: 22 – 146 – 168 – 172
– 240f. – *241*
Kowa, Victor de - deutscher Schauspieler und Regisseur: 144
Krahl, Hilde - österreichische Schauspielerin: 173
Kreibig, Hans Erich - deutscher Intendant: 164f.
Kreutzer, Konradin - deutscher Komponist: 213
Krukowski, Ernst - deutscher Opernsänger: 185
Kückelmann, Gertrud - deutsche Schauspielerin: 186
Kühne, Wolfgang - deutscher Schauspieler: 232 – 233
Kuhlmann, Quirinus - deutscher Lyriker: 161
Kwiet, Hans - deutscher Schauspieler und Redakteur: 136 – 137 – 202
Lang, Fritz - deutscher Filmregisseur: 20
Laubenthal, Hansgeorg - deutscher Schauspieler: 214
Lauenstein, Tilly - deutsche Schauspielerin: 232 – 233
Leipnitz, Harald - deutscher Schauspieler: 203
Lessing, Gotthold Ephraim - deutscher Schriftsteller: *41* – 73 – 133 – *145* – 186 –
209 – 210 – 219
Lichtenberg, Georg Christoph - deutscher Philosoph: 99
Liebeneiner, Wolfgang - deutscher Schauspieler und Regisseur: 144
Liebert, Arthur - deutscher Philosoph: 143
Lietzau, Hans - deutscher Regisseur: 16 – 158 – 239
Lindtberg, Leopold - schweizerischer Regisseur: 16 – 159 – 218
Lingen, Theo - deutscher Schauspieler und Regisseur: 144
Löbel, Bruni - deutsche Schauspielerin: 239
Lorca → García Lorca
Louis Ferdinand (= Friedrich Ludwig Christian), Prinz von Preußen - preußischer
Heerführer: 219
Lowitz, Siegfried - deutscher Schauspieler: 186
Ludendorff, Erich - deutscher General und Publizist: 215
Lühr, Peter - deutscher Schauspieler: 197
Luft, Friedrich - deutscher Journalist: 28 – 223 – 241
Lukas - türkischer (?) Arzt und Evangelist: 41 – 42
Luther, Arthur - deutscher Übersetzer: 107 – *108*
Lyhkamhahn, Sawaang - thailändischer Kautschukzapfer: *30* – 172 – *247*
Maisch, Herbert - deutscher Regisseur und Intendant: 198 – 200 – 220
Malina, Judith - deutsch-amerikanische Schauspielerin und Regisseurin: *126* – 194
Mann, Heinrich - deutscher Schriftsteller: 206
Mann, Thomas - deutscher Schriftsteller: 53 – 71 – 82 – 125 – *133* – 170 – 196 –
206
Marceau, Félicien - französischer Schriftsteller: 22 – 92 – *93* – *100* – 173
Martienzen, Gert - deutscher Schauspieler: 232 – 233

Martin, Karl Heinz - deutscher Regisseur und Intendant: 145 – 238
Matthies, Otto – deutscher Schauspieler: **44** – 232 – 233
Matschoss, Ulrich - deutscher Schauspieler: 181
Maurer, Friedrich - deutscher Schauspieler: 232 – 233
McDaniel, Barry - amerikanischer Opernsänger: 185
Meinhoff, Ulrike - deutsche Journalistin: 160
Meinrad, Josef - österreichischer Schauspieler: 153
Meisel, Kurt - österreichischer Schauspieler, Regisseur und Intendant: 145
Meister, Ernst - deutscher Lyriker: 168
Melchinger, Siegfried - deutscher Publizist: 27 – 33 – 155 – 220 – 228
Menander (Menandros) - griechischer Dramatiker: 30
Messemer, Hans (Hannes) - deutscher Schauspieler: 166
Meuschel, Stefan - Dramaturg und Regisseur: *193*
Meyer, Walter - deutscher Theateragent: 39
Meyerhold, Wsewolod Emiljewitsch - russischer Schauspieler und Regisseur: 100 – 175
Meyerinck, Hubert von - deutscher Schauspieler: 14 – 197
Milatz, Ulrich E. - deutscher Bühnenbildner: 66 – 164 – 178 – **179**
Miller, Arthur - amerikanischer Schriftsteller: 116
Minetti, Bernhard - deutscher Schauspieler: 21 – *122* – *125* – 191 – 192 – 193 – 194 – 220
Minks, Wilfried - deutscher Bühnenbildner und Regisseur: 148
Missenharter, Hermann - deutscher Journalist: 32
Molière - französischer Dramatiker: 107 – *108* – 113 – 118 – *122* – *125* – 145 – 184 – 191 – 193 – 194 – 222
Molnár, Franz (Ferenc) - österreichisch-ungarischer Schriftsteller: 180
Monn, Ursela - deutsche Schauspielerin: 159
Montaigne, Michel Eyquem Seigneur de - französischer Philosoph: 29 – 30
Mosbacher, Peter - deutscher Schauspieler: 107 – 113 – 114 – 166 – 185
Mosheim, Grete - deutsche Schauspielerin: 144 – 208
Mrożek, Sławomir - polnischer Schriftsteller: 78 – 168
Müller, Adam - deutscher Staatstheoretiker: 70 – 166
Müller, Robert - deutscher Schauspieler: 228
Müthel, Lothar - deutscher Regisseur: 237
Murnau, Friedrich Wilhelm - deutscher Filmregisseur: 207
Musil, Robert - österreichischer Schriftsteller: 107 – 168 – 184
Nash, N. Richard - amerikanischer Schriftsteller: 21 – *238*
Neher, Caspar - deutscher Bühnenbildner: 197
Neuber, Friederike Karoline - deutsche Schauspielerin und Intendantin: 60
Nicklisch, Franz - deutscher Schauspieler: 232 – 233
Nicklisch, Maria - deutsche Schauspielerin: 186
Nielsen, Hans - deutscher Schauspieler: 166
Nietzsche, Friedrich - deutscher Philosoph: 113
Niklas, Jan - deutscher Schauspieler: 160
Noelte, Rudolf - deutscher Regisseur: 21

Novalis - deutscher Schriftsteller: 67 – 72 – 88 – 100
O'Casey, Sean - irischer Schriftsteller: 110 – 185
Offenbach, Jacques - deutsch-französischer Komponist: 145
Offenbach, Josef - deutscher Schauspieler: 192
Olivier, Sir Laurence - englischer Schauspieler, Regisseur und Intendant: 109 – 185
O'Neill, Eugene - amerikanischer Dramatiker: 41 – 110 – 148 – 185 – 241f. – 242
Orpheus - thrakischer Poët und Sänger: 12
Osborne, John - englischer Dramatiker: 22 – *238*
Otto, Franz - deutscher Schauspieler und Intendant: 154
Ovid(ius) Naso, Publius - römischer Schriftsteller: 30
Papadopoulos, Georgios - griechischer Diktator: *121* - 190
Pascal, Blaise - französischer Philosoph: 79
Patané, Giuseppe - italienischer Dirigent: 185
Paulus - kilikisch-römischer Apostel: 178
Peltzer, Gisela - deutsche Schauspielerin: 13
Peymann, Claus - deutscher Regisseur und Intendant: 192
Pfeiffer, Herbert - deutscher Publizist: 17
Picard, Louis Benoît - französischer Dramatiker: *13 – 144*
Pieck, Wilhelm - deutscher Politiker: 157
Pinner, David - englischer Schriftsteller: 162
Pirandello, Luigi - italienischer Schriftsteller: 49 – 153 – 214
Piscator, Erwin - deutscher Regisseur: 16 – 22 – 197
Platon - griechischer Philosoph: 146
Pohl, Emil - deutscher Schriftsteller: 144
Polgar, Alfred - österreichischer Schriftsteller: 184
Poquelin, Jean Baptiste → Molière
Raeck, Kurt - deutscher Intendant: 72 – 73 – 114 – *120* – 146 – 146 – 166 – 167 – 186 – 228 – 240
Raschig, Susanne - deutsche Bühnenbildnerin: 148
Rasenack, Karin - deutsche Schauspielerin: *79 – 81 – 102 – 110 – 114 – 117 – 121 – 124 – 127 – 137 – 139* – 159 – 167 – 169 – 184
Rau, Liselotte - deutsche Schauspielerin: 166 – 178
Regnier, Charles - deutscher Schauspieler und Übersetzer: 197
Reinhardt, Max - österreichischer Regisseur und Intendant: 17 – 205 – 208 – 259
Reinwald, Hermann - deutscher Bibliothekar: 85
Remsing, Karin - deutsche Schauspielerin: 154 – 165
Reppel, Anneliese - deutsche Schauspielerin: *26*
Rilke, Rainer Maria - österreichischer Schriftsteller: 41
Rilla, Paul - deutscher Journalist: 223 – 226
Rintels, David W. – amerikanischer Schriftsteller: *147*
Rischbieter, Henning - deutscher Journalist: 22 – *23 – 33 – 38* – 240
Rogée, Marianne - deutsche Schauspielerin: 161
Rolland, Madame - Romain Rollands Frau: 183
Rolland, Romain - französischer Schriftsteller: 183
Roth, Paul Edwin - deutscher Schauspieler: 36

Rouvel, Otto - deutscher Schauspieler: 159
Rühmann, Heinz - deutscher Schauspieler: 171
Sachs, Nelly - deutsche Lyrikerin: 123 – 146 – 192 – *193*
Sattler, Ernst - deutscher Schauspieler: 232 – 233
Saulus (= Schaul) → Paulus
Sauvagnargues, Jean - französischer Diplomat: 180
Schäfer, Rosel - deutsche Schauspielerin: 166
Schelling, Friedrich Wilhelm - deutscher Philosoph: 143
Schellow, Erich - deutscher Schauspieler: 160 – 165 – 193 – 231 – 232 – 233
Schermuly, Ralf - deutscher Schauspieler: 159
Schieske, Alfred - deutscher Schauspieler: 232 – 233
Schiller, Friedrich - deutscher Schriftsteller: *13* – 21 – 41 – 50 – *70* – 76 – *81* – 82 –
85 – 86 – 119 – 130 – 144 – *146* – 154 – *161* – 166 – 168 – 170 bis *172* – *186* – 198
– 200 – 205 – *211* – 212 – 214 – *215* – *219* – 220 – 222 – 228 – *229* – 240 – *241*
Schimmel, Claire - deutsche Hörspielredakteurin: 161
Schlegel, August Wilhelm - deutscher Schriftsteller und Übersetzer: 190 – 224
Schlubach, Jan - deutscher Bühnenbildner: 169
Schmidinger, Walter - österreichischer Schauspieler: 191
Schmidt, Bill (= Schmidt, Willi) - deutscher Regisseur und Bühnenbildner: 146 –
162 – **163** – 186 – 189
Schmidt, Lore - Willi Schmidts Frau: 247
Schmidt, Stefan - Willi Schmidts Sohn: *120f. – 190f. - 191*
Schmidt, Willi – deutscher Regisseur und Bühnenbildner: **44 – 116 – 147 – 163** –
232 – 233 und überall
Schmitt, Saladin - deutscher Regisseur und Intendant: 218
Schneider, Siegmar - deutscher Schauspieler: 232 – 233
Schnitzler, Arthur - österreichischer Schriftsteller: 157 – 222
Schollwer, Edith - deutsche Schauspielerin und Sängerin: 161
Schott, Werner - deutscher Schauspieler: 232 – 233
Schröder, Arthur - deutscher Schauspieler: 232 – 233
Schröder, Ernst - deutscher Schauspieler: 232 – 233
Schröder, Rudolf Alexander - deutscher Schriftsteller: 184
Schultze, Norbert - deutscher Komponist: 161
Schulz, Peter - deutscher Politiker: 180
Schuster, Friedel - deutsche Schauspielerin: 232 – 233
Schwab, Walter - deutscher Bühnenbildner: 148
Schwarz, Eva - deutsche Bühnenbildnerin: 148
Schwarz, Hans - deutscher Dramatiker: *15 – 219*
Schwarzkopf, Klaus - deutscher Schauspieler: 232 – 233
Schweikart, Hans - deutscher Schauspieler, Regisseur und Intendant: 193 – 197 –
231
Schwiefert, Fritz - deutscher Schriftsteller: 24
Seebach, Nikolaus Graf von - deutscher Intendant: 205
Seidler, Alma - österreichische Schauspielerin: 153 – 181 – 182
Sellner, Gustav Rudolf - deutscher Regisseur und Intendant: 146 – 166 – 185 – 240

Shakespeare, William - englischer Dramatiker: *41 – 81 – 82 – 99 – 104 –* 109 – *118 – 133* – 145 *bis* 147 – *162 – 164 –* 169 – 171 – 185 – 187 – 189f. – *190 – 196 – 200* – 210 – *212 –* 217 – *219 – 222 bis 225 –* 227 – *240 – 241*
Shaw, George Bernard - irischer Dramatiker: *13 –* 14 – 189 – 205 – 207
Siemers, Helga - deutsche Schauspielerin: **44**
Simon, Neil - amerikanischer Schriftsteller: 13
Sinjen, Sabine - deutsche Schauspielerin: 189
Smith, Amy - deutsche Publizistin: 18 – 26 – 27 – 32 – 34 – 35
Söhnker, Hans - deutscher Schauspieler: 21 – 232 – 233 – 238
Sokrates - griechischer Philosoph: 119
Sonnemann (-Göring), Emmy - deutsche Schauspielerin: 221
Stader, Wilhelm - deutscher Gymnasiallehrer: 201
Stanislawskij, Konstantin Sergejewitsch - russischer Regisseur: 259
Stass, Herbert - deutscher Schauspieler: 20 – 232 – 233
Staub, Gerd - deutscher Filmarchitekt: 11
Steckel, Leonard - schweizerischer Schauspieler, Regisseur und Intendant: 11
Stein, Franz - deutscher Schauspieler: 232 – 233
Stein, Gisela - deutsche Schauspielerin: 158 – 166 – 184
Stein, Werner - deutscher Kulturpolitiker: 172
Stelter, Horst Alexander - deutscher Schauspieler, Regisseur und Intendant: *63 –* 154 – *159*
Stemmle, Robert A. - deutscher Regisseur: 238
Steppat, Ilse - deutsche Schauspielerin: 161
Sternheim, Carl - deutscher Dramatiker: 27 – 168 – 191 – 193 – *234*
Streuvels, Stijn - flämischer Schriftsteller: 238
Striebeck, Peter - deutscher Schauspieler, Regisseur und Intendant: 148 – 181 – 241
Strindberg, August - schwedischer Schriftsteller: 136 – 200 – 201
Stroux, Karl Heinz - deutscher Regisseur und Intendant: 18 – 21 – 144 – 196 – 213 – *214* – 227 – 232 – 233
Süssenguth, Walther - deutscher Schauspieler: 232 – 233
Swift, Jonathan - irischer Schriftsteller: 110 – 185
Tairow, Alexander - russischer Schauspieler, Regisseur und Intendant: 100 – 175
Tarrach, Walter - deutscher Schauspieler: 232 – 233
Taube, Robert - deutscher Schauspieler: 232 - 233
Theobald, Heidemarie - deutsche Schauspielerin: 193
Thomas von Aquin - italienischer Theologe und Philosoph: 99 – 174
Thomas, Dylan - englischer Schriftsteller: 146 – *238*
Tieck, Ludwig - deutscher Schriftsteller und Übersetzer: 190 – 224
Tirso de Molina - spanischer Schriftsteller: *74 – 77 –* 167
Traven, B. (= Torsvan, Bernhard Traven) - deutsch-amerikanisch-mexikanischer (?) Schriftsteller: 171
Treichlinger, Wilhelm Michael - deutscher Übersetzer: 35
Tschechow, Anton Pawlowitsch - russischer Schriftsteller: 115 – 186 – 203 – *241 –* 259

Turgenjew, Iwan Sergejewitsch - russischer Schriftsteller: 146
Valéry, Paul - französischer Schriftsteller: 100 – 122 – 176
van Gogh → Gogh
Verdi, Giuseppe - italienischer Komponist: 212
Völker, Wolf - deutscher Regisseur: 207
Vogeler, Theodor - deutscher Schauspieler: 232 – 233
Voß, Johann Heinrich sen. - deutscher Schriftsteller und Übersetzer: 189
Wäscher, Aribert - deutscher Schauspieler: 192 – 222 – 232 – 233
Wagner, Elsa - deutsche Schauspielerin: 20 – 172 – 178 – 232 – 233
Wagner, Paul - deutscher Schauspieler: 232 – 233
Wagner, Richard - deutscher Komponist: *207*
Wagner, Sieglinde - deutsche Opernsängerin: 185
Walbrook, Anton → Wohlbrück
Wangenheim, Gustav von - deutscher Regisseur: 145 – 222
Weber, Carl Maria von - deutscher Komponist: 213
Weber, Franz - deutscher Schauspieler: 232 – 233
Wedekind, Frank - deutscher Dramatiker: 157
Wegener, Paul - deutscher Schauspieler: 214 – 239
Weill, Kurt - deutscher Komponist: 175
Weisgerber, Antje - deutsche Schauspielerin: 21 – 197 – *198* – 220 bis 222 – 224 – 227 bis 231
Weiss, Peter - deutscher Schriftsteller: 100 – 175f. – *176*
Wenck, Eduard - deutscher Schauspieler: 232 – 233
Wessely, Paula - österreichische Schauspielerin: 20 – 102 bis **105** – 177 – 178 – 180 bis 184 – 202 – 224 – 241
Whiting, John - englischer Schriftsteller: 212
Wichmann, Johanna - deutsche Schauspielerin: 197
Wieman, Mathias - deutscher Schauspieler: 232 – 233
Wiesner, Arthur - deutscher Schauspieler: 232 – 233
Wilde, Oscar - irischer Schriftsteller: *41*
Wildenbruch, Ernst von - deutscher Schriftsteller: 238
Wilder, Thornton - amerikanischer Schriftsteller: 209 – 214
Wildt, Helmut - deutscher Schauspieler: 178
Williams, Tennessee (= Williams, Thomas Lanier) - amerikanischer Schriftsteller: *102 – 104* – 105 – *177* – 178 – *241*
Winnig, August - deutscher Schriftsteller: 195
Winterstein, Eduard von - deutscher Schauspieler: 228
Wisten, Fritz - deutscher Regisseur und Intendant: 145
Wohlbrück, Adolf (= Walbrook, Anton) - österreichischer Schauspieler: 28 – 32 – **116** – 117 – 169 – 180 – 183 – 186 – **187** – 196
Wolf, Friedrich - deutscher Dramatiker: 222
Wolfe, Thomas - amerikanischer Schriftsteller: *238*
Wolff, Pius Alexander - deutscher Schauspieler und Schriftsteller: 144 – 212 – 213
Wouk, Herman - amerikanischer Schriftsteller: *238*
Wurm, Grete - deutsche Schauspielerin: 20

278

Zeidler, Hans-Dieter - deutscher Schauspieler: 197
Zeiß, Karl - deutscher Dramaturg: 205
Zelter, Carl Friedrich - deutscher Komponist: 79
Ziegel, Erich - deutscher Regisseur und Intendant: 144
Znamenacek, Wolfgang - deutscher Bühnenbildner: 197
Zombeck, Olaf - deutscher Bühnenbildner: 148
Zuckmayer, Carl - deutscher Dramatiker: 210

DIE TEXTE

VOR DEN BRIEFEN   9

I Hanno Lunin: Vorwort des Adressaten   11

II Hermine Körner: Brief an Willi Schmidt 45

DIE BRIEFE   Mit Reden und Essays   47
Gedenkrede für Hermine Körner   57
Anmerkungen zu "Kabale und Liebe"   85
Gedenkrede für Klaus Kammer   87
"Woyzeck und Leonce"   128

DER BRIEFSTELLER   141

ZU BRIEFEN UND BRIEFSTELLER   151

I Anmerkungen zu den Briefen   153

II Anmerkungen zum Briefsteller   205
Gedenkrede für Horst Caspar   235

NACH DEN BRIEFEN   243
Nachwort des Adressaten   245

ANHANG: Rue Jean Giraudoux   249

I Hanno Lunin: Ein provokantes Märchen   251

II Willi Schmidt: Nachwort   259

BIBLIOGRAFIE   265

PERSONENREGISTER   267

DIE FOTOS

von Ilse Buhs (4), Rosemarie Clausen (4), Alfred Feussner (2),
Hausmann (1) und Heinz Köster (1):

6
Willi Schmidt

37
Klaus Kammer und Hermine Körner
in *"Die Irre von Chaillot"* von Jean Giraudoux
im *Schiller-Theater Berlin* 1959

44
Klaus Kammer, Hermine Körner und Willi Schmidt
bei einer Probe zur *"Irren von Chaillot"* von Jean Giraudoux
im *Schiller-Theater Berlin* 1959

59
Hermine Körner
als *Aurélie* in *"Die Irre von Chaillot"* von Jean Giraudoux
im *Schiller-Theater Berlin* 1959

89
Klaus Kammer
als *Thomas Chatterton* von Hans Henny Jahnn
im *Schloßpark-Theater Berlin* 1957

105
Paula Wessely
als *Amanda* in *"Die Glasmenagerie"* von Tennessee Williams
im *Akademietheater Wien* 1965

116
Adolf Wohlbrück und Willi Schmidt
bei einer Probe zu *"Zwischenfall in Vichy"* von Arthur Miller
im *Thalia Theater Hamburg* 1965

147
Willi Schmidt
bei einer Probe zu Shakespeare's *"Wie es euch gefällt"*
im *Thalia Theater Hamburg* 1964

163
Bill Schmidt und Klaus Kammer
in *"Ein Bericht für eine Akademie"* von Franz Kafka
in der *Akademie der Künste Berlin* 1962

179
Ulrich E. Milatz und Hanno Lunin
1968 in Paris bei Recherchen
zur *"Irren von Chaillot"* im Kölner *Schauspielhaus*

187
Adolf Wohlbrück
als *Lord Jacques* in *"Wie es euch gefällt"* von Shakespeare
im *Thalia Theater Hamburg* 1964

225
Horst Caspar
als *Romeo* in *"Romeo und Julia"* von Shakespeare
im *Deutschen Theater Berlin* 1947

232 / 233
Genesungs- und Weihnachtsglückwunsch für Horst Caspar
von Berliner Kollegen 1952

237
Horst Caspar
als Orest in *"Iphigenie auf Tauris"* von Goethe
im *Deutschen Schauspielhaus Hamburg* 1950

249
Straßenschild *Rue Jean Giraudoux*
im Pariser Stadtteil Chaillot

Die Deutsche Bibliothek verzeichnet diese Publikation
in der Deutschen Nationalbibliografie;
detaillierte bibliografische Daten
sind im Internet über <http://dnb.ddb.de> abrufbar.

Hersteller: Books on Demand GmbH, Norderstedt
VERLAG ORPHEUS UND SÖHNE Hamburg 2005
ISBN 3-938647-09-4

VERLAG ORPHEUS UND SÖHNE

www.orpheus-und-soehne.de

präsentiert die Bücher von MORITZ PIROL:

PURPURFLÜGEL

Prosanetze auf den Spuren von Brief- und Schelmenroman
Band 1 der Schiller-Trilogie *Sterngucker oder Das Idyll eines Obdachlosen*
ISBN 3-938647-00-0
Band 2 und 3 in Vorbereitung

LIEBESBRIEF AN FREMDEN KÖNIG

ODER GANZ ANDRE MÄNNER
66 Männerporträts aus Thailand
mit Fotos von Nohng Noh
ISBN 3-8311-0959-1

HAHNENSCHREIE

oder
HINTERMÄNNER, SCHAUSTELLER, HIRTENTROMPETEN,
MANGROVEN, URZEIGER, MÄNNERNETZE,
SCHICHTEN UND BLÖSSEN, SALAMANDER AM WEGE
UND MENSCHEN, DIE GEHEN

Band 1: ISBN 3-8311-0822-6
Band 2: ISBN 3-8311-0823-4

NACH OBEN OFFEN. REFLEXE

Tagebuchnotizen
Band 4: 1998-99 in Hamburg, Spanien, Thailand, Australien, London, Köln
ISBN 3-00-013099-3
Band 1 bis 3 und 5 bis 6 in Vorbereitung

www.moritzpirol.de